Louis Guldenstubbé

Positive Pneumatologie

die Realität der Geisterwelt, sowie das Phänomen der direkten Schrift der Geister

Louis Guldenstubbé

Positive Pneumatologie
die Realität der Geisterwelt, sowie das Phänomen der direkten Schrift der Geister

ISBN/EAN: 9783743473454

Hergestellt in Europa, USA, Kanada, Australien, Japan

Cover: Foto ©ninafisch / pixelio.de

Weitere Bücher finden Sie auf **www.hansebooks.com**

Positive Pneumatologie.

Die Realität der Geisterwelt

sowie

das Phänomen der directen Schrift der Geister.

Historische Aebersicht

des

Spiritualismus aller Zeiten und Völker.

Von

Baron Ludwig v. Güldenstubbe,

Verfasser der Morale universelle, der Pneumatologie positive et expérimentale, etc. etc.

Zweite, sehr vermehrte deutsche Auflage.

Herausgegeben von seiner Schwester

Baronin Julie von Güldenstubbe.

Tôt ou tard une grande religion, qui ne sera qu'une phase de la religion, immuablement une, aussi ancienne que le genre humain, aussi invariable dans ses bases essentielles que Dieu même, sortira du chaos actuel et réalisera parmi les hommes une plus vaste unité que le passé n'en connût jamais. (Lamennais.)

Bern.

Commissionsverlag für die Schweiz: bei K. J. Wyß in Bern.
Für das Ausland: bei Oswald Mutze in Leipzig.

Die directe Schrift der Geister.

Mose wandte sich und stieg vom Berge, und hatte zwei Tafeln des Zeugnisses in seiner Hand, die waren geschrieben auf beiden Seiten. Und Gott hatte sie selbst gemacht und hatte selbst die Schrift darein gegraben.
(Exodus XXXII, 15 und 16.)

Eben zu derselben Stunde gingen hervor Finger, als einer Menschenhand, die schrieben gegen dem Leuchter über die getünchte Wand, in dem königlichen Saal. Und der König ward gewahr der Hand, die da schrieb. (Daniel V, 5.)

Vorrede zur zweiten Auflage.

Einige Monate nach dem Erscheinen der deutschen Ausgabe der „Positiven Pneumatologie" (1870, bei Lindemann in Stuttgart) verlangten viele Freunde meines Bruders bereits eine zweite Auflage, die auch sogleich von ihm vorbereitet wurde, deren Erscheinen aber der unselige Krieg von 1870—71 verhinderte. Dieselbe erscheint nun hier in Bern, mit vielen Zusätzen vermehrt, aus der letzten Zeit seines Lebens, in der er sich vorzüglich mit dem Spiritualismus der alten Egypter beschäftigte, daher ein besonderes Capitel darüber in den „Quellen des Spiritualismus" entstanden ist. Er verlangte auch, daß ich Egypten nach seinem Tode (erfolgt den 27. Mai 1873) besuchen sollte, welches mir im Winter 1874 möglich wurde. Eine nochmalige französische, sehr vermehrte Auflage der «Pneumatalogie positive» sowohl als der «Morale universelle» verzögerten indeß die zweite deutsche Auflage. Vier Jahre, nach Erscheinen der ersten, würdigte Sr. Heiligkeit, der Vater aller Gläubigen, dieselbe mit dem Bann zu belegen, im offiziellen Blatte des Vatikans, dem römischen Beobachter, und zwar in einem vom Kardinal de Luca, als Präfecten der Index-Kommission unterzeichneten Decret in lateinischer Sprache (siehe auch den Schwäbischen Mercur vom 29. Dezember 1874), welches die Aufmerksamkeit dem Buche wieder zuwandte und so säume ich nicht länger, diese zweite, vermehrte Auflage einem geehrten deutschen Publicum zu überreichen.

Die Schwester des Autors:
Baronin J. v. Güldenstubbe.

Vorrede zur ersten Auflage.

Die gegenwärtige deutsche Ausgabe meines in französischer Sprache vor zwölf Jahren publicirten Werkes: «Pneumatologie positive et expérimentale; la réalité des Esprits et de leur écriture directe», Paris, 1857, librairie A. Franck, rue Richelieu 67, ist durch meine Erfahrungen während der zwölf letzten Jahre bedeutend bereichert und vermehrt worden. Die französische Ausgabe fand wenig Anklang in Deutschland, weil der moderne amerikanische Spiritualismus damals kaum eine halbe Million Anhänger zählte. Blos einige Zeitschriften, wie die Münchner Literaturzeitung des Auslandes, die preußische Kreuzzeitung und die Evangelische Kirchenzeitung des Herrn Professor Hengstenberg, lieferten Kritiken meines Buches. Herr Dr. Hengstenberg in seiner Nummer vom siebzehnten März 1858 meinte, daß man das Zeugniß anderer Schriftsteller, betreffend das merkwürdige, von dem Verfasser zuerst bekannt gemachte Phänomen, erwarten müßte, um darüber ein Urtheil fällen zu können. Jetzt, nach Verlauf von zwölf Jahren, nachdem der Spiritualismus überall so große Fortschritte gemacht, sind wir im Stande, Herrn Dr. Hengstenberg auf eine große Anzahl von Werken in französischer und englischer Sprache, ja sogar auf die im Deutschen publicirten Schriften des Herrn Professor Doktor Perty in Bern: „Die mystischen Erscheinungen", Leipzig, C. F. Winter, 1861 und vermehrte Ausgabe von 1872 und desselben Dr. Perty: „Realität magischer Kräfte", Leipzig, C. F. Winter, 1863, sowie seine „Blicke in das verborgene Leben des Menschengeistes", Leipzig, C. F. Winter, 1869, zu verweisen. Von französischen Werken führen wir nur an: Gougenot des Mousseaux: «la Magie», Paris 1860. Eliphas Lévi: «La haute Magie», Paris 1861; ferner den dritten und vierten Band des voluminösen Werkes des Herrn von Mirville: «la Pneumatologie; des Esprits et de leurs influences fluidiques»; Paris 1863—1865; endlich das ebenso dickleibige, in sechs Bänden erschienene Buch des Herrn Advokaten Bizouard, Paris 1866.

Die Zahl der englischen und nordamerikanischen Werke, deren Verfasser oft Augenzeugen unseres Phänomens gewesen, ist noch größer. Der bekannte Robert Dale Owen verdient hier zuerst mit seinem Werke: «Footfalls on the boundary of another world» genannt zu werden; (New-York und Philadelphia 1860, in London Burns progressive library 8 camberwell). Ferner William Howitt's, History of Spiritualism, London 1863 (Burns progressive library). Guppy's Mary Jane, ebenfalls 1863. (London, Burns progressive library.) Die bekanntesten amerikanischen spiritualistischen Journale, wie der Banner of light in New-York und der Herald of progress in Boston, haben ebenfalls interessante von Augenzeugen abgefaßte Kritiken der Experimente des Verfassers geliefert. Dasselbe gilt von den Londoner Zeitschriften: «Human Nature» (Burns progressive library,) und Wilkinson's: «Spiritual Magazine». Wir können auch nicht mit Stillschweigen die vielen französischen Journale übergehen, welche schon in den Jahren 1857 und 1858 so viele Berichte und Kritiken von Augenzeugen über des Verfassers Wirken enthalten haben, wie z. B. der damalige Courrier français von Paris vom 27. und 29. Dezember 1857, ferner die Monde illustré in Paris vom 16. Januar 1858, der Nord, in Brüssel und Paris zugleich erscheinend, vom 28. April 1858 von Herrn Mongin, die Gironde von Bordeaux, das bedeutendste Provinz-Journal Frankreichs vom 4. Mai 1858 und endlich die Mode nouvelle im Novemberheft 1858, enthaltend eine

Kritik von Herrn Escande von fünfzehn Seiten u. s. w. u. s. w.

Der Spiritualismus hat in den letzten zwölf Jahren reißende Fortschritte in Amerika gemacht. Die Zahl seiner Anhänger beträgt mehr als vier Millionen, eine in der Weltgeschichte noch nie gesehene Thatsache. Gegen elf Millionen haben Phänomene des Spiritualismus gesehen nach den letzten Nachrichten des großen September-Meeting der Londoner progressive Society 1868. Alle christlichen und politisch-socialen Secten, die Anhänger der Wiederkunft Christi, die neue Paulinische Kirche der Freiheit der Kinder Gottes, sowie die Anhänger Owen's und Fourier's strömen in den großen Ocean des Spiritualismus, welchem die Zukunft der Menschheit anheim zu fallen scheint, mitten im Veralten und Dahinsiechen aller bisherigen religiösen, politischen und socialen Institutionen; alle engherzigen Begriffe nationaler Einheit und eitler, mit großer Abgabenlast verbundener, großstaatlicher Gelüste verschwinden wie der Nebel vor den Sonnenstrahlen vor der großartigen, wahrhaft menschlichen, cosmopolitischen Weltanschauung der harmonischen Religion und Philosophie des Spiritualismus. Dixon's Seelenbräute, welche Herr Julius Frese in's Deutsche übersetzt hat, Berlin, Duncker 1868, und Andrew Jakson Davis Werke, welche Herr C. G. Wittig übersetzt, sowie gegenwärtige Schrift des Verfassers, werden vielleicht das deutsche Publikum bewegen, seine Blicke auf die spiritualistischen, religiösen, moralischen und politisch-socialen Fortschritte Nord-Amerika's zu richten. In England und sogar in dem, unter dem imperialistischen Despotismus schmachtenden Frankreich, glauben schon edle, vorurtheilsfreie Männer, daß das Heil der Menschheit von Amerika kommen wird. In London hat sich eine zahlreiche spiritualistische progressive Gesellschaft gebildet, welche in allen bedeutenden Provinzstädten Filialen gegründet hat. In Paris und in allen Provinzen Frankreichs zählt der Spiritualismus zahlreiche Anhänger, wenn gleich meist in einer etwas verzerrten Form unter dem Namen der Spiriten.

In der Hoffnung, daß Deutschland, der vorzüglichste Träger der Reformation des sechszehnten Jahrhunderts, gleichfalls die weit universellere und großartigere Reformation des neunzehnten Jahrhunderts, welche in Nordamerika, dem Vaterlande der Freiheit und des Fortschritts zuerst das Licht dieser Welt erblickt hat, einer ernsten Beachtung und Würdigung werth halten werde, übergeben wir diese vermehrte und verbesserte Ausgabe unserer im Jahre 1857 in Paris erschienenen positiven Pneumatologie dem deutschen Publikum.

Stuttgart 1870 im April.

Baron L. v. Güldenstubbe.

Inhalt.

	Seite
Vorrede zur zweiten Auflage	VII
Vorrede zur ersten Auflage	VIII—XI
Einleitung	1—25

Erstes Kapitel:
Spiritualismus des Alterthums . . . . 26—51

Zweites Kapitel:
Der Spiritualismus seit der Erscheinung Christi 52—66

Drittes Kapitel:
Directe Schrift des Decalog's . . . . . 67—73

Viertes Kapitel:
Geheimnißvolle Schrift bei dem Festmahle Belsazar's 74—75

Fünftes Kapitel:

Die sprechende Bildsäule Memnons und das moderne
    Geisterklopfen . . . . 76 — 79

Sechstes Kapitel:

Orte, wo die Geister sich mit Vorliebe manifestiren   80 — 92

Siebentes Kapitel:

Phänomene directer Geisterschriften . . . .   93 — 122

Quellen des Spiritualismus im Alterthum   123

Achtes Kapitel:

Allgemeine Bemerkungen über die heiligen Tradi-
    tionen des Alterthums. . . . . 125 — 131

Neuntes Kapitel:

Spiritualismus der alten Egypter . . . . . 132 — 139

Zehntes Kapitel:

Himmlische Hierarchie nach den chinesischen Sagen   140 — 146

Elftes Kapitel:

Die Heerschaaren des Himmels nach den indischen
    Traditionen . . . . 147 — 153

Zwölftes Kapitel:

Die himmlische Hierarchie der alten Perser . . . 154 — 155

Dreizehntes Kapitel:

Die unsichtbaren Wesen nach der Lehre der Griechen … 156 — 163

Vierzehntes Kapitel:

Cultus der Pitri's oder der Manen der Vorfahren … 164 — 169

Fünfzehntes Kapitel:

Die Schutzgeister nach den chinesischen Legenden . 170 — 177

Sechszehntes Kapitel:

Die Inspiration und die Medien der Neuzeit . . 178 — 189

Siebzehntes Kapitel:

Die Exstase der Inder . . . . 190 — 194

Achtzehntes Kapitel:

Die Exstase bei den Chinesen und alten Persern . 195 — 199

Neunzehntes Kapitel:

Von der menschlichen Seele . . . . 200 — 204

Zwanzigstes Kapitel:

Unsterblichkeit, Ewigkeit und Präexistenz der Seele 205 — 222

Einundzwanzigstes Kapitel:

Der ätherische Körper . . . . 223 — 232

Zweiundzwanzigstes Kapitel:

Der irdische Körper . . . . 233 — 238

Dreiundzwanzigstes Kapitel:

Der Tod . . . . . . 239 — 243

Vierundzwanzigstes Kapitel:

Zustände der Seele nach dem Tode . . . . 244 — 256

Fünfundzwanzigstes Kapitel:

Eschatologie oder Vollendung der Seele . 257 — 264

Sechsundzwanzigstes Kapitel:

Gedanken der Geister von jenseit des Grabes . . 265 — 288

Rückblick . . . . 289 — 294

Eine Geister-Erscheinung im Monat März 1854 . 295 — 300

Erklärung der Facsimile . . . . . 301 — 315

Einleitung.

Das vorliegende Buch enthält die ersten positiven Elemente der großen Wissenschaft einer: „direkten Manifestation der übersinnlichen Welt;" dieser einzigen Grundlage aller geschichtlichen Religionen, von dem majestätischen Gesetze Jehova's, welches Gottes Finger oder sein Engel auf die beiden Tafeln in Gegenwart Mose's eingegraben, bis zu den göttlichen und salbungsvollen Worten des heiligen Märtyrers auf dem Calvarien-Berge, — von den Veda's der Juder bis zum Zend-Avesta Zoroaster's, — von den geheimnißvollen Gebräuchen Egyptens bis zu den Orakeln Griechenland's und Rom's.

Am dreizehnten August 1856, an dem Tage, wo die ersten, mit Erfolg gekrönten Experimente Statt gefunden haben, wurde von dem Verfasser des vorliegenden Werkes — eine wunderbare Entdeckung gemacht, die, der direkten Geisterschrift, ohne menschliche Mitwirkung. Dieses wunderbare Phänomen bestätigt, was im Pentateuch steht (Exodus XXXI, 18, XXXII, 15 und 16, XXXIV, 28, XXIV, 12. Deuteronom IV, 13, V, 22, IX, 10, X, 1-5,), hinsichtlich der direkten Offenbarung des Decalogs und was Daniel (V, 5.) erzählt von der wunderbaren Schrift während Belzasar's Festmahl.

Die Entdeckung der direkten Geisterschrift ist um so kostbarer, als sie vom Autor auf experimentalem Wege, in Gegenwart von Ungläubigen unzählige Male bewiesen worden ist und von vielen Medien noch werden kann. Es steht den Zeugen frei, **selbst das Papier zu liefern, um dem absurden Einwurfe, als sei dasselbe chemisch präparirt**, ein Einwurf, welchen Unglaube und Materialismus zu machen nicht ermangelt haben, — **ein für allemal zu begegnen**.

Gerade in der Anwendung der experimentalen Methode auf rein geistige, direkte Phänomene oder sogenannte Wunder, beruht die Originalität und der Werth dieser Entdeckung, welche in den Annalen der Menschheit keine Vorgänger hat; denn bisher konnten die geistigen Manifestationen nicht wiederholt werden; man mußte sich, um deren Wirklichkeit zu beweisen, mit dem Zeugnisse Derjenigen begnügen, welche sie gesehen hatten.

Heut' zu Tage, wo alle Wissenschaften auf experimentalem Wege fortschreiten, genügt die traditionelle Beobachtung, das historische Zeugniß, — mag dasselbe noch so wohl begründet sein — **nicht mehr**, wenn es sich um eine außergewöhnliche Erscheinung handelt, welche man durch die Gesetze der Physik nicht erklären kann. Der Mensch, verwöhnt durch die materiellen Experimente der Physiker, mißt dem geschichtlichen Zeugnisse keinen Glauben mehr bei, besonders, wenn es sich um geheimnißvolle Erscheinungen handelt, welche das Dasein unsichtbarer, und den Kräften und Gesetzen der trägen Materie nicht unterworfener Mächte, offenbaren. Unser Jahrhundert verlangt, im Gebiete der Seelenlehre sowohl, als in dem der exacten Wissenschaften, **Thatsachen und Beobachtungen**. Mehr als zweitausend Experimente sind, seit dem ewig denkwürdigen Tage des dreizehnten August 1856, von dem Verfasser und seinen zwei Freunden, dem Grafen d'Ourches und dem General, Baron von Brewern, gemacht worden.

Mehr als zweihundert und fünfzig Personen haben als Augenzeugen das Phänomen der **direkten Schrift** unsichtbarer Wesen beobachten können, und alle haben das hiezu verwandte Papier selbst beigebracht.

Hier folgen nun die Namen einiger bedeutenden Augenzeugen, welche vielen Experimenten beigewohnt haben:

Herr Professor Johann Jakob Matter, Mitglied der Pariser Akademie, Verfasser einer Geschichte der Alexandrinischen Philosophie, des Gnosticismus, einer Biographie Swedenborg's und mehrerer anderer Werke.

Herr Emile de Bonnechose, Verfasser der bekannten, auch in's Deutsche übersetzten, französischen und englischen Geschichte, und, obwohl Protestant, Bruder des Cardinal-Erzbischof's Bonnechose in Rouen. Herr Emile de Bonnechose ist 1875 im Januar gestorben in seinem Domicil in Paris.

Herr Lacordaire, Bruder des berühmten Dominikaner-Mönchs, Kanzelredner's und Akademiker's Lacordaire. Herr Lacordaire war Director der Gobelin-Fabrik in Paris bis 1869 und wohnt jetzt in Lannoy im Departement Saône et Loire. Die Experimente der direkten Schrift fanden im Jahre 1858 in der Gobelin-Fabrik in Paris, in Gegenwart der berühmtesten katholischen Stimmführer Statt, unter denen auch einige bedeutende Mitglieder der Geistlichkeit zugegen waren.

Herr Delamarre sen., Redacteur des großen Pariser Journal's: «La Patrie», in Paris, in seinem Hause 12, rue du croissant, in den ersten Tagen des Märzmonat's 1870 verschieden. Herr Delamarre hat im Laufe des Winters 1860—61 mehr als 60 Experimenten beigewohnt und war überhaupt ein tiefer Kenner der magnetischen und spiritualistischen Experimental-Wissenschaften.

Herr Denné, Mit-Redacteur desselben großen Pariser Journal's, und alter ego des Herrn Delamarre, ist ebenfalls in Paris, im Jahre 1870 verstorben.

Herr Delaage, bekannter Pariser Litterat und Freund

des berühmten Dominikaner's Lacordaire, im Palais-royal, galerie Orléans, bei dem Buchhändler Dentu, der die «Morale Universelle» des Verfassers (Paris 1863) verlegt hat, lebt noch).

Graf de la Boulaye, bekannter französischer Dichter in Dijon und intimer Freund des Patriarchen der französischen schönen Litteratur, Herrn Emile Deschamps, ist 1875 gestorben in Autun.

Herr Choisselat, Mit-Redakteur des Journal's L'Univers, vor einigen Jahren in Paris gestorben, war die rechte Hand des famosen Ultramontanen Louis Veuillot, dessen schriftstellerische Thätigkeit auch in Deutschland bekannt ist.

Herr Dale Owen, (Robert), vormaliger Amerikanischer Gesandter in Neapel, Sohn des bekannten Philanthropen Owen. Herr Robert Dale Owen ist Verfasser eines großen Werkes über den Spiritualismus (Foot falls on the boundary of another world. Philadelphia 1860), und lebt in New-Harmony in Amerika. Er publicirte zuerst die merkwürdige Geistererscheinung des Autor's, in seiner Wohnung 23, rue St-Lazare, die wir hier am Ende unsres Buches mittheilen.

Herr Mountford, berühmter rationalistischer Moralphilosoph Nordamerika's, jetzt in Boston wohnhaft.

Herr Graf Balthasar d'Ourches, der berühmteste magische Magnetiseur von Paris in unserm Jahrhundert, gestorben 1867. Er war zugleich der berühmteste Bibliophile in den geheimen Wissenschaften. Von seinen merkwürdigen, willkührlichen Fernwirkungen wird im siebenten Kapitel dieses Buches die Rede sein.

Herr General, Baron Ferdinand von Brewern, welcher selbst interessante Experimente direkter Geisterschriften gemacht hat.

Fürst Dimitrie Shakowskoy, als Adelsmarschall in Moskau kürzlich gestorben, gleichfalls ausgezeichneter Experimentator in den geheimen Wissenschaften.

Herr von Rancé, bekannter Deputirter von Algier, 30 rue Tronchet in Paris.

Herr Dr. Clever de Maldigny, bekannter Arzt und spiritualistischer Experimentator in Versailles, 6 boulevard de la Reine.

Herr Graf Szápary, der berühmteste Heil-Magnetiseur der modernen Zeit, auch durch seine „Magnetotherapie" und seine „Tischgespräche" in Deutschland bekannt.

Herr Piérart, als Historiker in Deutschland bekannt, vorzüglich durch seine neueste Schrift „Waterloo", in welcher er die unzähligen militärischen Mißgriffe Napoleons I. in der Campagne von 1815 nachweist. Er gab auch zwölf Jahre lang eine Monatsschrift «Revue spiritualiste» in Paris heraus.

Herr Professor Georgii, einziger noch lebender Schüler des berühmten Stifters des Gymnastischen Institut's in Stockholm, Herrn Ling. Der Herr Prof. Georgii hat in London ein schönes Institut der schwedischen Gymnastik gegründet, 18, Wimpole Street, Cavendish Square, wo zum Wohle der Menschheit die glücklichsten Kuren chronischer Krankheiten gemacht worden sind.

Herr Dr. Bowron, in Bayswater in London, bekannter Arzt, der von obgenanntem Herrn Georgii durch die Anwendung der schwedischen Gymnastik gänzlich kurirt worden ist.

Herr Boëdt, Deputirter der Flandre occidentale in Ypres in Belgien und sehr berühmter Rechtsgelehrter.

Herr von Fremery (N. D. W. P.), holländischer Gelehrter an der Universität Gröningen, ist vor Kurzem in Liége gestorben.

Herr Bauguiet, Dessinateur des Königs Leopold I. von Belgien, jetzt in Paris ansässig, Oheim der in Deutschland so bekannten Künstlerin Artaud, welche ebenfalls unsern Experimenten oft beiwohnte im Jahre 1859, als sie an der Großen Pariser Oper erste Sängerin war.

Herr Dr. Bergonnier, Arzt der berühmten Tragikerin Rachel, der eine direkte Geisterschrift dieser, damals vor einigen Tagen gestorbenen Künstlerin im Februar 1858 erhielt und deren vollkommne Identität constatirte, was in Paris in der literarischen Welt ungemeines Aufsehen machte und die materialistische Presse nicht wenig in Harnisch brachte.

Herr Gérard, Neffe des bekannten Marschalls gl. N. und Kriegsminister's Louis Philipps, noch in Paris wohnhaft.

Herr Abbé Meurice, Freund der Gebrüder Lacordaire, war so entzückt über ein, sogar auf geweihtem Papier erhaltenes Phänomen der direkten Schrift, daß er, obwohl eifriger Katholik, alle confessionellen Unterschiede für sekundär erklärte, und Protestanten und Israeliten, die der Sitzung beiwohnten, auf dem neutralen Boden der allgemeinen Religion und Moral die Bruderhand bot.

Fürst Leonidas Galizin, bekannter Philantrop in Moskau.

Herr Oberst Toutscheff, dessen Nichte Ehrendame bei Ihrer kaiserlichen Majestät von Rußland ist.

Herr Baron Boris Uexküll, aus Ehstland, Freund des berühmten Philosophen Baader in München.

Herr Baron Voigts-Rhetz, Bruder des bekannten preußischen Generals und lange Zeit Correspondent des verewigten Berliner Spiritualisten Hornung.

Herr Baron von Rosenberg, preußischer Gesandter in Stuttgart.

Herr Ravené, Sen., Eigenthümer einer Bildergallerie in Berlin, vor einigen Jahren verstorben.

Herr Wilkinson in London, Redakteur der Monatsschrift „Spiritual-Magazine" war besonders erfreut und verwundert über die, auf des Verfassers Befehl, wandelnden Tische.

Wir haben zu Augenzeugen noch eine große Anzahl edler, durch geistige Talente ausgezeichneten Frauen gehabt, wie die bekannten Schriftstellerinnen: Gräfin Dash und Madame Ribolyet, sowie die Gräfin Boissy, des großen Byron's Freundin, der ihr selbst mit Geisterhand geschrieben.

Viele Männer aus den **höheren Schichten der Gesellschaft aller Nationen** haben unseren zahlreichen und verschiedenartigen spiritualistischen Experimenten beigewohnt, jedoch würde es zu weit führen, sie alle hier zu nennen.

Der bekannte Akademiker und Archäolog, Herr von Saulcy, der Marquis von Mirville, und der Ritter Gougenot des Mousseaux haben sogar in ihren voluminösen Werken über die Pneumatologie und Magie, die **Priorität der direkten Geisterschrift in Anspruch** genommen, obgleich ihre Bücher erst 1864 davon sprechen, folglich **sieben volle Jahre später!** — Indessen ist es für die Wissenschaft wichtig und für uns erfreulich, daß so gelehrte Männer zu ähnlichen Resultaten gelangt sind.

Wir haben die meisten Experimente im **Antiken-Saale des Louvre, in der Cathedrale von St. Denis,** in verschiedenen andern Kirchen und Friedhöfen von Paris, ferner in den **Park's von Versailles, Trianon, St. Cloud, Compiègne, Rambouillet und Eu** gemacht, sowie in den Ruinen des Schloßes von Arques bei Dieppe, im British Museum und im Westminster in London, in der Frauenkirche und in der Glyptothek in München; endlich in der Wohnung des Verfassers, 74, rue du chemin de Versailles, und in seinem Hause 29, rue de Trévise in Paris.

Das gelehrte Publikum weiß, daß die Naturwissenschaften erst wahre Fortschritte zu machen begonnen haben, als man, Dank der experimentalen Methode, dahin gelangte, seine Fragen unmittelbar an die Natur zu richten. **Derselbe Fall tritt beim Spiritualismus ein.** Diese Wissenschaft der unsichtbaren Ursachen wird nur auf experimentalem Wege zu einer positiven Wissenschaft werden. Die Erfahrungsmethode ist nothwendig, um den Hochmuth und die Arroganz der Naturforscher zu beschämen, welche sogar bis in's Gebiet der moralischen Wissenschaften in unseren Tagen zu steigen wagen. Gewiß gibt es nichts Komischeres und Abgeschmackteres, als die Physiker sich zu competenten Richtern in Fragen der Metaphysik und der Psychologie aufwerfen zu sehen! — Physiologen und Chemiker, welche die wahre Natur des Lebens nicht kennen, Mathematiker und Physiker, die die relative Unabhängigkeit der Bewegung animalischer Körper von dem Joche der Attractionsgesetze nicht erklären können, sind mit Gewalt in die erhabene Sphäre der Philosophie und Theosophie eingedrungen, um die Wirklichkeit der Welt unsichtbarer Ursachen und reiner Geister zu verdrängen. Was soll man von einem Jahrhundert denken, in dem Männer, wie Alexander von Humboldt, das Zusammentreffen der Revolution der Gestirne mit den großen Epochen der Weltgeschichte, wie die Conjunction des Saturn für das Jahr 1789, dem Zufall beimessen, obwohl mehr als zwanzig deutsche, französische und italienische Astrologen des fünfzehnten und sechszehnten Jahrhunderts in diesem merkwürdigen Jahre, eine große Revolution in Frankreich vorhergesagt hatten? — In der That kann man Herrn von Humboldt nicht oft genug die weise und vorsichtige Maxime seines berühmten Freundes, des seeligen Arago, ins Gedächtniß rufen: „Wer, mit Ausnahme der rein mathematischen Wissenschaften, das Wort unmöglich ausspricht, ermangelt aller Vorsicht und Klugheit." (Annuaire 1853.)

Was soll man von Naturforschern denken, wie Hr. Babinet, der famose Prophet des sichtbaren Nichts vom Jahre 1857, welche behaupten: „daß der Wille nicht die Epidermis überschreite?!" — In der That ein lächerlicher und abgeschmackter Irrthum, der schon längst durch den Mesmerismus oder biologischen Magnetismus widerlegt worden ist. Diese neue Königin der Naturwissenschaften, welche das Zwischenglied des materiellen und geistigen Gebiets ist, wird leider noch von den meisten Akademikern und Gelehrten ignorirt.

Indessen, die Unpartheilichkeit nöthigt uns, zuzugestehen, daß die Akademiker nicht allein, sondern auch die Schüler Mesmer's an der Verkennung dieser Wissenschaft Schuld sind. Die Mesmerianer beschäftigten sich wohl mit der Vitalkraft, aber sie wagten nicht, von den Wirkungen zu der Ursache, von der Lebenskraft zur Seele hinaufzusteigen; sie blieben auf halbem Wege stehen; sie hatten nicht den logischen Muth, die Schwelle der Geisterwelt zu überschreiten und den Wundern der übersinnlichen Sphäre in's Antlitz zu blicken. Uebrigens hängt die absolute Herrschaft des skeptischen Materialismus vorzüglich mit dem Verfall der Religion zusammen. Letztere sinkt immer mehr, wegen der radikalen Unfähigkeit der Repräsentanten des Christenthums, auf experimentalem Wege die Wirklichkeit einer Welt unsichtbarer Ursachen nachzuweisen. Der Clerus hat seinen kraftlosen Händen das Scepter der Wissenschaft entgleiten lassen; Naturforscher und skeptische Sophisten haben es schnell wieder aufgehoben, um damit die heiligste der Religionen zu hänseln. Die abgeschmackte Furcht vor Dämonen hat die Priester und orthodoxen Theologen aller Confessionen, unfähig gemacht, die Materialisten und Ungläubigen auf dem Boden der Erfahrung zu bekämpfen. In unsern Tagen ist die Dämonophobie (Dämonenfurcht) zu einer wahren Dämonolatrie (Dämonenvergötterung) geworden. Die Priester haben einen Unterwerfungs-Vertrag mit dem Teufel geschlossen, kraft dessen der Unglaube und der Materialismus, das Reich des sogenannten „Fürsten dieser Welt", in vollem Glanze zu bestehen fortfährt, und weit mehr seinem Höhepunkt zustrebt, als seinem Verfall entgegengeht. Das größte Uebel unserer Zeit ist unstreitig der Materialismus; daher ein Sensualismus, gröber als der der Epicuräer, ein Leben nur den Sinnen und der Erde zugewandt; daher dieser herzlose Egoismus, die Quelle moralischer und socialer Anarchie, dieser Auflösung des einheitlichen Bandes aller Kinder Gottes; daher endlich die fortwährende Feindschaft zwischen Glauben und Wissen, zwischen der Philosophie und der Religion, diesen zwei Schwestern, welche sich niemals hätten trennen sollen! — Gewiß, derjenige ist nicht Pessimist, der behauptet, daß es in unsern Tagen keine Religion mehr auf Erden gibt, und sogar glaubt, daß der Spiritualismus, diese einzige Grundlage der Religion, welche der Finger Gottes in das Herz jedes Menschen geschrieben, aufgehört hat, eine innere Anschauung der Seele zu sein. Dieses, der Menschennatur inne wohnende Licht ist erloschen! Die Menschheit hat den Glauben an die Unsterblichkeit der Seele und an die Wirklichkeit einer Welt unsichtbarer Ursachen, diese einzige Quelle religiöser Offenbarungen, verläugnet. Die angebornen Ideen des Spiritualismus sind innig verknüpft mit dem religiösen Gefühl, oder mit der Idee der Abhängigkeit vom Absoluten. Die beiden Grundideen des Spiritualismus, nämlich die individuelle Unsterblichkeit der Seele und die Wirklichkeit der unsichtbaren Welt, welche fortwährend in unsere irdischen Schicksale eingreift, stehen in nothwendigem Zusammenhange mit der Idee Gottes oder des Absoluten und so — vice versa. Man kann sogar behaupten, daß die Idee der Unsterblichkeit der Seele und die Ueberzeugung ihrer Beziehungen mit der übersinnlichen Welt inniger und ursprünglicher sei, als die, Gottes, des Schöpfers und erhabenen Urhebers des Universums. Alle positiven Religionen erkennen diese hohe Wahrheit an; ihre heiligen Bücher setzen die Lehre der Unsterblichkeit der Seele überall voraus. Die Wesenheit des Spiritualismus besteht eben in der innigen Ueberzeugung, daß die übersinnliche Welt der unsichtbaren Ursachen, von welcher die Seele des Menschen einen Theil ausmacht, in intimer und fortwährender Wechselwirkung ist mit der materiellen Welt der sichtbaren Wirkungen, Dank der Weltregierung der Vorsehung; daher die fortwährenden Manifestationen der unsichtbaren Welt in der Geschichte der

Menschheit; daher die Wunder, welche, weit entfernt, die Ge=
setze der Natur aufzuheben, nur eine nothwendige Bedingung
der Organisation des Universums sind, dieses riesigen Buches,
das noch manches, den erhabensten Seraphim verborgene Blatt
enthält. Die Wunder offenbaren die Macht des Geistes über die
Materie. Der Geist hebt nur innerhalb gewisser Grenzen die
trägen Kräfte der Materie auf.

Die Bibel lehrt nirgends förmlich die Idee der Unsterblich=
keit der Seele, welche durch den Ewigen selbst in das Herz des
Menschen geschrieben worden ist, aber sie setzt dieselbe, als all=
gemein bekannte Wahrheit, überall voraus. Hiob's
innerstes Bewußtsein ruft (Cap. XIX, 26 und 27): „Wenn
auch einst meine Haut verweset, so werde ich doch
Gott in meinem Fleische sehen, ja diese meine Augen
werden ihn schauen!" —

Die tiefe Ueberzeugung dieser Wahrheit, der einzigen Grund=
lage aller Andern, bewegt den Propheten Bileam auszurufen:
„Möge ich den Tod der Gerechten sterben, und mein
Ende sei wie das Ihrige!" — (Numerus XXIII, 10.)

Dasselbe gilt von dem Propheten Jesaias, welcher sagt
(XXVI, 19): „Deine Todten werden leben und mein
Leichnam wird wieder belebt; sie (die Todten) wer=
den auferstehen." „Erwachet und freuet euch mit Triumph=
gesängen, ihr Bewohner des Staubes; dein Thau ist wie des
Grases Thau, und die Erde wird ihre Todten wiedergeben."

Die Ausübung der Necromantik setzt nach dem Deu=
teronom (XIII und XVIII) und nach Samuel (I. Buch XXVIII,
3—25) absolut die Lehre der Unsterblichkeit der
Seele voraus. Dasselbe gilt von den zahlreichen Visionen
und den Engel= und Geister=Erscheinungen, welche die Bibel ent=
hält. Wir erinnern hier den Leser auch an die Sagen über die
Himmelfahrten des Henoch (Genesis V, 24, Hebräerbrief XI, 5,
Buch der Weisheit IV, 10—14) und des Elias (II Könige II,
11). Diese Himmelfahrten beweisen ebenfalls ein zukünftiges

Leben und die innigen Beziehungen, welche zwischen der Welt der Ursachen und der der Wirkungen stattfinden. Nach der Lehre des Predigers Salomonis (VII, 29) ist der Mensch ursprünglich **gerecht erschaffen**; daher war die Menschheit, zur Zeit der biblischen Offenbarungen noch nicht so gesunken, daß sie durch eitle Sophismen, mit der Natur der Seele eng-verknüpfte Wahrheiten verläugnet hätte. Die Materialisten wurden damals für **Narren** gehalten (Sprüchwörter Salom. 1, 7, Buch der Weisheit III, 2).

Es gab allerdings zur Zeit des alten Gesetzes und der Propheten viele Polytheisten und eine große Anzahl irreligiöser Menschen, aber selbst unter den Zeitgenossen Christi, bekannte sich nur **eine einzige Secte** (die Sadueäer) **zu materialistischen Ideen**. Der Einfluß der Sadueäer war jedoch mit dem der Pharisäer verglichen, sehr gering.

Die heiligen Traditionen anderer Völker des Alterthums, wie der Inder, Egypter, Perser und Griechen, leiten gleichfalls den Ursprung ihrer religiösen Wahrheiten, ihren heiligen Büchern und Traditionen zufolge, von den Offenbarungen der Genien einer übernatürlichen Welt, sowie von den Geistern frommer Ahnen her (Muni's, Pitri's, Manen, Heroen u. s. w.). Die tiefsten Denker dieser Völker lehrten nicht nur die **Unsterblichkeit**, sondern auch die **Ewigkeit und die Präexistenz** der individuellen Seele. Es gibt unter ihnen Philosophen, welche glauben, daß die angebornen, und der Natur der menschlichen Seele innewohnenden Wahrheiten nur das Echo ihrer Präexistenz und die Erinnerung dessen sind, was sie in einer andern Phase ihrer Existenz, früher erfahren hat. Unter den Schulen der indischen Philosophen, bekannten sich nur die Tschawakas zum **Materialismus**. In Griechenland und Rom können wir zu dieser Klasse nur die Cyrenäische Schule und eine bedeutende Anzahl von Schülern des Epikur rechnen. Was Thales und die jonische Schule betrifft, so nahmen sie, trotz ihren naturalistischen Tendenzen, die Wirklichkeit der Genien und Dämonen der unsichtbaren Welt an; dasselbe gilt auch von Demokrit.

Wie anders in unsern Tagen, wo der Materialismus als absoluter Herrscher die Welt regiert; man zweifelt an Allem, was nicht materiell ist, und durch die Chemie zerlegt werden kann. Niemals hat der menschliche Geist mit mehr Hochmuth die Wunder und Kundgebungen der Geisterwelt verworfen. Wer gibt sich noch einem solchen Aberglauben hin? Seit fast drei Jahrhunderten glauben die Schriftsteller an Nichts mehr! — Das Verdienst unserer starken Geister besteht darin, Nichts zu wissen und an Allem zu zweifeln, an Gott, am gegenwärtigen Glück und am künftigen Leben. Diese Herren begreifen nicht, daß der wahrhaft starke Geist sich nicht auf die kleine Sphäre der Sinnlichkeit beschränkt, sondern sich in die Region der immateriellen Wesen erhebt, um in dieser wirklich realen Welt, die Natur und die Macht ihrer Bewohner zu erforschen. Wenn einige Männer vom gewöhnlichen Pfade abschweifen, behandelt man sie als Einfaltspinsel. Man hält die Spiritualisten für Narren oder Betrüger. Der Unglaube hat in unsern Tagen tiefere Wurzeln gefaßt, als im Alterthum; sogar Rom verlor nie in dem Grade seinen religiösen Glauben in der verdorbenen Kaiserzeit. Freilich entbehrten die alten Materialisten der Unterstützung der Physiker, weil die Naturwissenschaften in den Tagen des, von Renan so hoch gefeierten Lucrez noch nicht den Höhepunkt moderner Cultur erreicht hatten.

Die Religion hat keine andere Grundlage als den Spiritualismus, daher der Verfall des lebendigen Glaubens und der Liebe zu Gott und den Menschen, die natürliche Folge des Sinkens spiritualistischer Ideen. Die Religion ist bekanntlich die Seele des socialen Lebens; sie allein durchdringt und belebt die moralische und sociale Thätigkeit der Menschheit: daher mangelt der modernen Gesellschaft die Seele, diese einzige Macht, welche die Erde mit dem Himmel verbindet.

Die Gesellschaft geht durch den nagenden Wurm der **Anarchie** und des **Despotismus** zu Grunde, sobald die Religion in Verfall geräth. Diese Thatsache erweist sich in allen kritischen Perioden der Weltgeschichte als Wahrheit, in Griechenland und Rom, wie in der neueren Geschichte; je mehr die Götter in nebelgraue Ferne entschwanden, desto mehr wurde der Ruhm und die Freiheit der alten Republiken durch **Pöbelherrschaft** und **Tyrannei** verdunkelt und verdrängt. In unsern Tagen zog, während der großen französischen Revolution, der Verfall des religiösen Glaubens den des politischen **alsbald** nach sich. Der Despotismus moderner **Attila's** verdrängte alle schönen Freiheitsträume. Zweifelsucht und Mißtrauen schleichen sich heut' zu Tage in alle Herzen; aufopfernde Treue für's Vaterland und für den Fortschritt der Menschheit sind nur **leere** Worte, Eigennutz und Selbstsucht werden zu Tugenden umgestempelt. Alle Welt erkennt die entsetzliche Maxime: „**Jeder für sich**" als recht und billig an. Elende Fabrikanten werden Millionäre, indem sie die Nationen, deren bei Weitem größter Theil doch immer aus Consumenten besteht, **ausbeuten mit Hülfe des Schutz-Zoll-Systems**, welches ebenso **antinational** als **unmenschlich** und **unkosmopolitisch** ist, **Börsen-Gauner** und **-Lungerer** werden **Minister** und **Präfekten**, oder gar absolute Herrscher der Völker. Unser Jahrhundert hat den verhängnißvollen Pfad des Materialismus und Skepticismus eingeschlagen, und ist endlich, seit **jede höhere Hoffnung** verschwunden ist, zum schmachvollen Reich der Wechsler und Juden gelangt. Diese ziehen, Dank der Agiotage, den kleinen Rentenbesitzern die Haut über die Ohren, um **Schätze aufzuhäufen**, welche am Ende doch den Würmern und dem Rost zur Beute werden. (Math. VI, 19.)

Der Verfasser dieses Werkes hat sich mit Philosophie, Theosophie, geheimen Wissenschaften, mit der Geschichte und mit kritischanthropologischen Forschungen vorzüglich beschäftigt. Auch das Gebiet der Naturwissenschaften, namentlich der Physiologie, ist ihm nicht ferne geblieben. Er bedauert, daß der Skepticismus den Glauben gänzlich verdrängt hat, daß die Metaphysik durch Sophisten von der Logik absorbirt wird, und daß unsre Zeit ebenso wenig eine Philosophie als eine Religion mehr hat, ungeachtet aller Versuche, welche man vorzüglich in Deutschland gemacht hat, diese beiden Sphären der menschlichen Intelligenz mit einander zu versöhnen. Diese Bestrebungen mußten scheitern, weil sie nicht auf einem positiven Spiritualismus beruhten; es fehlte ihnen der sichere Boden der Erfahrung, die feste Grundlage unwiderleglicher Thatsachen, welche keine Dialectik abzuläugnen im Stande wäre. Ein Factum ist und bleibt eine Thatsache, und keine Macht der Erde kann dieselbe ungeschehen machen.

Man stellte bisher unzählige Theorien und Hypothesen auf, ohne auf die Thatsachen Rücksicht zu nehmen, welche eine directe Offenbarung der übersinnlichen Welt darthun. Man subjectivirte und vermenschlichte jede objective Kundgebung einer höhern Geisterwelt, und mußte folglich die directe Offenbarung mit der indirecten verwechseln, welche letztere allerdings, durch den eigenthümlichen Genius des inspirirten Menschen bedeutend modificirt wird. Daher die Theorien des magischen, blos innern Lebens, im Gegensatze zu dem äußern Leben, daher die Verwandlung des objectiven geistigen Kosmos in ein dunkles Binnenleben der Seele, voll vager Gefühle und Ahnungen.

Die Philosophen haben bekanntlich in ihren Versuchen, den Glauben mit dem Wissen zu versöhnen, die Religion als eine untergeordnete Sphäre in die Philosophie aufgehen lassen, während die orthodoxen Theologen die Philosophie als Magd der Religion (ancilla ecclesiae) ansahen; sie opferten die legitimen Forderungen der Vernunft einem blinden Köhlerglauben auf. Die unfehlbare Autorität religiöser Traditionen, welche einer göttlichen Quelle entsprungen sind, und auf dem geschichtlichen Zeugniß der Vergangenheit beruhen, sollte der Vernunft, ihren beschränkten Ansichten gemäß, Stillschweigen auflegen. Wir läugnen allerdings nicht die Bedeutung des Zeugnisses vergangener Jahrhunderte; indessen muß zugestanden werden, daß das bloß historische Zeugniß nicht mehr genügt für den gegenwärtigen Standpunkt der Wissenschaft. Unser Jahrhundert fordert materielle, directe Beweise der Realität einer übersinnlichen Welt. Selbst diejenigen, welche noch an die Satzungen der Kirche glauben, begnügen sich nicht mehr mit deren unvollständigen Beweisen des himmlischen Ursprungs der biblischen Offenbarungen. Die Beweise, betreffend die Vortrefflichkeit der moralischen Lehren des Christenthums können nur einen secundären Werth beanspruchen, wie die moralischen Beweisgründe zu Gunsten der Unsterblichkeit der Seele. In dieselbe Kategorie gehört auch der Beweis, welcher aus der innern Erfahrung des Menschen hervorgeht. Dieser Beweis kann nur einen subjektiven und persönlichen Werth haben, weil nicht jeder Mensch hienieden so glücklich ist, dieser Erfahrung und dieser Entwicklung des innern religiösen Lebens, welche nur eine besondere Gunst des Himmels oder ein Gnadenhauch des Geistes Gottes ist, theilhaft zu werden. Christus und die Apostel haben vorzüglich Gewicht auf ihre Werke und Wunder gelegt, um ihre himmlische Sendung darzuthun; sie betrachten diese als das Criterium ihrer Lehren. Man soll in der That, wie Jesus sagt, den Baum an seinen Früchten erkennen. Christus und die Apostel nehmen nur einen Glauben an, der Wunder wirkt.

Wir ersuchen folglich diejenigen, welche ihr Leben dem Dienste der Religion weihen, das charakteristische Uebel unseres Jahrhunderts wohl zu erwägen, um diesen Gebrechen, durch Zurückführung des Glaubens und der Hoffnung, abzuhelfen. Bekanntlich ist es eine historische Thatsache, daß das Alterthum zum Polytheismus, zum Genien- und Ahnen-Geister-Kultus sich hinneigte, während unsere Zeit in das entgegengesetzte Extrem des Materialismus und Atheismus verfallen ist. Die Wiederherstellung spiritualistischer Ideen ist daher das erste Bedürfniß. Man muß auf experimentalem Wege beweisen, daß die Seele unsterblich und der Tod nur eine Reise oder ein Uebergang von einer untergeordneten, materiellen Sphäre in einen höhern, geistigen Zustand ist. Es muß dargethan werden, daß keine Unterbrechung in der Existenz derjenigen Statt findet, welche die Erde verlassen haben; daß ferner unsere verstorbenen Freunde und Verwandten sich wiedersehen, erkennen und lieben, und zwar nicht bloß in der geistigen Sphäre, sondern daß sie auch noch fortfahren mit uns in lebendigem Verkehr zu stehen, Dank der allwaltenden Vorsehung Gottes, welche diese wechselseitigen Beziehungen zwischen allen Wesen des Weltall's ewig festgestellt hat. Man muß endlich beweisen, daß diese sympatischen Geister eine so große Neigung für uns fühlen, daß diese sogar dem Tode siegreich widersteht. Diese befreundeten Geister trösten, leiten, warnen und inspiriren uns oft, sogar ohne unser Wissen. Gewiß sind diese Gedanken sehr tröstlich! — Sollte es einen Christen geben, der es thörichterweise verweigern würde, einen materiellen und zugleich moralischen Beweis von der Existenz der Seele in einer bessern Welt, wie z. B. das Phänomen der directen Geisterschrift, anzunehmen? — Die Menschen, welche ihre Theuren verlieren, werfen sich gewöhnlich in die Arme der Religion, aber trotz der Hoffnung, welche sie aus dieser Quelle schöpfen, wünschen doch alle einen materiellen Beweis der Fortdauer der Jhrigen zu erlangen. Man muß folglich die Realität der Geisterwelt auf experimentalem Wege beweisen, und die Welt wird an diese Wunder-Welt glauben, weil man unwiderlegliche Thatsachen nicht ungeschehen machen kann.

Wohlan! Diese Aufgabe wird von uns in diesem Werke gelöst werden! Wir sind überzeugt, daß unser Phänomen einen materiellen Beweis der Unsterblichkeit der Seele liefert, und dem trostreichen Gedanken des künftigen Lebens einen enthusiastischen Eifer verleihen wird. Wie tief muß man die Verblendung und Inconsequenz der orthodoxen Christen aller Confessionen beklagen, wenn man erwägt, daß sie bloß an gewisse, exceptionelle, biblische Wunder glauben, und sich hartnäckig weigern, die weit besser constatirten Phänomene unserer Tage anzunehmen, obwohl die allwaltende Regierung der Vorsehung dieselbe geblieben, obwohl die Gesetze, welche die Welt regieren, keine Veränderung erlitten haben. — Diese Herren könnten sich selbst durch den Evangelisten Lucas eines bessern belehren lassen, da derselbe (I, 70) sagt: „daß es zu allen Zeiten heilige Propheten gegeben habe". — In der That ist die göttliche Offenbarung eine allgemeine. Wir können nicht voraussetzen, daß die gerechte und unpartheiische Gottheit das einem Volk gewähre, was sie dem Andern verweigere. Der Evangelist Johannes sagt, daß das göttliche Licht jeden Menschen erleuchtet, der zur Welt kommt (Joh. I, 9). Das alte Testament nimmt gleichfalls die Universalität der Offenbarung an. Es gibt der Bibel zufolge allerdings verschiedene Grade der Offenbarung, und die Israeliten scheinen in dieser Hinsicht besonders bevorzugt zu sein. Nach dem Numerus (XXIII, 9) sagt der Prophet Bileam: „Dieses Volk (Israel) wird besonders wohnen und nicht unter die Heiden gerechnet werden." Uebrigens beweist gerade das Beispiel Bileam's, welcher kein Israelit war, daß auch Fremde und Heiden himmlischen Verkehrs gewürdigt wurden. Aus der Genesis geht deutlich hervor, daß die Offenbarung, namentlich in den ältesten Zeiten eine allgemeine war; daher wurde die Urzeit nach dem einstimmigen Zeugniß aller Völker, das goldene Zeitalter der Menschheit genannt.

Einige orthodoxe Christen, welche die Wirklichkeit der wunderbaren Phänomene unserer Zeit nicht abläugnen können, weil sie materielle Thatsachen nicht ungeschehen zu machen vermögen, halten dieselben für Ausflüsse einer dämonischen Macht. Sie schreiben den Dämonen alle geheimnißvollen Phänomene zu, welche im Laufe der letzten Jahrhunderte Statt gefunden haben. Der Teufel ist nach der Ansicht dieser orthodoxen Gelehrten, der oberste Beherrscher des Weltalls, während der liebe Gott als alter, vergessener, ohnmächtiger Heiliger in einen kleinen Winkel des Universums verwiesen ist. Gott herrschte ja nur Jahrtausende hindurch im kleinen Palästina, während die übrigen Völker den Teufeln überliefert waren. Später dehnte sich allerdings, durch die Verbreitung des reformirten Judenthums, Gottes Herrschaft etwas mehr aus, blieb aber nur auf den kleinsten Welttheil unseres Planeten beschränkt. Die ganze Weltgeschichte wird von diesen orthodoxen Herren in eine profane, gottlose und in eine religiöse, göttliche eingetheilt. Die Stimme Jehova's wird nur in einzelnen Gegenden vernommen, während große Länder und zahlreiche Völker dem Satanas Preis gegeben sind. Eine so thörichte Verblendung muß natürlich auch verderbliche, moralische Früchte tragen. In unsern Tagen hat man in Genf kleine Traktätchen gedruckt, laut welchen man sich nicht entblödet, den ewigen Richter des Weltall's mit dem altersschwachen Isaak zu vergleichen; man hofft Gott, nach dem rühmlichen Beispiel Jakob's zu betrügen, indem man sich mit dem fleckenlosen Kleide Christi schmückt, wie einst Jakob mit Esau's Fellen, ohne daß der Glaube sich durch gute Werke kund zu thun braucht.

Alles den Dämonen zuschreiben zu wollen, ist Wahnsinn und ein Irrthum, welcher mit dem Geiste der Bibel in offenbarem Widerspruche steht. Christus sagt, daß man den Baum an seinen Früchten erkennen soll. Die gesammte christliche Kirche ist von dieser Thorheit angesteckt, vielleicht gar durch eine List des Bösen selbst?! — Es scheint diesem „Fürsten unseres Planeten" gelungen zu sein, aus den Repräsentanten des Christenthums, die Vertheidiger seines Reiches der Finsterniß zu machen. Einfältiger Aberglaube führt nothwendig zum Materialismus. In der That würden unsere Theologen noch einstimmiger als die alten Pharisäer,

Christum, wenn er jetzt auf Erden wäre, für einen Besessenen oder für einen Narren halten. Die Juden waren wenigstens getheilter Meinung nach Joh. 10, 19—21. Einige unter ihnen behaupteten: Christi Worte wären nicht die eines Besessenen, und meinten, daß der Dämon nicht einem Blinden die Augen öffnen könne. In unsern Tagen hat die Dämonenfurcht noch weit größere Fortschritte gemacht. Unsere Theologen huldigen dem absurden Grundsatze Tertullians: »Daemones laedunt, laesosque curant.« Sie glauben an dämonische Heilungen. Der bekannte protestantische Pastor in Paris, Adolph Monod, wagte vom Magnetismus und Somnabulismus, in seiner letzten Krankheit, keinen Gebrauch zu machen, weil er als engherziger Christ diese Heilmittel für höllische Produkte pythischen Geistes hielt. Er zog die Behandlung seines Bruders vor, eines Arztes, der sogar die Symptome der Blattern mit denen des Typhus verwechselt hatte. Die Pastoren möchten an der Bibel deuteln, um dieses Buch ihrem beschränkten Verstande anzupassen, wir Spiritualisten aber, halten uns an die Maxime Christi: „Ihr „sollt den Baum an seinen Früchten erkennen."

Der Spiritualismus ist für Geister, wie sie die engherzige Orthodoxie und die skeptische Philosophie, nebst dem ausschließlichen Studium der Naturwissenschaften gebildet hat, kaum zugänglich. Es gehört daher ein nicht geringer Grad von Muth dazu, mitten im neunzehnten Jahrhundert, ein so mysteriöses Buch, als das gegenwärtige, erscheinen zu lassen. Indessen weiß der Verfasser, daß die merkwürdigen Facta, welche sein Werk enthält, eine große Aehnlichkeit haben mit jenen Phänomenen, welche dem Ursprung aller positiven Religionen, Mythologien und Legenden zu Grunde liegen. Ferner stimmen die Ideen des Verfassers mit den uralten Ueberzeugungen der Menschheit und aller ausgezeichneten Denker der Vergangenheit überein; bloß das achtzehnte Jahrhundert und die ersten fünfzig Jahre des neunzehnten, welche ausschließlich dem Studium der exacten Wissenschaften und einer skeptischen und negativen Kritik gewidmet waren, machen hievon eine Ausnahme und bekennen sich zu Ideen, welche dem Spiritualismus ganz entgegengesetzt sind. Trotzdem gibt es in dieser skeptischen Gesellschaft noch Männer, welche die positiven Religionen nicht für Priestertrug noch für Auswüchse populärer Phantasie halten, sondern die alten Ueberzeugungen zu neuem Leben zu erwecken suchen, um die Hoffnung in die Menschheit zurückzuführen. In den, der Religion feindseligen Schulen, trifft man gleichfalls einige ernste, vorurtheilsfreie Forscher an, welche die Facta, die den materiellen Naturgesetzen zu widersprechen scheinen, nicht von Haus aus als unmöglich verwerfen. Gelingt es nun dem Verfasser, die Thatsachen, welche sein Buch enthält, von diesen beiden Klassen von Männern berücksichtigt zu sehen, so glaubt er seinen Zweck erreicht zu haben. Er ist überzeugt, daß ein gründliches Studium der merkwürdigen Phänomene des Spiritualismus, dem Skepticismus und Materialismus einen Todesstoß versetzen muß.

Der Verfasser glaubt in diesem Werk die ersten Grundlinien einer positiven Wissenschaft des Spiritualismus aufgestellt zu haben, indem er die Realität der Geisterwelt auf experimentalem Wege, durch eine große Anzahl unwiderleglicher Facta nachgewiesen hat. Gegenwärtiges Buch enthält indessen nicht bloß Thatsachen und Experimente unserer Zeit, sondern ebenfalls einen kritisch-rationalen Kern, nebst einer historischen Uebersicht der Quellen des Spiritualismus und seiner Entwicklung und Bedeutung in der Geschichte der Menschheit bis auf unsere Tage. Daher liegt es in der Natur der Sache, daß dieses Werk in zwei Hauptabschnitte zerfällt.

Im Ersten behandeln wir den Spiritualismus im Allgemeinen und berücksichtigen vorzüglich die Hindernisse, welche seiner Entwicklung im Laufe der Jahrhunderte in den Weg traten, je mehr sich die Menschheit von der Ur-Offenbarung entfernte. Wir heben namentlich zwei Hindernisse hervor, welche die Fortschritte des Spiritualismus seit dem Mittelalter gehemmt haben und noch hemmen, d. h. 1) die

Dämonenfurcht, welche nicht immer die Frucht der Unwissenheit, sondern auch der Intoleranz und Taktik der Kirche war und noch ist;

2) den materialistischen Skepticismus, welcher die Blicke der Menschheit vom Geiste zur materiellen Natur abgewandt hat.

Die Dämonophobie stammt vorzüglich aus dem Mittelalter und ist das Erzeugniß des abgeschmackten Aberglaubens und der Intoleranz dieser Periode der Finsterniß, welche mit Recht ein tausendjähriger Schlaf des Gedankens genannt werden kann.

Der skeptische Materialismus beherrscht die gebildete Welt der Gegenwart. Das Studium der Naturwissenschaften, die negative und absurde Kritik unserer Geschichtsforscher und Archäologen, sowie die skeptischen pan- und atheistischen Tendenzen der modernen Philosophie, in welcher die wahrhafte Metaphysik der unsichtbaren Ursachen von der Logik absorbirt wird, mußten natürlich den Weg zum alles Ideale ertödtenden Materialismus bahnen.

Nach dieser Kritik gibt der Verfasser eine kurze Uebersicht der Philosophie der Geschichte des Spiritualismus, seiner verschiedenen Entwicklungsphasen sowie seines Verfalles. Man kann die Thatsache nicht abläugnen, daß die Menschheit allmählig immer materieller und irdischer wurde, je mehr sie sich entfernte von dem Pfade, welchen die Götter und Genien ihr vorgezeichnet hatten, im goldenen Zeitalter der Unschuld. Es lag im Plane der Vorsehung, die Menschheit aus dem Zustande ursprünglicher Beschaulichkeit in praktische, materielle Activität übergehen zu lassen, um ihr die Herrschaft der Erde zu sichern; indessen ist jeder Fortschritt in der Weltgeschichte nur ein relativer und einseitiger; durch die immerwährende Fluctuation, ist aber auch bekanntlich jeder Fortschritt in der einen Sphäre, ein Rückschritt in der andern. Die Menschheit geht immer von einem Extrem zum andern, Reaction folgt immer der

Action, daher der Verfall des Spiritualismus seit etwa hundert Jahren, daher aber auch die Nothwendigkeit seines Wiederauflebens in den letzten zwanzig Jahren, um zu einem harmonischern, allseitigern Fortschritte zu gelangen. Die geistigen, moralischen und social-politischen Wissenschaften müssen zu demselben Höhepunkt der Cultur gelangen, als das Studium der Natur und der materiellen Wohlfahrt.

Von dieser historisch-philosophischen Uebersicht des Spiritualismus geht der Verfasser vom Allgemeinen zum Speciellen über und erwähnt einige **historische Phänomene**, welche mit den neuesten Erfahrungen eine große Analogie haben. So gelangt er endlich zu seinen eigenen Experimenten und den direkten Geisterschriften, von denen er im Laufe von **zwölf Jahren zweitausend** in Gegenwart von Zeugen erreicht hat, und zwar in mehr als **zwanzig** verschiedenen Sprachen, darunter sogar Hieroglyphen Egyptens, hebräische, arabische und Lapidarcharaktere des Alterthums. Es folgen in dieser **deutschen Ausgabe dreißig Facsimile** direkter Geisterschriften in altgriechischer, lateinischer, deutscher, englischer, esthnischer und französischer Sprache, sowie in hieroglyphischen und alt-orientalischen Charakteren. Unter den von uns erreichten Geisterschriften befinden sich auch viele **direkte Briefe „sympathischer"** Geister, d. h. Geister von verstorbenen Verwandten und Freunden des Verfassers, wobei man bemerken muß, daß die Mehrzahl dieser Episteln Rathschläge und zu **vertraute** Details enthalten, als daß man sie dem Publikum preisgeben könnte. Diese Schriften sympathischer Geister sind insofern wichtig, als die Identität der **Hand-** und **Unter-Schrift** sogar durch die Ortsbehörden constatirt worden ist. Die griechischen und lateinischen Schriften enthalten philosophische und moralische Maximen, welche vorzüglich auf das künftige Leben der Menschen Bezug haben; dasselbe gilt von den Sprüchen des Neuen Testaments, betreffend die Unsterblichkeit und die glorreiche Zukunft der Kinder Gottes.

Die griechischen und lateinischen Unterschriften sind meist in Lapidar-Schrift geschrieben, wahrscheinlich weil der Verfasser sie in den Museen der Antiken, in Gegenwart vieler Zeugen, erreicht hat. Dasselbe gilt von den Namensunterschriften der alten Könige von Frankreich, von Dagobert bis Ludwig XI., welche in lateinischer Sprache abgefaßt sind; die Namens-Unterschriften der neueren Könige aber von Franz I. bis Karl X. beweisen wirklich die Identität derselben, und deren Echtheit ist von vielen Zeugen constatirt worden, von denen ich nur Hrn. Lacordaire, Bruder des berühmten Dominikaner's, und Director der Gobelin-Fabrik in Paris, nenne. Die authentischen Handschriften Louis Philippe's und der verstorbenen Glieder der Familie Orleans, hat der Verfasser im Park von Neuilly und der Gruft von Dreux, erreicht, mit dem General von Brewern, der ihn dorthin begleitete. Die direkten Namens-Unterschriften von Voltaire, Montesquieu, d'Alembert, Diderot und Rousseau, sowie die von Schiller und Wieland kann wohl jeder gebildete Leser prüfen; dasselbe gilt von Lord Byron und andern ausgezeichneten Engländern. — Die durch die Geister gezeichneten direkten magischen Figuren haben wunderbare Heilungen bewirkt, wie z. B. die des bekannten Historikers Herrn Emil de Bonnechose, Bruder des Kardinal-Erzbischofs von Rouen, in den Jahren 1860 und 1866.

Der zweite Abschnitt dieses Buches enthält die geschichtlichen Beweise des Spiritualismus. Wir gehen bis auf die spiritualistischen Traditionen der Inder, Chinesen, Perser, Egypter, Griechen und Römer zurück, und schalten dazwischen die Ideen der indischen und griechischen Philosophie, sowie der Rabbiner ein. Indien, diese Wiege der Arischen Race, bildet den Mittelpunkt, um welchen wir die Ideen der andern Völker des Alterthums gruppiren, indem wir diese bisweilen durch die lichtvolle Klarheit der Bibel, in psychologischer und pneumatologischer Hinsicht, beleuchten. Wir resumiren die Ideen des Alterthums über die himmlische Hierarchie, die

Genien und Dämonen, über die Unsterblichkeit, die Ewigkeit und die Präexistenz der Seele, über den ätherischen und materiellen Körper, über die Metempsychose oder die verschiedenen Phasen der Seele bis zu ihrer endlichen Befreiung und geistigen Vervollkommnung. Wir behandeln auch den Verkehr der Geister mit dem Menschen, die Manifestationen der verschiedenen Genien, die Inspiration oder die indirekten Offenbarungen der Geister durch die Vermittlung der Seher, Propheten, Verzückten, Orakel, Pythien, Sybillen u. s. w., deren auffallende Analogie mit den modernen Somnambülen und Medien Niemand abläugnen kann. Ueberhaupt haben wir nur solche Facta und Ideen aus den Quellen des Alterthums hervorgehoben, welche durch die moderne Erfahrung auf dem Gebiete der Seelen- und Geister-Kunde bestätigt worden sind. Alles Uebrige, was die nüchterne Erfahrung und Erforschung der letzten zwanzig Jahre nicht hat nachweisen können, lassen wir bei Seite, als nicht zu einer positiven Pneumatologie gehörig.

Erstes Kapitel.
Spiritualismus des Alterthums.

Der Spiritualismus ist keine neue Lehre. Die Keime spiritualistischer Ideen wurzeln in der menschlichen Natur und sind folglich so alt als die Menschheit; schon in den ältesten Zeiten finden wir in den Traditionen aller Völker Spuren von Kundgebungen übersinnlicher Wesen. **Die Weltgeschichte bestätigt diese Thatsache.** Die Annalen der Menschheit stimmen mit der Analyse der Fähigkeiten des individuellen Menschen, der Psychologie, vollkommen überein. Der Spiritualismus ist das geistige Licht, der himmlische Funke, welcher jeden Menschen, der zur Welt kommt, erleuchtet. Der Spiritualismus ist die erste Anschauung der Seele bei ihrem Erwachen; daher sein inniges Band mit der Idee der Abhängigkeit oder dem religiösen Gefühle. Diese beiden Ideen im Keimzustande des Instinkts, oder wenn man will, Gefühle, entsprießen derselben Wurzel und bilden den innern oder geistigen Sinn des Menschen. Die **zwei Grundideen des Spiritualismus, die Unsterblichkeit der Seele und die Offenbarung einer unsichtbaren Welt reiner Geister**, stehen im innigen Zusammenhange mit der Idee Gottes, und vice versa. Die Idee der Unsterblichkeit der Seele und die einer Welt geistiger Wesen, ist sogar noch ursprünglicher und inniger mit der menschlichen Natur verwebt, als jene der Grundursache des Weltall's. Der menschliche Geist allein kann die Wirklichkeit dieses unbegreiflichen Wesens bezeugen, welches Niemand gesehen, und dessen Tiefe sogar die erhabensten Seraphine nicht zu durchdringen vermögen. Die Ueberzeugung von der Unsterblichkeit der Seele ist tiefer in des Menschen Herz gegraben, als jene des Daseins Gottes, wie aus den Annalen aller Völker, und aus den Erzählungen der Reisenden, welche die wildesten Stämme besucht haben, deutlich hervorgeht. Der Spiritualismus ist folglich sowohl die subjective Grundlage des religiösen Gefühls, als auch die objective Quelle aller historischen Religionen. Die heiligen Traditionen aller Völker leiten ihren Ursprung von einer Offenbarung her. Das Princip der Offenbarung setzt aber die Wirklichkeit einer höheren Welt der Ursachen voraus, welche sich in der niederen Sphäre der Wirkungen manifestirt. Die religiösen Legenden aller Völker erzählen von der Intervention der Götter, Halbgötter, Engel und Geister verstorbener Vorfahren. Die heiligen Bücher enthalten viele Erscheinungen immaterieller Wesen, welche mit den Menschen in Verkehr treten, um dieselben zu belehren und vor Gefahren zu schützen. Die Propheten, Seher, Sybillen, Pythien und Orakel stehen in Verbindung mit den höheren Genien, welche sie durch **Inspiration befähigen**, die Zukunft vorauszusagen, sowie in den Geschicken der Individuen und Völker wie in einem offenen Buche zu lesen.

Die Seher, die Inspirirten, die Propheten und die Orakel sind die Gründer der religiösen und moralischen Lehren, sowie der Mythologien und heiligen Traditionen. **Die Orakel und die Propheten** waren in intellectueller und moralischer Hinsicht die Oberhäupter der Nationen des Alterthums und gingen der Einrichtung politischer Institutionen **stets voraus**. Inspirirte Orakel verkündeten auch in speciellen Fällen, Völkern und Individuen vom Olymp ausgegangene Befehle, und entschleierten die Geheimnisse der Zukunft. In den Augen der Alten, genoß unter allen lebenden Wesen, der Mensch allein den Vorzug mit den Göttern zu verkehren. Die Götter sprachen zu seinen Sinnen durch Träume, Vögelflug, durch die Eingeweide der Opferthiere, durch betäubende Dünste der Erde und durch viele andere Zeichen und Wunder.

In der Urzeit kannte man keine dogmatischen Spitzfindigkeiten und theologischen Streitigkeiten; Alles war Ausfluß einer Offen- oder übersinnlichen Kundgebung. Diese Belehrung der Menschheit durch die Offenbarung, glich keineswegs den späteren dogmatischen Erklärungen des Priesterstandes. Man hörte die Propheten der ersten Zeiten andächtig an, aber man verspottete ihre Nachfolger. Erstere waren inspirirt und sprachen mit inniger Ueberzeugung, Letztere aber, welche in ihrer Eigenschaft als Priester-Kaste oder levitischer Clerus, die Theologie als Broderwerb zu ihrem Lebensberufe erwählt hatten, glaubten oft selbst nicht an die Lehren, die sie in den Tempeln predigten; daher der Verfall der Religion unter dieser Priesterwirthschaft.

Die Weltgeschichte beweist, daß ohne die Theophanie nie positive Religionen existirt haben; freilich sind diese, ihrem Gehalte nach, sehr verschieden, wenn man die mannigfaltigen Offenbarungen mit einander vergleicht. Es gibt unter den verschiedenen, historischen Religionen, unendliche Entwicklungsgrade der Offenbarung, welche natürlich mehr oder minder dem jedesmaligen Zeit- und Volks-Geist angepaßt ist; jedoch hier ist nicht der Ort, auf diese Verschiedenheiten einzugehen, und die Vorzüge einer geoffenbarten Religion vor der andern hervorzuheben. Unser Zweck ist nur die Allgemeinheit und Universalität der religiösen Offenbarungen in's Licht zu stellen, sowie den identischen, himmlischen Ursprung aller historischen Religionen nachzuweisen. Alle enthalten übersinnliche Geister- und Götter-Mittheilungen, daher die große Verwandtschaft ihres moralisch-ethischen Kern's, trotz aller dogmatischen und Cultus-Verschiedenheiten. Es gab sogar bei allen Völkern des Alterthums, nachdem die uralte, Göttererzeugende und offenbarende Aera geschlossen war, Propheten und Reformatoren, wie

bei den Israeliten, wie z. B. **Laot=seu, Buddha, Pytha=**
goras, Cont=seu, Zoroaster u. s. w. Wir können nicht
voraussetzen, daß eine gerechte und unpartheiische Gottheit für
ein Volk thun, was sie einem **andern** versagen sollte. Wir
müssen folglich eine **allgemeine Offenbarung** annehmen,
deren Spuren wir in allen historischen Religionen finden. **Die
Bibel erkennt sogar die Allgemeinheit der gött=
lichen Offenbarung an,** welche eine nothwendige Folge
der Weltregierung Gottes ist. Der Evangelist Lukas, Kap. I. 70
sagt, daß es zu **allen** Zeiten heilige Propheten gegeben hat und
geben wird; nach dem Evangelisten Johannes (I, 9) erleuchtet
das göttliche Licht **jeden Menschen,** der zur Welt kommt. Gott
ist den christlichen Dogmen zufolge, **unwandelbar und än=
dert nie seinen Willen; seinen ewigen Gesetzen gemäß,
übt die übersinnliche Welt der Ursachen fortwäh=
rend einen Einfluß auf die materielle Welt der
Wirkungen aus.** Die Wunder existiren nur, wenn man sich
auf den beschränkten Gesichtspunkt der materiellen Natur stellt,
aber **vom absoluten und allgemeinen Gesichtspunkt
aus, gibt es keine Wunder,** weil die Offenbarung der
höheren Natur der Ursachen zur Organisation des Weltall's
nothwendig gehört. Die **Wechselwirkung der einzelnen
Theile der Natur, ist das erste und höchste aller
Naturgesetze.** Die Intervention der Geister modificirt nur die
Wirkungen der physischen Gesetze in einzelnen Fällen, das Ge=
schick der Menschen betreffend. Die Geister nähern sich uns, um
die Macht des Aberglaubens und Irrthums zu verscheuchen, und
unsere Blicke auf das Ewige zu richten.

Man findet in den ältesten Zeiten der Weltgeschichte Spuren
von der Präexistenz der Seele und ihrer **successiven** Verleib=
lichung (Metempsychose), in Folge der Sage eines Engelsturzes
aus dem Himmel, dieses großartigen Epos, von dem wir kaum
den Namen kennen. (Epistel Judä 6.)

Wir führen diese Legende bloß an, weil sie das hohe Alter

spiritualistischer Ideen beweist. Dasselbe gilt von der Nekromantik, Magie und Astrologie, diesen ältesten Wissenschaften der Menschheit. Man kennt den berühmten Wahrsagebecher Josephs (Genesis XLIV); auch die Aarons-Ruthe und die Egyptischen Magier gehören hieher. (Exodus VII.)

Die Hexe von Endor, welche den Geist des heiligen Propheten Samuel aufrief, ist gleichfalls unsern Lesern bekannt. (I. Samuel XXVIII). Die allgemein verbreitete Furcht vor Gespenstern und Phantomen, ein volksthümlicher Glaube, welcher sich von den ältesten Zeiten bis auf unsere Tage erhalten hat, verdient vorzügliche Berüksichtigung. Diese sonderbare Furcht kann nur das Resultat der objektiven Wirklichkeit von Geistererscheinungen sein und beweist folglich nicht nur den allgemeinen und überall herrschenden Glauben der Menschheit an die Unsterblichkeit der Seele, sondern auch den wirklichen und substantiellen Einfluß der reinen Geister auf unsere materielle Welt, durch sichtbare Manifestationen.

Das ernste Studium der heiligen Traditionen des Alterthums lehrt uns, daß die Geister-Erscheinungen in den ältesten Zeiten häufiger Statt fanden, als später, weil die Natur der Menschen in dieser mythologischen und heroischen Epoche mehr zur inneren Beschaulichkeit (Contemplation) geneigt war. Der Genius des Alterthums hatte im Allgemeinen eine sehr bemerkenswerthe Tendenz zur mystischen Beschaulichkeit und religiösen Verzückung. Im Orient war stets das beschauliche, im Gegensatze zum thätigen Leben, überwiegend. — Eine andere Thatsache von hoher Wichtigkeit für den Spiritualismus, so alt und volksthümlich, als die Furcht vor Gespenstern, ist „die Achtung vor den Todten!" Der alte Cultus der verstorbenen Ahnen, der Pitris und der Manen, war die Ursache dieser Achtung vor den Todten. In der That kann es nichts natürlicheres geben, als diesen Cultus, welchen die Alten, mehr als wir in den Mysterien der Pneumatologie erfahren, ihren Ahnen geweiht haben. Die zahlreichen direkten

Geisterschriften von Voreltern und Verwandten des Verfassers, beweisen deren innige Theilnahme an dem Wohlergehen ihrer Nachkommen. Als Familien-Genien und Schutzgeister wachen die Geister der Ahnen über die Geschicke ihrer Enkel; daher hat die dankbare Nachwelt, den Ahnen-Geistern zu Ehren, religiöse Ceremonien und Feste gestiftet, sowie prachtvolle Grabmäler und Mausoleen errichtet. Der älteste Cultus bestand aus Leichen-feierlichkeiten und Todtenfesten; die ältesten Tempel waren Grabmäler und Mausoleen. Die älteste Zeit verehrte Gott nicht in von Menschenhänden erbauten Tempeln. Gott will im Geiste und in der Wahrheit angebetet werden; daher wagte Niemand, ihm einen öffentlichen Cultus zu weihen. (Genesis IV, 26.)

Nach II. Chron. Kap. II, 6., kann der Ewige, welchen die Himmel der Himmel nicht umfassen können, nicht ein Haus, von Menschenhänden gebaut, bewohnen; nur den Göttern, d. h. den Geistern, widmete man einen öffentlichen Cultus in den, ihrem Gedächtniß geweihten Gebäuden, weil sie an einzelnen Orten mit Vorliebe verweilten. Wie anders mit dem Ewigen, der nicht, gleich den andern Göttern, ein Gott der Berge und der Ebenen war, sondern dessen mächtiger Hauch das ganze Weltall belebt und durchbringt. (Joh. X, 34 und 35.) Die Beduinen besuchen noch heut' zu Tage nicht die Moscheen, weil sie behaupten, daß Allah zu groß sei, um in einem Haus, von Menschenhänden gemacht, zu wohnen, da das ganze Universum sein Tempel sei.

Der Ahnen-Cultus artete allmälig in Vielgötterei aus. Der Mensch, welcher das Heiligste mißbraucht, verwechselte nach und nach die Achtung, welche den Ahnen-Geistern gebührt, mit der Verehrung, die er dem erhabensten Urwesen, der schöpferischen Intelligenz, allein schuldig war. Dieser Irrthum des Alterthums ist leicht begreiflich, wenn man die modernen Vorurtheile bei Seite läßt. Die Geister der Ahnen und die Genien, welche die himmlische Hierarchie bilden, lehrten den heiligen Legenden gemäß, den Menschen zuerst religiöse und moralische Wahrheiten;

sie offenbarten den Sterblichen den Willen der Vorsehung und erschienen oft in sichtbarer Gestalt, wie man nach Pindar (Pyth. I, 1, 127.) die Dioscuren hoch zu Roß, als Führer der Kriegs= heere sah. Die Genien und Geister berühmter Vorfahren waren im fortwährendem Verkehr mit den Menschen des heroischen und mythologischen Zeitalters. Die Traditionen und Legenden aller Völker enthielten viele materielle und directe Phänomene der übersinnlichen Welt, auf welche die moderne Gelehrtenwelt mit Verachtung herabsieht. Unsere Doktoren halten diese wunder= baren Erscheinungen für individuelle und collective Fictionen und Fabeln, oder für absurde Personificationen von Phänomenen der Natur und der abstracten Ideen. Diese Herren geben sich nicht die Mühe, in den Geist vergangener Jahrtausende einzu= gehen, und die geschichtlichen Facta ruhig zu nehmen, wie sie sind, sowie dieselben mit den Phänomenen der Psychologie zu vergleichen, daher der große Göthe mit Recht sagt: „Was die Herrn den Geist der Zeiten nennen, ist ihr eigener „Geist."

Die einfache nüchterne Beobachtung der menschlichen Natur und ihrer geistigen Fähigkeiten, vorzüglich das Studium ihrer sogenannten Nachtseite, würde den Gelehrten unserer Tage die Augen öffnen, wenn sie die Fähigkeit besäßen, den menschlichen Geist nüchtern zu analysiren wie die äußere materielle Natur.

Der Mensch des mythologischen Zeitalters war, wie noch heut' zu Tage der Orientale, vermöge seiner in sich gekehrten, beschaulichen Natur, sehr bewandert in der Kenntniß psychischer Phänomene, für die er eine feine Beobachtungsgabe besaß. Wie anders heut' zu Tage, wo die geistigen Sinne durch Mikros= cope und chemische Analysen ganz abgestumpft sind, und unsre Naturforscher namentlich unfähig gemacht haben, sogar bloß materiell anthropologische Phänomene aus dem sogenannten Tagleben der Seele zu beobachten. Dem Ver= fasser sind merkwürdige und komische Beispiele bekannt dieser radikalen Unzulänglichkeit unserer Naturforscher und Akademiker in der Beobachtung der geistigen und moralischen Sphäre der menschlichen Natur. Im Jahre 1863 zum Präsidenten einer psychologischen Gesellschaft von Naturforschern und Akademikern gewählt, aber sechs Monate darauf von der despotischen Regierung Bonaparte's nicht bestätigt, weßhalb die gelehrte Gesellschaft sich natürlich auflösen mußte, hatte der Verfasser Zeit und Muse genug, zu beobachten, daß sogar Kinder von sechs bis acht Jahren in experimentalen, psychologischen Sitzungen ergraute Akademiker auf die possirlichste Weise täuschten und aus langer Weile zum Besten hatten. Diese Herren konnten den Uebergang aus dem gewöhnlichen niedern Zustande des Wachens in den höhern des Somnambulismus und des Hellsehens, fast nie unterscheiden, was zu den lächerlichsten Mißverständnissen Anlaß gab. In der That, es gehören weit feinere Fühlhörner dazu, die menschliche Natur moralisch und geistig zu beobachten und bis in die unsichtbaren Regionen der Geisterwelt zu bringen, als durch Mikroscope Infusionsthierchen, die unsichtbaren Wesen der modernen Naturforscher, zu entdecken. Die geistige Beobachtungsgabe ist ganz verschieden von der Fähigkeit, die äußere, materielle Natur zu beobachten. Naturbeobachter sind weder Psychologen noch Sittenmaler, Pädagogen oder reale Historiker; daher pries sich selbst Göthe glücklich, nicht mit Käfern und Würmern gequält zu sein, wie Humboldt, sondern mit dem höchsten Gegenstande der Wissenschaft, der menschlichen Natur, sich zu beschäftigen. Das Alterthum sagte: «homo sum, nil «humani a me alienum puto»; der Mensch war der einzig würdige Gegenstand des Studiums der Menschen im Alterthum, daher die tiefe Psychologie der Inder, Chinesen und Griechen, während in unsern Tagen diese Wissenschaft fast überall ignorirt wird.

Der Polytheismus war die erste Phase des religiösen Verfalles. Diese Ausartung lag, wie wir schon bemerkt, in der Natur der Sache. Der Mensch des mythologischen

Zeitalters war, vermöge seiner contemplativen Natur, in beständigem Verkehr mit der Geisterwelt, den Ewigen aber, welchen kein sterbliches Auge je gesehen, konnte er nicht gewahr werden; daher begann er allmählig den Urheber des Weltall's zu vergessen, und die geistigen Heerschaaren des Himmels zu verehren. Uebrigens schloß der Polytheismus nie die Idee eines höchsten Gottes vollständig aus, wie nicht nur aus den Lehren der Griechen und Römer, betreffend die dii deaeque omnes, sondern auch aus dem Sabäismus, der ältesten Form des Polytheismus, deutlich hervorgeht. Nach den Ansichten des Sabäismus, dessen Name von Saba (Heerschaar des Himmels) herkommt, verehrte der Mensch besonders die Vernunftwesen, welche seiner Meinung zufolge in den Gestirnen ihren Wohnsitz hatten, um von dort aus, unter der obersten Leitung Gottes, die Welt zu regieren. Diese sekundären Götter, von den sich die Sabäer Bildnisse machten, galten für Vermittler, die zu Gunsten der Menschen bei der Gottheit (Allah Taâla) wirkten.

Der Polytheismus nahm allmählig einen historischen Charakter an, in Folge des, den Geistern der Ahnen geweihten Cultus. Die Wunder, welche diese Geister vollbrachten, der Schutz und die Fürsorge, welche sie ihren Nachkommen gewährten, führten nach und nach zu ihrer Vergötterung, kraft welcher nicht selten der nachfolgende Gott die Altäre seines Vorgängers einnahm.

In Griechenland entschied, während der spätern Zeit, das delphische Orakel über die Kanonisation und Apotheose der Ahnengeister und der Heroen, welche sich während ihres irdischen Lebens durch Tugenden ausgezeichnet hatten. Die Pythia wurde vorzüglich zu Rathe gezogen, wenn ein außerordentlicher Umstand sich an den Namen oder das Bild einer verstorbenen Person knüpfte. Die Pythia entschied in diesem Falle, ob man dem Verstorbenen wie einem Gotte Opfer darbringen solle oder nicht (Pausanias VI, 2). Daher in Griechenland die Vermischung der Heroen mit den Dämonen und Göttern; daher im ganzen Alterthum die historische und fortschreitende Natur des Polytheismus, welcher viel dazu beitrug, die Menschheit in Stämme und Völker zu zersplittern, und die Intoleranz der, verschiedenen Göttern gewidmeten Culte, zu erzeugen. Trotzdem war das Alterthum weit humaner und toleranter als das Mittelalter und die Neuzeit, weil die Denker und Forscher des Alterthums, wie z. B. Pythagoras, Plato, Plutarch u. s. w. sich bestrebten, in den verschiedenen Namen der Götter dieselben Gottheiten erkennen zu lehren. (Plutarch), Isis und Osiris.) In der Neuzeit ist man weit exclusiver in dieser Hinsicht; anstatt die Verwandtschaft der verschiedenen Culte hervorzuheben, legt man thörichterweise auf ihre Verschiedenheit vorzüglichen Nachdruck, um die Vortrefflichkeit einer Religion, auf Kosten der andern, durch Sophismen herauszuklauben. In Deutschland sogar hat man in der neuesten Zeit, in Folge sogenannter national-liberaler oder vielmehr national-illiberaler Tendenzen, Herder's Humanitäts-Prinzip und Wieland's und Göthe's klassisch kosmopolitisches Ideal längst vergessen! —.

Der Mensch, welcher seine Blicke von Gott, dem alleinigen Mittelpunkt, abwendet, und den wahrhaft humanen kosmopolitischen Standpunkt aus den Augen verliert, fällt immer mehr sinnlichen, materiellen Gelüsten und egoistischen Trieben anheim. Sein innerer Sinn verdunkelt sich; die erhabene Gabe der Inspiration wird immer seltener. Die Jakobsleiter, welche in der Urzeit die Erde mit dem Himmel verband, zerbricht! — Die Götter und Geister sprechen nur noch durch den Mund einiger auserlesenen Seelen, welche die Iliade (XXIV, 553) treffend Freunde Gottes nennt.

Die religiösen Sagen und Urkunden der Inder, Chinesen, Hebräer, Egypter, Perser, Griechen und Römer behaupten einstimmig, daß die Offenbarungen allmählig im Lanje der Zeiten immer seltener geworden sind. Die Weisen des Alterthums priesen ihre Vorgänger glücklich wegen ihres innigen Verkehrs mit der Geisterwelt, deren Manifestationen später nicht so oft

Statt fanden. Der Geschichtsforscher kennt diese Wahrheit, und der Anthropolog wird vielleicht eine Verschiedenheit der Formation des Schädels, der Hülle des Gehirns, dieses materiellen Organ's der intellectuellen Fähigkeiten, bemerken, wenn er die Bas-reliefs des Orients mit den Statuen Griechenland's und Rom's vergleicht. Der Schädel des contemplativen, religiösen, in sich gekehrten Orientalen, ist noch heut' zu Tage **abgerundeter als der plattere des praktisch-realen Europäer's**. Die allmählige Materialisirung des Menschen, bald nach dem Auftauchen des Polytheismus, und der aus demselben hervorgegangenen Sprach- und Begriffsverwirrung, lag übrigens im Plane der Vorsehung, um den Menschen aus dem einfachen, beschaulichen Urzustande in den des practischen Erdenbürgers hinüberzuführen. Der religiöse Rückschritt stand im Zusammenhange mit dem Fortschritt der materiellen Cultur. **Der Fortschritt der Menschheit ist bekanntlich nie ein stetiger, gerader**, sondern bewegt sich immer von **einem Gegensatze oder Extrem zum andern. Action und Reaction** sind die nothwendigen Bedingungen oder Gesetze der Entwicklung des Menschengeschlechts.

Der immer mehr **irdisch** gewordene Mensch empfindet nur selten das Bedürfniß, seine Seele zu Gott zu erheben und mit der Geisterwelt zu verkehren. Er beschäftigt sich mit Ackerbau, Handel, Industrie und politischer Organisation der Gesellschaft. Bei so bewandten Umständen mußte der uralte Gotesdienst des Hausvaters und das erhabene Priesterthum Melchisedek's und der wahrhaft inspirirten Propheten zum **Handwerk** herabsinken, und das Eigenthum einer **uninspirirten Priesterkaste** werden, um den religiösen Bedürfnissen, welche mit unauslöschlichen Zügen in's Herz jedes Menschen gegraben sind, Genüge zu leisten.

Die Entstehung des Priesterthums war die zweite Phase des Verfalles der Religion und des Spiri-

tualismus. Der todte Buchstabe der Tradition verdrängte den lebendigen Geist der Offenbarung und Inspiration in der Hand einer Menschenklasse, die jedes wahrhaften himmlischen Berufs ermangelte. Ohnmacht und Betrug traten an die Stelle der Gabe der Wunder, um die Bevormundung des gemeinen Mannes aufrecht zu erhalten. Das Volk verwechselte die Dogmen mit der wahren Offenbarung und die Priester mit den Propheten. Die Priester aller Culte verfolgten zu allen Zeiten die wenigen wahrhaft inspirirten Propheten. Man bedachte nicht, daß der Prophet ein von Geistern und Göttern inspirirter Seher ist, und daß die Askese, die Beschaulichkeit und die Extase, Zustände der menschlichen Seele sind, welche ihrem innern Auge zeitweilige Blicke in die leuchtende Welt des Jenseits vergönnen. Die abergläubischen Massen verehrten die **sybillinischen Bücher**, wie die Orakel, die sie geschrieben, und die **prophetischen Eichen** wie diejenigen, die sie geweiht hatten, wie z. B. **Orpheus** und **Melampus** in Griechenland und **Hermes** oder **Anubis** in Egypten. Alles gestaltete sich allmählig zum **Symbol** oder zu einer geheiligten, bildlichen Darstellung einer Gottheit oder eines Genius. —

Das **Priesterthum** führte so die Menschheit zur **dritten Phase des Verfalles der Religion und des Spiritualismus**. Der spiritualistische Polytheismus sank unter der Leitung der Priester zum Bilderdienst, Abgötterei, Fetischismus und zum Naturcultus herab. Die Verehrung unvernünftiger Naturwesen und Kräfte verdrängte allmählig die der **immateriellen Vernunftwesen**.

Die Mischung der Raçen spielt in dieser Hinsicht eine Rolle, welche man nicht verkennen kann, obwohl es keinen ärgern Mißgriff gibt, als den vieler modernen materialistischen Gelehrten, in der Geschichte Alles auf Völker= und Raçen=Kreuzungen zurückführen zu wollen. In Frankreich haben die Hrn. Gobineau und Taine besonders die Entwickelung der Ideen aus der Geschichte verbannt. Der Mensch ist in den Augen dieser Herren nicht mehr als jedes andere Thier, dessen Gattungen durch Mischungen mit andern Racen ausarten oder sich veredeln.

Die weißen oder arhschen und die gelben, hochasiatischen und nordeuropäischen Racen verharren mehr oder weniger bei ihren ursprünglichen, spiritualistischen Ideen, während es sich anders verhält mit den Assyrern und Egyptern, welche dem Einfluß der schwarzen Race ausgesetzt waren. Die glühende Einbildungskraft und der plastische Sinn der Schwarzen, nur zu sehr zum Fetischismus und Naturcultus geneigt, verleiteten die Egypter, Syrer und Assyrer zur Verehrung des Apis, des goldenen Kalbes und dem Bilderdienste Baal's. Trotzdem enthält der sinnliche Cultus dieser Wilden mehr spiritualistische Elemente als die skeptische Weltanschauung des modernen Europa seit ungefähr hundert Jahren. Im Fetischismus entdeckt man immer noch einen dunklen spiritualistischen Hintergrund, weil Alles Symbol und bildliche Darstellung unsichtbarer Wesen ist.

Die Schwarzen stehen jedoch in dieser Beziehung den andern Racen nach. Es ist Thatsache, daß sie einen schädlichen Einfluß auf den ursprünglichen Spiritualismus der Assyrer und Egypter ausübten. In Egypten wurde, nach Julius Afrikanus Zeugniß, der Apis-Dienst unter der Herrschaft des Kaiechos, zweiten Königs der zweiten (sogenannten Thinitischen) Dynastie eingeführt, als der Einfluß der besiegten, schwarzen Race sich in den Sitten und Gebräuchen, sowie in den religiösen und politischen Einrichtungen bereits fühlbar machte. (Bunsen, Egypten, zweiter Bd., p. 103.)

Egypten wurde in den urältesten Zeiten mit Recht bewundert; damals verdiente es wahrhaft den Namen eines „Wunderlandes", aber sein Verfall beginnt schon sehr früh. Daher die Verbote der Bibel und des Coran's, die menschlichen Formen nachzubilden, damit die Israeliten und Araber nicht durch ihre Grenz-Nachbarn, die Chamitischen Mischlinge, verleitet werden möchten, über die Grenzen einer vernünftigen Bewunderung der

Naturwesen hinaus zu gehen. Vielleicht hatte der Einfluß der schwarzen Race seinen Antheil an dem Mißbrauch, welchen man in Indien mit der Lehre der Seelenwanderung trieb, indem man glaubte, daß die menschliche Seele, der intelligente Geist sich im Körper verschiedener Thiere verleiblichen könne, um die in einem frühern Leben begangenen Sünden abzubüßen. Daher auch seit Einführung des Schiwa-Cultus die einer Kuh dargebrachte göttliche Verehrung und eine Menge von andern absurden, religiösen Gebräuchen. Die Lehre von der Seelenwanderung und die der mehrmaligen Verleiblichungen der menschlichen Seele, ist überhaupt, vom Alterthum an bis auf unsre Tage, die grobe, populäre Auffassung des Spiritualismus gewesen. Diese Entartung des Spiritualismus ist durch Allan Kardec und die Secte der Spiritisten in Frankreich neuerdings rehabilitirt worden, und hat zahlreiche Nachbeter in dem unwissenden katholisch-romanischen Süden Europa's gefunden. Der ungebildete Menschenverstand glaubt durch die mehrmaligen Verleiblichungen der Seele eine genügende Abbüßung der begangenen Sünden, selbst ohne Rückerinnerung — zu erlangen, und auf diese einfältige Art einen Fortschritt zu erzielen; um den demokratischen Gelüsten unserer Zeit zu fröhnen, wird der Hirte zum König und die Viehmagd zur Prinzessin, und Alle abwechselnd zu Dieben, Mördern und Dummköpfen. Der Fortschritt der Seele besteht aber keineswegs in dieser sinnlosen, elenden Tautologie der Wiederholung des Erdenlebens, wo man nicht einmal, aus Mangel an Rückerinnerung, von den Erfahrungen des frühern Lebens Nutzen ziehen kann, um die Fehler zu verbessern. Der wahre Fortschritt im Seelenleben kann nur in einer moralischen Reinigung und allmähligen Entsinnlichung und Vergeistigung der Seele, Statt finden, welche nur in ätherischen und geistigen Umwandlungen, nicht aber durch eine Rückkehr in den groben, planetarisch-irdischen Körper, erreicht werden kann; daher die tiefen Lehren der Bramanen über die moralische Einigung der Seelen mit dem höchsten Wesen, wovon uns die Lehre Buddha's von der Nirwana einen Nachhall gibt. Alle Religionslehrer fordern die Menschheit auf, sinnlichen und materiellen Genüssen zu entsagen, oder diese vielmehr in ätherische und geistige zu verklären.

Die Ausartung des Polytheismus, unter der Leitung der Priesterkasten, in einen groben Götzendienst, mußte natürlich den Skepticismus und den Unglauben in der gebildeten Welt der letzten Jahrhunderte des Alterthums zur Folge haben.

Die kritische und skeptische Epoche war die vierte Phase des Verfalles der alten Religionen, welche erst in den letzten Tagen des Heidenthums durch den intelligenten Eklecticismus der Alexandrinischen Philosophie wieder zu neuem Leben erwachten, um dem Christenthum besser Stand halten zu können. In dieser Periode des Verfalles aller spiritualistischen Ideen, erweckte die Vorsehung große Reformatoren und Propheten bei allen Völkern. Die bedeutendsten unter ihnen sind Buddha oder Sakyamouni, der Stifter der Religion, welche noch heute die zahlreichsten Anhänger auf unserm Planeten zählt. Ferner Zoroaster in Persien, Lao-tseu und später Cont-sen (Confucius) und Ment-sen in China, sowie endlich in Griechenland Pythagoras und seine Schule. Zoroaster, Lao-tseu und Pythagoras vor Allen, stellten wieder einen moralischen, erhabenen Theismus her, diese einzige Grundlage jeder wahren Religion. Alle diese Reformatoren hoben vorzüglich den moralischen, ethischen Gehalt und Geist der Religion hervor, gleich den spätern Propheten Israels, wie z. B. Jesaias, Jeremias und die sogenannten kleinen Propheten, welche bekanntlich den Decalog moralisch vergeistigten. Der Grund-Charakter der späteren Reformatoren war überhaupt ein moralisch-ethischer, mehr rational als mystisch-speculativ; wenn sie auch die alte Ur-Theologie und Cosmogonie annahmen, wie Buddha, oder wie Pythagoras in die psychologischen Tiefen der menschlichen Natur schauten, so war doch ihre ganze Tendenz mehr moralisch-ethischer, als theosophischer Natur. Man mußte den socialen Institutionen, welche in Folge des Verfalles der religiösen Ur-Traditionen erschüttert worden waren, eine feste moralisch-ethische Grundlage wiedergeben. Denselben Zweck verfolgten die vorzüglichsten Gesetzgeber des Alterthums, wie Lycurg, Zaleucus, Charondas, Archytas, Draco, Solon u. s. w.

Zoroaster (Zerduscht) war, wie Buddha, ein Reformator der bramanischen Glaubens-Lehren, deren Spuren man im Zendavesta ebenfalls findet; jedoch war seine Reformation weit radicaler, und zum Dualismus sich vollständig hinneigend. In Kapyla's Philosophie findet man die gemeinsamen Keime und Spuren beider Reformatoren, d. h. Buddha's und Zoroaster's. Beide empörten sich gegen die Usurpation der Braminen, welche nicht nur die priesterlichen Funktionen, wozu jedes Oberhaupt einer freien Familie seit den urältesten Zeiten berechtigt war, an sich gerissen, sondern sich auch nach und nach, mit Hülfe der königlichen Zustimmung, die oberste Leitung der Regierungsgewalt angemaßt hatten. Der Buddhismus sowohl als der Magismus tragen einen protestantischen Charakter an sich, nur mit dem Unterschiede, daß Buddha die Hauptlehren der alten Bramanischen Theologie, gleich Luther und den Reformatoren des Protestantismus, beibehielt, während dagegen Zoroaster sich ganz einem heterodoxen Dualismus hingab, von welchem übrigens schon Spuren in der alten egyptischen Lehre von Isis, Osiris und Typhon sich vorfinden. Der Zorn der Magier gegen den Bramanismus ging so weit, daß sie die Devas, die guten Geister der Inder, in der heiligen Sprache Zoroaster's in die Divs, d. h. böse Geister, umwandelten. Sogar der Name „Indra" wird, nach der Sprache der Anhänger Zoroaster's, einem bösen Genius zu Theil. Allerdings ist die große moralische Tragweite des Zoroastrischen Dualismus nicht zu verkennen, ja, man muß zugeben, daß derselbe in dieser Hinsicht dem griechisch-römischen Polytheismus überlegen ist; aber trotzdem muß man es beklagen, daß durch den Dualismus des guten und bösen Prinzip's, wenn auch letzteres nur in der sublunarischen Region als untergeordnetes sich manifestiren kann nach dem Magismus, die Dämonophobie (Dämonenfurcht) und die Intoleranz, vorzüglich in Folge der Eroberungen der Perser, zu Tage getreten sind. Die Syrer, Israeliten und andere unterworfene Völker wurden mit in den Strudel des Dualismus hineingezogen; in den späteren biblischen Büchern wurde Satan, der alte Strafengel Gottes im Buche Hiob (I. und II.) und der bekannten erhabenen Vision Micha's, in einen Teufel und Anti-Gott umgewandelt. Das Christenthum, das Kind des Israelitismus, erbte diese fatalen Lehren, welche über die Welt so viel Unheil gebracht haben! — Man hielt die guten Geister einer andern Religion für Teufel und Dämonen, indem man den Ausdruck der Griechen im bösen Sinne verdrehte; ihre Manifestationen galten für Teufelsspuck und Teufelswerk. Die religiöse Intoleranz erzeugte Religions-Kriege und Nationalhaß.

Diesem mächtigen Andrang des Persischen Dualismus widerstand das heitere Hellas durch seine ewig denkwürdigen Siege bei Salamis und Platäa. Die Dämonen blieben in Griechenland fortwährend gute Geister, durch deren Vermittlung die Vorsehung sich den Menschen offenbarte. Allerdings gab es auch in Griechenland höhere und niedere Geister, aber man kannte dort nicht läppische Dämonen-Furcht, stets Erzeugniß der Unbildung und Rohheit. Die höhern Regionen blieben mit den niedern im schönsten Einklang im Vaterlande des Pythagoras. Im Allgemeinen strebten in diesem gesegneten Himmelsstriche die tiefsten Denker zur höhern Sphäre des Spiritualismus empor. Dem Spiritualismus verdanken wir die gehaltvolle Philosophie des Heraclit, die himmlische Moral des Sokrates und den erhabenen Idealismus Plato's. Viele Denker traten in die Fußstapfen des Pythagoras, so lange das Dorische Princip unter der hochherzigen Leitung Sparta's und Delphi's in Griechenland dem Andrang des asiatisch-verweichlichten Jonischen Typus widerstand. Pythagoras, dieser Vorläufer Christi unter den Griechen, war der Erste, der in seinem Bunde das Prinzip der höhern Liebe zur Geltung brachte. Cicero (de Off. lib. I.) und Aulus Gellius (Attische Nächte, lib. I. Cap. 9.) sagen: «Pythagoras ulti-«mum in amicitia putavit, ut unus fiat ex pluribus.» Diese Worte des Pythagoras bieten eine große Aehnlichkeit mit jenen Christi dar (Joh. XVII, 21.): „Damit sie Alle Eins „seien, wie du Vater mit mir bist und ich mit dir „bin, so sollen sie auch Eins in uns sein, damit die „Welt glaube, daß du mich gesandt hast!" Der heilige Paulus sagt ebenso Römer XII, 5: „Denn, wie wir an Einem „Leibe viele Glieder haben, nicht aber alle diese Glieder einerlei „Verrichtung, so sind wir Alle, so viele Unser sind, mit Christus „Ein Leib, und einzeln als Glieder mit einander verbunden."

Das Eindringen der Sophisten zur Zeit des Peloponnesischen Krieges, in Athen, welche Stadt der Mittelpunkt der jonischen Kunst und Bildung wurde, verbreitete zuerst den Unglauben und den Skepticismus in Griechenland, und untergrub die sittlichen Grundlagen der Gesellschaft. Die Zweifelsucht machte immer größere Fortschritte seit dem Fall der spartanischen Hegemonie durch den unseligen korinthisch-thebanischen Krieg, welcher dem macedonischen Despotismus den Weg bahnte. Mit dem Verluste der Freiheit sank auch die spiritualistische Philosophie, welche mit der Fackel der Vernunft die hohe Weisheit der vergangenen Jahrtausende geprüft und den tiefen Geist der alten religiösen Glaubenslehren und der Mysterien von Samothrake und Eleusis erfaßt hatte. Plato und sogar Aristoteles zählten nur wenig wahre Anhänger, während Aristipp und Epikur die künstlerisch-verweichlichten Zeitgenossen anzogen. Die griechische Welt wäre gänzlich ein Opfer der Sittenverderbniß geworden, wenn nicht die großartige Enthaltsamkeit des Diogenes von Synope, und die erhabene rationale Moral des unsterblichen Zeno, des Stifters der stoischen Schule, dem Verfall der Zeiten einen mächtigen Damm entgegengestellt hätten, bis zum Wiederaufleben des Spiritualismus durch die Neu-Pythagoräer Apollonios von Thana und endlich durch die Alexandrinische Philosophie.

Uebrigens fuhren die Orakel noch eine Zeit lang fort, einen bedeutenden Einfluß auf den größten Theil des Volkes, namentlich auf dessen unterste Schichten auszuüben. In Griechenland und Rom huldigte bloß die gebildete Gesellschaft dem Skepticismus.

Unsere modernen Gelehrten müssen die Thatsache des Bestehens der Orakel während der aufgeklärtesten Jahrhunderte Griechenlands und Roms zugeben, wenn auch, ihrer Meinung nach, die Orakel in dem Zeitalter roher Unwissenheit entstanden sind. Die Orakel waren in der Blüthezeit der griechischen Litteratur die obersten Leiter der Völkergeschicke. Man zog sie zu Rathe, wenn der Staat in Gefahr war. Die Geschichte des Heldenkampfes Griechenlands mit den unzähligen Legionen des persischen Despotismus, sowie der verderbliche Peloponnesische Krieg, geben uns deutliche Beweise von der hohen Achtung und Ehrfurcht, welche die größten Männer Griechenlands den Orakeln zollten.

Freilich sank das Ansehen der Orakel allmählig, seitdem wahrhaft inspirirte Männer und Frauen von der eigennützigen Priester-Kaste verdrängt wurden, welche die Ausübung der edlen Verrichtungen des Prophetenthums als Handwerk betrieb.

Die Liebe zum Golde und Silber verleitete sogar manchmal die aus den inspirirten und visionären Frauen gewählten Pythien, sich in Betrug und in unedlen Schacher mit übernatürlichen Wahrheiten einzulassen. Man kennt z. B. die berüchtigte Bestechung der Oberin der delphischen Priesterinnen, durch Cleomenes I., König von Sparta, welcher den Demarat der königlichen Mitherrschaft berauben wollte, indem er die legitime Geburt desselben anfocht. Allerdings war die Thatsache wahr, aber weil die Pythia eine bedeutende Geldsumme von dem ehrgeizigen Cleomenes empfangen, der ganz Griechenland beherrschen wollte, so ward dieselbe später ihrer Würde entsetzt, um die verletzte Ehre des Orakels zu rächen. Dies beweist die Strenge und Gewissenhaftigkeit der Orakel=Priester.

Doch wenn auch einige Pythien sich bestechen ließen, so erklärt diese Thatsache nichts, denn Schurkerei und Betrug sind nur eine Nachäffung der Wahrheit und der Wirklichkeit. Und wie hätten solche Betrügereien ohne Unterbrechung Jahrtausende hindurch auf einander folgen und verborgen bleiben können, ohne daß man ihrer gewahr worden wäre?? — Wie wäre es möglich, daß so viele Nationen nie erkannt hätten, daß sie die Spielbälle in der Hand einiger weniger Betrüger gewesen wären? — Durch welche Kunstgriffe hätten es diese dahin gebracht, daß es nur unter ihnen Männer von Geist gab, während alle anderen Menschen davon gänzlich entblößt gewesen wären? Ein Mann, der in den Augen der französischen Akademie, deren unsterbliches Mitglied er einst war, für sehr geistreich gilt, Namens Fontenelle, hat dieses Problem zu lösen und die Autorität der Orakel durch folgendes Argument zu bekämpfen versucht: „Man gebe mir ein halbes Dutzend Personen, die sich überreden „lassen, daß es nicht die Sonne sei, welche den Tag macht, so „verzweifle ich keineswegs daran, diese Meinung nach und nach „ganzen Nationen aufzubinden." — (Eugen Bareste: Nostradamus. p. 69 und 165.)

Wahrhaftig, der geistreiche Akademiker rechnete stark auf die Einfalt der Menschen, ohne aus hochmüthiger Verachtung des menschlichen Geschlechts auf die Beschränktheit seines eigenen Geistes Rücksicht zu nehmen!

Die Autorität der Orakel wurde in der That nie gestürzt; sogar zu der Zeit Cäsar's und August's, einer Epoche, wo der Verfall des Polytheismus durch die Kritik der Peripatetiker und Epicuräer seinen Höhepunkt erreicht hatte, schätzten viele berühmten Männer die Orakel hoch, sowie auch andere übersinnliche Phänomene. Wir erwähnen hier nur die bekannten Historiker Dionys von Halicarnaß, Diodor von Sicilien, Dio Cassius, Florus und Livius. Dasselbe gilt von dem geistreichen Plutarch, der in seinem interessanten Werke von dem „Aufhören der Orakel" (in Folge des Verbots der römischen Kaiserdespoten, dieselben in politischen Angelegenheiten um Rath zu fragen) sagt: „Die Zerstörung vieler Städte Griechenlands, die plötzlichen Einfälle der Barbaren, und der Untergang mehrerer Reiche bestätigen die Wahrheit der Orakelsprüche. Waren die vor Cumae erlittenen Schicksalsschläge nicht längst von den Sybillen vorausgesagt worden? Wenn es nun schwer zu glauben ist, daß die Gottheit an diesen Begebenheiten keinen Antheil hatte, so ist es um so einleuchtender, daß man ohne eine von ihr ausgegangene Inspiration, dieselben doch nicht voraussagen konnte." (Plutarch's moralische Werke nach Ricard's Uebersezung Bd. II, p. 261 u. s. w. Ausg. v. 1844.) Plutarch fügt noch ferner hinzu: (Ricard's Uebers. Bd. II, p. 262.) „Wenn das Orakel nicht bloß im Allgemeinen die Begebenheiten voraussagt, sondern sogar oft die Zeit, die Veranlassung, die Art und Weise der Handlung und die Personen genau bezeichnet; so haben wir es nicht mit einer vagen Prophezeiung, sondern mit einer wirklich genauen Wahr- und Weissagung zu thun. So ist es der Fall bei dem berühmten Orakelspruch, welcher vorher verkündigte, daß Agesilaus in Folge einer Wunde hinkend werden und daß Sparta, in Folge vielfacher Mißgeschicke, die Hegemonie Griechenlands gegen das Ende der Regierung dieses großen Mannes verlieren würde."

In Rom befragte man sogar noch vor der berühmten Schlacht bei Pharsalus, welche die Geschicke der Republik entscheiden sollte, das Delphische Orakel um Rath. Allen Geschichtskundigen ist

Lucan's Beschreibung der vom Geiste Apollo's inspirirten Extase der Pythia bekannt. (Lucan's Pharsalia, B. 71—223.)

Mit dem Sturze der Republik wagte man nicht mehr bei öffentlichen Angelegenheiten die Orakel um Rath zu befragen. Die römischen Kaiser folgten dem Beispiel der macedonischen Könige und der griechischen Tyrannen. Lucan sagt, daß das Delphische Orakel von dem Augenblick an verstummt sei, als die Könige die Zukunft fürchteten und die Götter nicht mehr sprechen lassen wollten. Derselbe Fall trat bei allen Völkern, bis auf unsre Tage des modernen Spiritualismus ein. In Israel rottete Saul die Wahrsager aus, wiewohl er selbst in Zeiten dringender Noth zu den von Pythonischen Geistern inspirirten Weibern seine Zuflucht nahm. (S. I. Samuelis XXVIII, 3—25.)

Im 18. Jahrhundert verbot Ludwig XV als würdiger und gleichfalls von Priestern erzogener Nachfolger Saul's, die Wunderkuren auf dem Grabmale des frommen Diakons Paris in der Kirche des heiligen Médard's zu Paris. In unsern Tagen verbot Napoleon der Kleine unsere Experimente in der Königsgruft von St. Denys, sowie in den Museen des Louvre und des Versailler Schloßes. Die französische Polizei verbot sogar im Jahre 1863 die Bildung einer psychologischen Gesellschaft in Paris, und zu gleicher Zeit verwies der heil. Vater den bekannten Amerikaner Hume aus Rom.

Lucan beklagt bitter diese Verblendung der Fürsten und meint, es sei das größte Unglück seines Jahrhunderts, die Orakel, diese wunderbare Gabe des Himmels, verloren zu haben. Der Apostel Paulus pflichtet der Ansicht des heidnischen Dichters bei, indem er sagt: (I. Thessal. V, 20) „Verachtet nicht die Propheten!" Ferner fordert er im ersten Briefe an die Corinther Kap. XIV, 39 die Christen auf, „vorzüglich nach der Weissagung zu trachten."

Es ist also eine geschichtlich erwiesene Thatsache, daß die Orakel auch zu den schlechten Kaiser-Zeiten Rom's nie gänz-

lich verstummten. Rom verlor nie in dem Maaße die er=
habene Leuchte des Spiritualismus, als das heutige Europa.
In Griechenland machte unter der macedonischen Herrschaft der
Verfall des Spiritualismus reißende Fortschritte. Aristoteles,
obwohl selbst Spiritualist und Idealist, wie aus seinem Werke
de Coelo (II, 12.) deutlich hervorgeht, lenkte die Blicke der Mensch=
heit doch zuerst von dieser erhabenen Sphäre ab, um sie den
Naturwissenschaften zuzuwenden. Vergeblich versuchten einige
Stoiker, die Religion durch die Philosophie zu ersetzen. Die
rationale Lehre der Stoiker konnte nicht, trotz der Erhabenheit
ihrer Moral, den religiösen Bedürfnissen der Massen genügen,
welche die übersinnlichen Offenbarungen nicht entbehren können.

Das Christenthum erschien mitten in diesem Siechen
aller Religiosität; kaum war indessen diese große Phase der
Offenbarung zu Tage getreten, als der Polytheismus gleichfalls
sich in Folge einer allgemeinen religiösen Reaktion, gegen den
herrschenden Unglauben des Zeitgeistes, zu verjüngen anfing.
Die Schule des Pythagoras, des berühmtesten Refor=
mators Griechenland's, erwacht zu neuem Leben. Apollo=
nios von Thana, das berühmteste Mitglied dieser Schule, durch=
zieht die Welt als Messias des Heidenthums und vollbringt
viele Wunder. Der Ruf seiner hohen Weisheit und seiner Heilig=
keit erschallt von einem Ende des römischen Weltreiches bis zum
andern. Die Mysterien der Isis und des Osiris, sowie viele
andere Gebräuche und Ceremonien, deren tiefen Sinn man
längst vergessen hatte, kommen wieder zum Vorschein; deßgleichen
die Weisheit der Magier und der Juder. Die Orakel verdoppeln
ihre Thätigkeit und ihren Eifer, Apollonius von Thana besucht
persönlich alle Orakel Griechenland's, nach Aussage seines
Biographen Philostratus. Ein Band umschlang auf's
Neue den Himmel und die Erde, die Philosophie
und die Offenbarung. Die religiöse Reaction gegen den
Unglauben und den Skepticismus war allgemein. Diese Thatsache
beweist, daß das Heil der Menschheit nicht allein von Nazareth

kam. Die Verjüngung der religiösen Ideen war ein **allgemeines Zeitbedürfniß** und beruhte folglich auf weit **allgemeineren Grundlagen**. Nicht Israel allein, sondern das ganze römische Weltreich seufzte nach einer **neuen Offenbarung**. Die Keime des Christenthums lagen nicht nur im **Judenthum**, sondern auch in dem, durch die hohe Weisheit der Denker aufgeklärten **griechisch-römischen Polytheismus**.

Die Fäden der **Neu-Pythagoräischen** und der **Neu-Platonischen** Lehre liefen in der Schule von Alexandrien zusammen, und bildeten den ausgedehntesten Eklecticismus aller philosophischen Anschauungen und religiösen Traditionen.

So **erneuerte sich der Polytheismus**, indem er auf die ursprünglichen Offenbarungen zurückging, und aus den tiefsten Quellen der alten Denker und Forscher schöpfte.

Dieses Anklammern an den **ursprünglichen Spiritualismus** aller damals in der **greco-römischen** Welt bekannten heiligen Traditionen setzte den Polytheismus, in Folge der durch die Schule von Alexandrien bewirkten Versöhnung des Glaubens mit der Vernunft und der Religion mit der Philosophie, während mehrerer Jahrhunderte in Stand, den fortwährenden und gewaltsamen Stürmen einer Religion, deren Anhänger durch die Strahlen der aufgehenden Sonne erleuchtet und erwärmt wurden, erfolgreich die Stirne zu bieten.

Der Kampf war hartnäckig! Es galt, das Heidenthum mit den intelligenten Waffen der Ueberzeugung und des Talents zu schlagen, niemals aber würden, trotz aller Vortrefflichkeit der moralischen Lehren des Christenthums, trotz des von den Märtyrern in Strömen vergossenen Blutes, die Apostel und ihre Nachfolger triumphirt haben, wenn sie nicht — Wunder gethan hätten, um die Orakel nachzuahmen. Die Zeichen und Wunder allein bekräftigten das Wort des Herrn. (Markus XVI, 20.)

Der Sieg des Christenthums wurde indessen nur vollständig

durch den Einfall der Barbaren in's römische Reich, welche die einfache, christliche Mildthätigkeit weit besser verstanden, als die philosophisch ausgebildeten Lehren des Heidenthums. Auch trugen die bedeutenden Concessionen, welche das Christenthum dem Polytheismus machte, durch die Annahme der Trinität, des Marien- Heiligen- und Todten-Cultus wesentlich zum Siege bei. Diese Thatsachen haben die Geschichtsforscher bis jetzt zu wenig berücksichtigt. Es ist bekannt, daß in vielen Gegenden des romanischen Europa's heidnische Götter-Statuen in Heiligen- und Marien-Bilder verwandelt worden sind, wie z. B. der in der Peterskirche zu Rom aufgestellte heilige Petrus mit den Himmelsschlüsseln, nur eine schöne Jupiter-Statue ist. In Frankreich verdankt das Fest des heiligen Denys in der Stadt gl. N. bei Paris, welches in den ersten Tagen des Oktobers, zur Zeit der Weinlese, gefeiert wird, seinen Ursprung dem **Dionysios** oder **Bachus.**

Die letzte Phase des Polytheismus, seine endliche Wiedergeburt zu neuem Leben, um das Christenthum zu bekämpfen, ist eine der interessantesten Scenen, welche die Weltgeschichte dem Forscher darbietet.

Diese Skizze des allmähligen Verfalls des Spiritualismus und der positiven Religionen ist auf die Tradition vergangener Jahrtausende gegründet. Nach den Sagen aller Völker des Alterthums trat der moralische Verfall der Menschheit zu Tage, als sie sich von der ursprünglichen Leitung der Götter und Genien entfernt und den Pfad der ersten Unschuld verlassen hatte. Das gebildete Publikum kennt die Lehre der Juga's der Inder und die vier Perioden der Perser, welche die Dauer der Welt auf zwölftausend in vier Perioden getheilte Jahre, festsetzten. Dieselbe Idee einer allmähligen Entartung der Menschheit liegt der griechisch-römischen Tradition von den vier Zeitaltern zu Grunde. Gold, Silber, Erz und Eisen sind nach der Ansicht dieser Völker ein sinnbildlicher Typus der vier Epochen des moralischen Verfalles der Menschheit geworden, welche von der ursprünglichen Glückseligkeit eines göttlichen Lebens bis zum irdischen Elende allmählig gesunken ist. Man wird in allen diesen Traditionen die Verwandtschaft mit den ersten Kapiteln der Genesis gewahr.

Zweites Kapitel.

Der Spiritualismus seit der Erscheinung Christi.

Das Christenthum hat ähnliche Entwicklungsstufen durchlaufen, als die alten Offenbarungen.

Es ist nicht unsre Absicht, eine Skizze des Verfalls dieser neuen Religion zu entwerfen; wir wollen nur in wenigen Worten eine Parallele ziehen, zwischen den alten Religionen und der neuen Offenbarung.

Die ersten Jahrhunderte des Christenthums waren unstreitig das goldene Zeitalter dieser Religion; die Vorläufer und Anzeichen des Verfalls, werden wir schon im dritten und vierten Jahrhundert unsrer Aera gewahr. Das Priesterthum, bestehend aus einer Klasse von Menschen, welche den Gottesdienst als Broderwerb handwerksmäßig betrieben, ersetzte die inspirirten Apostel und Propheten, um den religiösen Bedürfnissen der größern Anzahl von Anhängern zu genügen. Die Priester studirten den todten Buchstaben der heiligen Bücher, ohne in ihren Geist einzudringen, welcher nur denen verliehen wird, die vermöge lebendigen Glaubens, zum Verkehr mit der übersinnlichen Welt gelangen, wie z. B. einige Heilige beiderlei Geschlechts, welche sogar von der Kirche kanonisirt wurden. Die Stiftung des Priesterthums war in der Geschichte des Christenthums, wie im Entwicklungsgang der alten Religionen, eine der vorzüglichsten Ursachen des Verfalls. Das Priesterthum gründete eine Hierarchie, eine zu sichtbare und materielle Kirche, welche sogar

Zweites Kapitel. Der Spiritualismus seit der Erscheinung Christi. 53

zur weltlichen Herrschaft des Papstthums und zur Cäsareopapie, dem Ungeheuer der Allianz von Kirche und Staat führte. Bei so bewandten Umständen mußte natürlich der einfache, himmlische Geist aus dem Christenthum entweichen. Der Einfluß des Polytheismus auf die christlichen Lehren wurde bald fühlbar. Der erhabene Monotheismus ging nach und nach in die Trinitäts-Hypothese auf. Die Anrufung der Heiligen artete bald in eine wirkliche Anbetung derselben aus; eine Göttin sogar verdrängte durch den Madonnen-Cultus (die Marialatrie) allmählig die Verehrung Gottes. Diese Irrthümer mußten endlich in den Jahrhunderten der Unwissenheit des Mittelalters zur Idolatrie, zum Bilderdienst und zur Abgötterei führen. Wir verdanken dieser Aera der Priesterwirthschaft, während welcher der Gedanke des Menschen in tiefen Schlaf versunken war, leider ein noch verhängnißvolleres Erbtheil als diese Anwandlungen von Götzendienst, nämlich die Dämonophobie (Dämonenfurcht). Das Christenthum erbte bekanntlich diese Krankheit von den aus Babylon durch die Perser freigelassenen Israeliten; jedoch weder bei den Persern, noch bei den Juden, hatte die Teufelsfurcht einen so hohen Grad erreicht, als in dem unter die Priester-Herrschaft gesunkenen Mittelalter. Dieses Meisterstück des Satans — ist das große Streitroß Beelzebub's, mit dessen Hufen er die Wunder Christi zertreten, und Jesum selbst für einen Besessenen oder Narren gelten lassen wollte. (Joh. X, 19—21.) Ja! die Dämonophobie entwurzelt im Herzen des Menschen die Sympathie für die übernatürliche Welt, indem sie die Jakobsleiter zerbricht, welche den ewigen Gesetzen gemäß die Erde mit dem Himmel verbindet.

Die Idolatrie und die Dämonophobie mußten den Skepticismus zur nothwendigen Folge haben. — Es war umsonst, daß die Reformation das goldene Zeitalter des ursprünglichen Christenthums wieder herzustellen trachtete! Gewiß mangelte dem Wittenberger Riesen weder Genius noch Muth, aber er wurde durch die schwächliche Race seiner Nachfolger zu

wenig unterstützt! — Die Reformation konnte wohl die **unfehlbare Autorität des Papstthums** erschüttern und dem
menschlichen Geschlechte die kostbaren Güter der **freien Forschung
und der Gewissensfreiheit** erringen; aber der Glaube,
welcher Wunder wirkt, entflammte die Herzen der wenigsten Reformatoren. Ihre Versuche, das goldene Zeitalter wieder zu
bringen, mußten also scheitern; die engherzige und beschränkte
Theologie Calvins bestritt vollends die Herrschaft des Wunderbaren und den Einfluß einer übersinnlichen Welt.

Der **Kriticismus**, sowie der **Pantheismus logischer
Abstractionen**, und das Studium der Naturwissenschaften, er-
stickten endlich alle Keime des Glaubens und der **Theosophie. Der gegenwärtige Zustand der Religion ist
sehr beklagenswerth.** Der Glaube der meisten Priester
und Pastoren ist nur ein historischer und todter Glaube, der
**unfähig ist, Wunder zu wirken. Sie heilen die Kranken
nicht mehr,** sie kommen nur, um Jenen, welche von der ärzt-
lichen Kunst aufgegeben sind, die letzte Oelung zu reichen. Die
ewig denkwürdige Stelle der Epistel des heiligen Jakobus
hat für unsere Seelenhirten keine Geltung mehr, obwohl es dort
heißt: „**Ist Einer unter uns, der krank ist: dann rufe
er die Aeltesten der Kirche, auf daß sie für ihn beten
und ihn im Namen des Herrn mit dem heiligen Oele
salben, und das im Glauben verrichtete Gebet wird
den Kranken heilen, und der Herr wird ihn wieder
aufrichten, und wenn er Sünden begangen hat, so
werden sie ihm verziehen sein.**" (Jakob. V, 14, 15.)

Das Beispiel Christi und der Apostel ist für die Pastoren
und Priester nicht mehr maßgebend. Vergeblich traten Pater
Gaßner und der Fürst von Hohenlohe in die Fußstapfen
der Apostel; der Diakon Paris hat sogar, wie ehedem der
Prophet Elisa (II. Buch der Könige 13, 21) nach seinem Tode
noch Wunder gewirkt! — Die Wunder des Paris sind durch
berühmte Skeptiker des vorigen Jahrhunderts, wie der

Zweites Kapitel. Der Spiritualismus seit der Erscheinung Christi.

bekannte englische Philosoph und Historiker Hume, Freund von Voltaire, constatirt worden, aber, sonderbarer Weise — fürchten sich die Orthodoxen vor dem Teufel und den Dämonen, wie ehemals die Pharisäer zur Zeit Christi. Die blinde Dämonenfurcht, welche sogar an dämonische Heilungen glaubt, bricht jeden Verkehr mit der übersinnlichen Welt ab, und befestigt die Macht des Materialismus, dieses wahrhaftigen Reiches des Teufels, dessen Existenz für unsere Orthodoxen ebenso gewiß ist als die des lieben Herrgotts. Der gelehrteste Vorkämpfer der Teufelsfurcht in Frankreich, Herr von Mirville, bedauert sogar die von ihm zum Voraus gefürchtete Niederlage des Materialismus, durch die unwiderleglichen Thatsachen und Experimente des modernen Spiritualismus. (Mirville, Pneumatologie, I. Band, Pag. 447.)

Die Verblendung der Orthodoxen grenzt an Wahnsinn, und kann nur dem Einfluß des Fürsten der Finsterniß selbst zugeschrieben werden. Die Priester und Pastoren tragen einen blinden Glauben zur Schau, und wissen nicht, daß ihre Predigten und ihre Handlungen im Widerspruche stehen. Sie maßen sich noch das Recht an, die Sünden zu vergeben, ohne auf Christi Worte Rücksicht zu nehmen: „Was ist leichter, zum Gichtbrüchigen „zu sagen, deine Sünden sind dir vergeben, oder stehe auf, nimm „dein Bett und wandle? (Markus II, 9.) Christus bekräftigte durch die Heilung seine Macht, die Sünden zu vergeben. Allerdings sind die Gaben verschieden, aber es gibt nur Einen und denselben Geist. (I. Corinth. XII, 4 und 9.) Wer also nur predigen kann, soll nicht die Gabe der Heilung und Prophezeiung gering schätzen.

Der Verfall der Religion zieht immer den der Philosophie nach sich; bloß die Naturwissenschaften können, bei so bewandten Umständen, gedeihen; ja man könnte sogar behaupten, daß der Verfall der hohen Wissenschaft der Ursachen, durch den Skepticismus und Materialismus, günstig sei für die Cultur der niedern seelenlosen und materiellen Wissenschaften, weil letztere keinen Zweck haben als Industrie, Handel und Gewerbe, nebst dem materiellen Wohlsein des Menschen zu fördern. Heut zu Tage geht die Neigung des Menschen darauf, sich bloß mit materiellen Angelegenheiten zu befassen. Die Zweifelsucht hat seinem Geiste die unsichtbare Welt entrückt und weil er Mittel findet, seinen Materialismus zu befriedigen, so scheut er jede Mühe, sich in eine geistige Sphäre zu erheben. Daher beschäftigen sich auch die Mitglieder unserer wissenschaftlichen Akademien bloß mit Seidenwürmern, Schaalthieren u. s. w., ohne an das moralische Gebiet zu denken. Herr Biot sagte in der Rede, bei seiner Aufnahme in die französische Akademie, am fünften Februar 1857, unumwunden: „Wer im kleinsten mikro„scopischen Thiere, im schwächsten lebenden Pflanzenkeime so „viele Wunder nachgewiesen, als der Himmel selbst uns kaum „zu bieten vermag, der hält sich mit Fug und Recht von jeder „Theilnahme an öffentlichen Angelegenheiten so ferne, als ob er „im Saturn oder Jupiter lebte!" — Welch' absurde, gottlose Worte, und ganz geeignet, die **Geringschätzung** darzuthun, mit welcher die **Physiker auf die moralischen Wissenschaften und deren Anwendung auf die menschliche Gesellschaft herabsehen.** Doch der Tag ist sicher nicht ferne, wo die Menschheit dieser materialistischen Physiker spotten wird, welche glauben, sie seien die alleinigen **Sachverwalter der Gesetze der Natur,** deren äußere Hülle sie kaum kennen. In der That ist die moderne Wissenschaft, seit dem achtzehnten Jahrhundert, **tief gesunken,** wenn man sie mit der hohen Philosophie der Alten vergleicht, welche die Kenntniß der Ursachen lehrte. **Die antike Wissenschaft war ein in sich vollendetes Werk,** sie umfaßte sowohl die Ursachen, als die Wirkungen, die Psychologie, Pneumatologie und Metaphysik nicht minder, als die Logik und die Physik: sie war, mit einem Worte, die **Wissenschaft der Beziehungen der Geister zur Körperwelt,** während unsere Akademiker das Wissen bloß auf einen geringen Theil, **die Materie allein,** beschränkt haben. Die modernen Gelehrten haben aus dem Heiligthum der Wissenschaft das schönste und kostbarste Kleinod, das Studium der Seele und der Welt der übersinnlichen und unsichtbaren Ursachen, verstoßen; ja selbst die Typen und Prototypen Plato's, welche sogar Aristoteles trotz seiner Neigung zum Realismus anerkannte, und Zeno trotz seines Empirismus bestehen ließ, finden vor den Augen der Neuern keine Gnade noch Würdigung mehr! — In Deutschland, dem sogenannten Vaterland der modernen Philosophie, ist, seit Jakob Böhme, dem Philosophus Teutonicus, kein ächter Theosoph mehr aufgetaucht. In unsern Tagen, d. h. seit hundert Jahren, hat Deutschland viele Skeptiker und Kritiker, sowie abstracte Logiker erzeugt; bloß Hamann, Novalis, Görres, Eschenmayer, Baader, Schubert und der große Schelling in der letzten Periode seines fünfzigjährigen philosophischen Wirkens, bilden eine rühmliche Ausnahme. Der vierte Band der von Hrn. Professor Dr. Franz Hoffmann herausgegebenen sämmtlichen Werke des tief-mystischen Philosophen Franz von Baader, welcher Baader's Anthropologie und Psychologie enthält, verdient vorzüglich hier hervorgehoben zu werden, insofern Baader's Kenntnisse des Magnetismus und des Somnambulismus, die der andern Philosophen Deutschland's weit überragen. Der geistreiche Herausgeber, Professor Franz Hoffmann, behauptet mit Recht, in seiner Ansprache an die Verehrer der Baader'schen Philosophie (Erlangen. 1868 bei Deichert), S. 47, daß die Werke des amerikanischen Seher's Davis die Hauptlehren der Baader'schen Anthropologie und Psychologie bestätigen.

Unter den noch lebenden Philosophen, müssen wir ebenfalls die großen Verdienste des jüngern Fichte (J. H.), die Unsterblichkeit der Seele zu beweisen, mitten in einem skeptischen, pantheistischen und materialistischen Zeitalter, erwähnen. Hr. Professor J. H. Fichte sagt ausdrücklich in seinem neuesten Werke, "Vermischte Schriften zur Philosophie, Theologie und

Ethik" (Leipzig 1869, Brockhaus), zweiter Bd., S. 185, im scharfsinnigen Aufsatze: "Auferstehung, Geisterreich: "Der Glaube an ein Geisterreich, dem wir unent-"fliehbar angehören, schon jetzt wie künftig, das unsichtbar "uns umgibt und trägt, das mit unzählbaren, bewußtlos bleiben-"den oder bewußten Eingebungen sich uns einspricht, der Glaube "an diese **permanente und thatsächliche Geisterwei-**"**sung ist die entscheidende Wahrheit**, zugleich der Keim "und Quellpunkt, aus dem alle übrigen religiösen Wahr-"heiten mit neuer Kraft und Innigkeit sich entfalten müssen."

Unter den Theologen der letzten Zeit nähern sich am Meisten dem Spiritualismus Oettinger und Rothe, dessen Andenken Fichte's oben angeführter Aufsatz über Auferstehung und Geisterreich gewidmet ist.

Auf dem Felde der allgemeinen Literatur müssen wir vorzüglich Jung Stilling's und Lavater's Schriften hervorheben. Jung Stilling's "Theorie der Geisterkunde" bleibt in diesem Gebiete ein klassisches Werk. Auch Wieland's Agathodämon und Euthanasia, sowie Göthe's Faust verdienen in spiritualistischer Hinsicht berücksichtigt zu werden. In Göthe's verschiedenen Schriften, vorzüglich in "Dichtung und Wahrheit aus meinem Leben" findet man sogar zahlreiche Spuren von der längst vergessenen Astrologie und einem sogenannten Kleinlichkeits-Glauben an Ahnungen und mysteriöse, abergläubische Vorbedeutungen und Anzeichen, offenbare Beweise der Einwirkungen der Geisterwelt auf die Geschicke des Einzelnen; daher auch sein größter Verehrer, August Wilhelm Schlegel, die, in der modernen Zeit allerdings sonderbar klingende Behauptung aufzustellen wagte: "Die Astronomie müsse wieder zur Astrologie werden." Die Astrologie ist allerdings das Bindeglied zwischen der allgemeinen und sogenannten individuellen Vorsehung, in sofern sie alles Zufällige aus dem Einzelleben zu verbannen sucht.

Zweites Kapitel. Der Spiritualismus seit der Erscheinung Christi.

Für den Fortschritt der Erfahrungs-Psychologie und Pneumatologie haben vorzüglich Justinus Kerner, der Verfasser der „Seherin von Prevorst" und der „Blätter aus Prevorst", sowie Horst durch seine Zauber-Bibliothek und Deuteroscopie gewirkt. Auch die verdienstvolle Wirksamkeit des Hrn. Professor Maximilian Perty in Bern, auf diesem Felde, können wir nicht mit Stillschweigen übergehen.

Die merkwürdige Seherin von Prevorst machte in den dreißiger Jahren unseres Jahrhunderts ein großes Aufsehen, und schien die Blicke mancher Gelehrten wieder der sogenannten Nachtseite der Natur zuzuwenden, aber leider haben Sophisten, wie z. B. Weber, Strauß, phantastische Biographen Jesu und der Heidelberger Theologe Paulus die gehaltvollen Experimente und Forschungen Kerner's lächerlich zu machen gewagt. Der schädliche Einfluß Hegel's und Niebuhr's, sowie das sogenannte national-liberale Streben, ganz Deutschland unter das Joch des preußischen Despotismus zu beugen, haben in den letzten dreißig Jahren in diesem Lande alles Interesse an dem Studium des Geistes und seiner Beziehungen zu der Welt der Ursachen erstickt, so daß die löblichen Bemühungen Hornung's in Berlin, Dr. Berthelen's in Zittau durch die Herausgabe seiner „Psyche" und a. m. fruchtblos geblieben sind.

In Schweden erschien im achtzehnten Jahrhundert, der Blüthezeit des Materialismus, der berühmteste Vorläufer des modernen Spiritualismus, Em. Swedenborg, dessen zahlreiche Schriften weltbekannt sind. In Frankreich, dem Vaterlande der heiligen Bernhard von Clairveaux, der beiden Victoriner (Hugo und Richard) und des Pariser Doctors Jean Charlier von Gerson, können wir außer dem sogenannten, unbekannten Philosophen (St. Martin), nur den Grafen Joseph de Maistre und Ballanche anführen. Die löblichen Versuche des Straßburger Philosophen, Johann Jakob Matter, unseres verehrten Freundes, durch seine

Biographie Swedenborg's die Blicke der Akademie auf den Spiritualismus zu richten, sind leider an dem engherzigen Kastengeist dieser wissenschaftlichen Korporation gescheitert. Die elenden idealistischen Eklectiker der Schule Cousin's sind im thörichten Wahn, den Materialismus durch Abstractionen bekämpfen zu können. Uebrigens verdient der Eklecticismus Cousin's, dieses Chaos, nicht einmal den Namen einer wirklichen Philosophie, daher auch der Urheber seine philosophischen Studien später durch Biographien galanter Damen des siebzehnten Jahrhunderts ersetzt hat.

Auf dem Felde der modernen Theologie, einer Wissenschaft, welche noch in Deutschland kultivirt wird, finden wir müßige Diskussionen, hinsichtlich der Intervention der übersinnlichen Welt der Offenbarung und der Wunder. Das Streben, die objectiven Wunder der Bibel zu naturalisiren, ist allgemein. Man will dieselben auf die angeblich moralischen und subjectiven Wunder der Wiedergeburt beschränken. Diese Antipathie gegen alle Einwirkungen der übersinnlichen Welt hat den Geist der meisten Professoren der orthodoxen Theologie erfaßt. Vorzüglich schwankt Schleiermacher's Schule ohne Steuerruder zwischen Orthodoxen und Rationalisten, zwischen den negativen Kritikern und der speculativen Schule hin und her. Alle Gebildeten kennen die absurden Concessionen Neander's, Tholuck's, Müller's und Nitzsch's, in Betreff der Wunder, zu Gunsten der Rationalisten der kritischen und spekulativen Schule. Die Meisten erklären die direkte Intervention der Geisterwelt für unstatthaft. Die höhere Welt der Ursachen, die Gottheit manifestirt sich nur nach ihnen, durch die Gesetze der uns bekannten materiellen Natur, zu welcher die Geschichte der Menschheit nur eine moralische Ergänzung bildet.

Man bemerkt in der Sphäre der protestantischen Theologie zweierlei schädliche Einflüsse:

1) den Einfluß des kantischen Skepticismus und der abstracten Logik Hegel's;

2) den Einfluß der historischen und negativen, aber zugleich phantasiereichen Kritik Niebuhr's.

Hegel absorbirte die wahre Metaphysik der Ursachen und der Beziehungen der übersinnlichen mit der materiellen Welt in einem seelenlosen, formalistischen System und mußte der wahren Philosophie des Geistes die Grube graben.

Niebuhr hat alle Wunderspuren und die Theophanie aus der Geschichte der Urzeit gestrichen, und die einfachen, psychologisch-wahren Thatsachen der Mythologie durch unhaltbare Hypothesen ersetzt, welche nur Produkte seiner überschwänglichen Einbildungskraft sind. Es ist Thatsache, daß Strauß, Bauer, Feuerbach und die groben Materialisten unserer Tage die Vaterschaft Niebuhr's ebenso wenig als die Hegel's verläugnen können.

Mitten in diesem Schiffbruche der spiritualistischen Grundlagen des Christenthums, fordern die einfach-orthodoxen Pastoren mit lautem Geschrei die Wiederherstellung der Symbole des sechzehnten Jahrhunderts, und meinen mit so schwachen Dämmen den verheerenden Strom des Unglaubens aufzuhalten.

Die katholische Kirche steht in Betreff der Wunder auf günstigerm Boden, weil sie die Fortdauer der Einwirkungen der übersinnlichen Welt annimmt. Der Felsen Petri erkennt sogar die Entwicklung der Kirchenlehre im Laufe der Zeiten an. Der heilige Augustin sagt, daß **das menschliche Geschlecht die Belehrungen des Himmels wie ein einzelner Mensch, je nach den verschiedenen Altersperioden empfange.** Der heilige Thomas von Aquino behauptet, daß die Offenbarung sich entwickle, hinsichtlich der Zahl der Glaubensartikel, obwohl das Wesentliche des Glaubens dasselbe bleibe!

Abbé Gaume sagt in seinem Katechismus der Beständigkeit: „Die Kirche, diese göttliche Gemahlin des Gottmen„schen (nach dem Ausdruck Möhler's in seiner bekannten Sym„bolik) „nimmt, wie Jesus Christus, wie an Alter, so auch an

"Weisheit und Gnade bei Gott und Menschen zu. Die Gnaden-
"fülle des heiligen Geistes war schon in der Ur-Offenbarung ent-
"halten, aber sie enthüllt ihre ewige Weisheit nur stufen-
"weise, je nach den verschiedenen Altersperioden
"der Menschheit."

Die aufgeklärten Ideen dieser gelehrten Männer können sich leider im praktischen Leben der Kirche nicht Bahn brechen, weil die freie Forschung durch die klerikale Hierarchie unterdrückt wird, und die Dämonenfurcht jeden Fortschritt des Spiritualismus hemmt.

Die Dämonenfurcht hat so tiefe Wurzeln gefaßt, daß man sie eine Erbsünde der Kirche nennen könnte. Die Priester berücksichtigen die weisen Maximen des Papstes Benedict XIV. in seinem Werke über die "Kanonisation der Heiligen" nicht mehr.

Dieser große Theologe behauptet, daß man eine individuelle Offenbarung nicht als eine höllische List verdammen dürfe, weil sie ein Mysterium offenbare, welches nicht von der heiligen Schrift oder der Tradition anerkannt ist. Er fügt ferner hinzu: "daß man die Macht Gottes nicht beschränken dürfe, als ob Gott nicht jemanden eine Wahrheit individuell offenbaren könne, da wir überhaupt Vieles nicht wissen, und uns der Schöpfer mancher Offenbarung in Dingen würdigen könne, die uns bisher unbekannt geblieben; daß aber nur eine, dem alten Gesetze geradezu widersprechende neue Lehre zu verwerfen sei."

Im dreiundzwanzigsten Kapitel des dritten Buchs des obgenannten Werks hebt dieser Papst die charakteristischen Züge einer echten Offenbarung hervor:

1) "Aus den Sitten und dem Lebenswandel desjenigen, der die Offenbarung zu haben vorgibt, läßt sich am Besten der Geist beurtheilen, der sie eingeflößt."

2) "Aus dem innern Gehalt der Offenbarung; dient dieselbe nicht zur Ehre Gottes, zur Ver-

Zweites Kapitel. Der Spiritualismus seit der Erscheinung Christi. 63

breitung des christlichen Glaubens oder zum Wohle der Mitmenschen, so könne wohl der Teufel dahinter stecken."

3) „Müße man auf den Zweck und die Absichten Rücksicht nehmen, die einer **individuellen Offenbarung** zu Grunde liegen; denn, wenn sie nach Fürstengunst oder nach anderem zeitlichen Vortheil trachte, so müsse man sie als Teufelswerk verurtheilen."

4) „Wenn aber diese Offenbarungen und Visionen **nichts enthalten, was von Gott entfernt**, sondern im Gegentheil Alles sich auf Ihn allein beziehe, so dürfe man nicht zweifeln, daß dieselben göttlicher Natur seien."

Die heilige Brigitte sagt im zweiten Bande ihrer Offenbarungen, daß das unterscheidende Merkmal der Offenbarungen ihre Wirkungen seien, gemäß der Maxime des Evangeliums: „Ihr sollt sie an den Früchten erkennen; es sei daher ein sicheres Zeichen, daß Offenbarungen und Visionen, welche uns erleuchten und lasterhafte Menschen bessern, vom heiligen Geiste herrühren, weil **der Teufel nichts ähnliches bewirken könne.**"

Die heilige Theresia widerlegt in ihrem Buche über die „Vollkommenheit" diejenigen, welche immer Furcht vor Dämonen haben, wenn von Geistererscheinungen die Rede sei. Sie sagt: „Wundert Euch über die Verblendung derer, welche den Geist der Gläubigen bei **Geister-Erscheinungen** und Offenbarungen mit Furcht erfüllen, obwohl sie selbst nicht wissen, was Beten heißt. In der That, es ist thöricht, sich irre führen zu lassen und zu glauben, daß man **vermeiden müsse, Gutes zu thun, um sich vor Uebeln zu schützen;** ich glaube, daß der Teufel niemals ein besseres Mittel erfunden, um den Menschen zu schaden. Oh mein Gott! Du siehst, wie man Deine Worte verdreht, **dulde nicht, daß die Priester Deine Lehre verstümmeln**, und trete zur Vertheidigung Deiner eigenen Sache auf wieder diejenigen, die Deinen Dienst so unverantwortlich verwalten."

Der Deuteronom (XIII, 1—3) hält nur denjenigen für einen falschen Propheten, welcher Israel vom Nationalgott Jehovah abwendig macht, und zur Anbetung anderer Götter verführt. Trotz dieser hohen Autoritäten der Bibel und der Kirche, fährt aber die Majorität der Priester fort, sich unter das schmähliche Joch der Teufelsfurcht zu beugen. Man wagt keine psychologischen Experimente zu machen, um die Realität der übersinnlichen Welt zu beweisen. Die Materialisten und die Naturforscher allein ziehen aus diesem traurigen Zustande der Theosophie Vortheil, indem sie sich sogar das Recht anmaßen, die Fragen der Metaphysik lösen zu können.

Diese unvollständige Uebersicht der gegenwärtigen Lage des Christenthums beweist, daß dasselbe in unsern Tagen noch mehr ausgeartet ist, als der Polytheismus zur Zeit der Epicuräer, der Peripathetiker und Stoiker, unter der Regierung der ersten römischen Cäsaren. Nichtsdestoweniger wagt Niemand, den spiritualistischen Charakter der christlichen Religion in Abrede zu stellen, aber leider hat die Dämonophobie der Priester einerseits, und der Skepticismus, sowie die negative historische Kritik und das ausschließliche Studium der Naturwissenschaften andererseits, den Keim des wahrhaft spiritualistisch-religiösen Sinnes in den Herzen unserer Zeitgenossen ausgerottet. Die Lehren der Kirche bieten große Lücken dar. Im Mittelalter fühlte der blindgläubige Mensch nicht das Bedürfniß, die Grundwahrheiten der Offenbarung sich klar zu machen und nahm das festgestellte Dogma ohne Prüfung an, die Verantwortung dafür seinen kirchlichen Gewissensführern überlassend. In unsern Tagen verlangt aber der Mensch Aufklärung über die vielen Widersprüche der christlichen Lehren. Es gibt übrigens noch eine andere Nothwendigkeit, die Realität einer übersinnlichen Welt auf experimentalem Wege zu beweisen und das Princip der Offenbarung für die Vernunft einleuchtend zu erklären. Wer sieht nicht die große Gährung in allen Geistern? — Wie viele Diskussionen über die socialen Principien, über Rechte und

Zweites Kapitel. Der Spiritualismus seit der Erscheinung Christi. 65

Pflichten gibt es nicht heut' zu Tage! — Diese Gährung steigert das gegenwärtige Chaos bis in's Unendliche, weil man weder auf Gott noch auf das Jenseits Rücksicht nimmt! — Gibt es für so viele Bedürfnisse wohl ein anderes Mittel als eine Um=
kehr zum Spiritualismus, der einzigen Grundlage aller geoffenbarten Religionen! — Der Spiritualismus müßte aber mit Experimenten verbunden werden, um die Realität einer über=
sinnlichen Offenbarung der Geisterwelt durch unwiderlegliche Facta nachweisen zu können. Diese Uebersinnlichkeit ist aber keineswegs etwas Uebernatürliches, sondern gehört zum Ganzen der naturgemäßen Weltordnung, welche Geist und Natur in einer höhern Einheit umfaßt.

Die unendliche Weisheit und Güte des Ewigen hilft jedem von ihm geschaffenen Bedürfnisse ab. In diesem unwandelbaren Gesetze besteht der Fortschritt der Menschheit; sobald man der Wunder bedarf, so werden diese, wie vormals, wieder zu Tage treten. Gewiß, sobald die Menschen aufrichtig spiritualistische Kundgebungen wünschen, und daran glauben, so werden sie ihnen zu Theil werden. Die Resultate, welche wir schon er=
reicht, scheinen uns dafür zu bürgen, daß die Epoche der aber=
maligen freundlichen Annäherung der Menschheit zur übersinn=
lichen Welt nicht mehr fern ist. Berühmte Männer, wie Sweden=
borg, Bengel, Jung Stilling, Graf Joseph de Maistre u. a. m. haben schon das Herannahen dieser Aera geahnt. Graf Joseph de Maistre, der eifrige Vertheidiger des Katholicismus, begrüßte diese Epoche allgemeiner Versöhnung, ohne die Kirche beleidigen zu wollen, mit dem Namen der dritten Offenbarung. Diese höhere Aufklärungs=Periode ist der Vorläufer des tausendjährigen Reichs, nach der Apocalypse (XX, 1—7) und des Reiches des heiligen Geistes nach Joel (II, 28). In England, Amerika und Deutschland haben viele Secten ein dunkles Vorgefühl des Herannahens der Geisterwelt, weßhalb sie, wie z. B. die sogenannten „Mucker" von Königsberg, über die der Engländer Dixon ein interessantes Werk „Seelenbräute"

5

betitelt, herausgegeben, von den beschränkten orthodoxen Theologen vielfach verkannt und verfolgt werden. Bekanntlich beziehen flache Ausleger der Bibel diese Weissagungen Joel's nur auf das erste Pfingstfest der Apostel in Jerusalem, und ahnen nicht deren tiefern Sinn, betreffend die Geistererscheinungen und Gesichte im Allgemeinen. Andere Theologen nehmen gar nicht das tausendjährige Reich an, und beziehen Alles auf die Ewigkeit allein; sie wollen nichts von einem Reiche Gottes auf Erden wissen, eine Ansicht, die mit den Worten Christi in grellem Widerspruch steht, weil derselbe ausdrücklich im sogenannten "Vater unser" bittet: "Dein Reich komme". Man beweise uns, daß unsre Hoffnungen nur Illusionen sind! — Soll die Erde fortwährend in Ungerechtigkeit und Krieg sich verzehren? — Wird die Gesellschaft, dem Beispiele des Lazarus folgend, nicht endlich aus der Gruft des Materialismus hervorgehen? Wird der Verfall des Christenthums, dieser mystische Tod Christi nicht schließlich zu einer neuen, glorreichen Auferstehung führen? — In der That, wenn der griechisch-römische Polytheismus in seinem Kampfe gegen das Christenthum sich verjüngen konnte, so wird die Religion Jesu, welche ein unendliches und ewiges Princip in sich enthält, um so gewisser zu neuem Leben erwachen, und einen bloß irdischen Gegner, wie den Materialismus, gänzlich besiegen.

Drittes Kapitel.

Direkte Schrift des Decalog oder die direkte Offenbarung des Sinai-Gesetzes, welches Christus nicht gekommen, aufzuheben, sondern zu erfüllen.

Nach den religiösen Traditionen fast aller Völker des Alterthums soll der heiligste Theil ihrer heiligen Schriften nicht der Inspiration, d. h. einer indirekten Offenbarung durch Vermittlung solcher Menschen, welche von dem belebenden Hauche der Engel Gottes oder der, unter der Leitung der Vorsehung stehenden Götter erfüllt waren, — sondern vielmehr einer direkten Offenbarung, d. h. einer direkten, durch Himmelsboten abgefaßten Schrift seinen Ursprung verdanken.

Dasselbe gilt in vollem Maße von dem heiligsten Theil der sogenannten Bücher Mosis, oder vielmehr der ältesten Offenbarung der Hebräer, welche bekanntlich in dem erhabenen Sinai-Gesetze besteht.

Wir citiren zuvörderst die Stellen des zweiten Buches Mosis (Exodus) welche auf die direkte Schrift des Decalog Bezug haben. Im 24. Kap. v. 12 sagte der Ewige zu Moses, d. h. der Engel des Herrn, nach dem Urtext: „Steige zu mir auf den Berg, und bleibe daselbst; ich will dir steinerne Tafeln geben, und das Gesetz und die Gebote, die ich geschrieben habe, damit du sie lehrest", — und Exod. XXXI.

18. lautet es: „Und der Herr gab Moses auf dem Berge Sinai zwei steinerne Tafeln des Zeugnisses der Gebote, geschrieben mit dem Finger Gottes."

Ferner: Exod. XXXII, 15. 16. heißt es: „und Moses kehrte zurück von dem Berge, und trug die zwei Tafeln des Zeugnisses in seiner Hand, beschrieben auf beiden Seiten, gemacht durch Gottes Werk, und auch die Schrift war von Gott in die Tafeln gegraben."

Ferner: Exod. XXXIV, 28. heißt es: „Und Moses war bei dem Herrn (auf dem Sinai) vierzig Tage und vierzig Nächte, ohne Brod zu essen oder Wasser zu trinken, und der Herr schrieb auf die Tafeln die zehn Gebote des Bundes."

Der Deuteronom oder das sogenannte fünfte Buch Mosis, welches die im Exodus, Leviticus (3. Buch M.) und im Numerus (4. B. M.) enthaltenen Gesetze und Cultus-Ceremonien resumirt, enthält ebenfalls Stellen, die Bezug haben auf die direkte Abfassung des Decalogs, wie z. B. Deuteronom, Kap. IV, v. 13, wo es ausdrücklich gesagt ist, daß die zehn Gebote von dem Ewigen auf zwei steinerne Tafeln geschrieben worden; dasselbe gilt von Deuteronom, Kap. V, v. 22. Wir citiren noch den 10. Vers des VII. Kap. des Deuteronom's: „Der Herr gab mir (Moses) zwei steinerne Tafeln, beschrieben von dem Finger Gottes, und welche alle Worte in sich enthielten, die Er zu Euch gesprochen hat auf dem Berge mitten im Feuer, da alles Volk versammelt war."

Ferner Deuteronom, Kap. X, v. 1.—5. heißt es unter Anderem: „Haue dir zwei steinerne Tafeln, wie die ersten waren, und steige zu mir auf den Berg, so will ich auf diese dieselben Worte schreiben, welche auf denen waren, die du zuvor zerbrochen hast — und Er schrieb auf diese Tafeln, wie Er das erste Mal geschrieben hatte, die zehn Gebote, die Er auf dem Berge gesprochen; u. s. w. — und ich kehrte vom Berge herab, und legte die Tafeln in die

Drittes Kapitel. Direkte Schrift des Decalog ꝛc.

Bundeslade, die ich gemacht hatte, und dieselben sind darin geblieben, wie es mir der Herr geboten hatte."

Diese Stellen der Bücher Mosis beweisen hinlänglich die direkte Abfassung des Decalogus durch den Engel des Ewigen. Das neue Testament spricht auch von der direkten Abfassung des Decalogus durch die Engel. Nach der Apostelgeschichte, Kap. VII, 53. sagt der heil. Stephanus dem Hohenpriester und dem Gerichtshofe: „Ihr, die Ihr das Gesetz durch die Engel erhalten, und es nicht beobachtet habt u. s. w." — Die Epistel an die Hebräer, Kap. II, v. 2 spricht gleichfalls von dem durch die Engel gegebenen strengen Gesetze, und von den Strafen, welche desselben Uebertretung nach sich zieht.

Der berühmte Philosoph Philo in seinem Werke über Moses (Buch III, p. 681, Ausgabe von Mang. 2, 163) sagt: daß der Pentateuch auf dreierlei Weise geoffenbart worden ist:

1) durch die direkte Offenbarung des Decalogs, indem der Engel des Herrn die zehn Gebote auf die beiden Tafeln schrieb;

2) durch mündliche Zwiesprache Mosis mit dem Engel Gottes;

3) durch Inspiration in Rede und Schrift (gleich unsern psychographischen und hellsehenden Medien.)

Philo nimmt also drei Grade der Offenbarung an, den ersten Rang nimmt die direkte Schrift der unsichtbaren Genien ein, den zweiten die vernehmbare Sprache der unsichtbaren Wesen, die zu hören nur wenigen Propheten vergönnt ist; und endlich den dritten, die sogenannte indirekte Offenbarung, durch Vermittlung inspirirter Menschen, Propheten, Hellseher u. s. w.

Die indirekte Offenbarung vermittelst der Inspiration durch den Einfluß der Geisterwelt ist und bleibt aber der normale Verkehr zwischen der Menschheit und der höhern unsichtbaren Welt. Die direkten Manifestationen sind nur extraordinäre Bekräftigungsmittel, um den Glauben der Menschheit an die Einflüsse der unsichtbaren Welt zu befestigen, zumal in Zeiten, wo der Materialismus allen Glauben an eine Welt der geistigen Ursachen zu ersticken droht. Man muß daher nicht die direkte Offenbarung mit der indirekten verwechseln; letztere ist das Werk von Menschen, welche von Engeln und Geistern erleuchtet und inspirirt sind. Die Subjectivität dieser Menschen hat immer einen bedeutenden Antheil an dieser indirekten Offenbarung, welche einen mehr oder weniger individuellen Charakter annimmt, je nach der Natur des inspirirten Individuums. Natürlich wird die Manifestation der Geisterwelt um so ungetrübter sein, je passiver und folglich tüchtiger das Medium, d. h. der menschliche Vermittler ist, und je weniger „menschlich-magnetische Einflüsse" obwalten; weßhalb die spontanen oder sogenannten Idio-Medien den künstlichen oder sogenannten magnetisirten Somnambülen im Allgemeinen überlegen sind. Die Ideen und Vorurtheile des Magnetiseurs verdunkeln nur zu oft die Hellsehergabe seiner Somnambülen und Medien in der maschinalen, inspirirten und intuitiven Psychographie. Diese Thatsache tritt namentlich deutlich zu Tage in dem ersten Werke des amerikanischen Sehers Davis: „Die Principien der Natur und ihre göttlichen Offenbarungen", übersetzt von Hrn. G. C. Wittig (Leipzig 1869, Wagner.) Die spätern Schriften dieses Sehers, namentlich seine „Philosophie des geistigen Verkehrs" und „das innere Leben", welche ebenfalls deutsch erschienen, sind weit freier von diesen hemmenden irdischen Einflüssen, und enthalten folglich nicht mehr die Widersprüche und Gegensätze des Naturalismus und Spiritualismus. Die intellectuelle Anschauung des Sehers erhebt sich in die höhere Sphäre der Geisterwelt, in diesen letzten Werken.

Drittes Kapitel. Direkte Schrift des Decalog ꝛc.

Das System der direkten und indirekten Offen=
barungen kann man ebenfalls auf die Wunder der religiösen
Traditionen der Vergangenheit, sowie auf die Manifestationen
des neuern, von Amerika herstammenden Spiritualismus an=
wenden.

Wir sprechen hier nur von wirklichen **objectiven** Mani=
festationen einer höhern Welt, und nicht von dem, von unsern
Theologen so hoch gepriesenen, **rein subjectiven, psycho=
logischen Wunder der Bekehrung oder moralischen
Wiedergeburt**. Ferne sei es von uns, die Bedeutung und
hohe Wichtigkeit der moralischen Wiedergeburt und Vervollkomm=
nung des Menschen — durch die geistige Einwirkung höherer
Mächte, zu läugnen, zumal, falls diese moralische Umkehr **nicht
in einer bloßen Bekehrung oder Verkehrung von
einem Cultus zum andern besteht**; aber man muß zu=
gestehen, daß dieses **subjective Wunder nur einen persön=
lichen, individuellen Werth hat, und nie klar und deut=
lich bewiesen werden kann.** Darum hat auch Christus
seine Worte stets durch **objective und materielle Wunder**
bekräftigt. Er sagte nach Matth. XI, 4 u. 5, als ihn die Jünger
und Abgesandten Johannes des Täufers fragten: „**Bist du
Derjenige, der da kommen soll, oder sollen wir noch
auf einen Andern warten?**" — „Gehet hin, und berichtet ihm
die Dinge, welche Ihr hört und seht: die Blinden werden sehend,
die Lahmen gehen, die Aussätzigen werden rein, die Tauben
hören, die Todten stehen auf, und das Evangelium wird den
Armen gepredigt." —

Den Evangelisten zufolge wirkte Johannes der Täufer keine
Wunder, während der Messias bekanntlich durch seine Zeichen
und Wunder, die Massen an sich zog. In diesen Wundern und
Zeichen erkannte das Volk vorzüglich einen Messias und großen
Propheten. Unsere Theologen dagegen, welche dem Predigtamte
und der durch dasselbe bewirkten Bekehrung den Vorzug geben
vor den Wundern des Messias, müssen Johannes den Täufer

für einen heiligern Abgesandten Gottes halten, als Jesum. Namentlich verdienen die protestantischen Theologen in dieser Hinsicht eher Johannes-Jünger genannt zu werden, als Christi-Nachfolger. Wie anders Christus und die Apostel, welche einen unermeßlichen Werth auf die Wunder, als Beweise ihrer himmlischen Sendung legten. Nach Joh. X, 37. und 38. sagt Jesus ausdrücklich: „Wenn ich nicht die Werke meines Vaters vollbringe, so glaubt mir nicht! wenn ich sie aber vollbringe, und ihr mir doch nicht glauben wollt, so glaubet wenigstens den Werken, auf daß ihr erkennet und glaubet, daß der Vater in mir ist, und ich in Ihm."

In der That sind die Wunder ein besonderes Criterium des Glaubens an eine übersinnliche Welt. Die Bibel enthält nun ebenfalls direkte und indirekte Wunder, wie die andern religiösen Traditionen.

Zu den direkten Wundern, welche eine unmittelbare Intervention der übernatürlichen Welt voraussetzen, rechnen wir die Sagen über das himmlische Manna in der Wüste (Exod. Kap. 16.), die Erhaltung der drei jungen Hebräer im Feuerofen, die Züchtigung des Heliodorus (2 Maccabäer 3, 24.—40.), sowie alle rein objectiven Engel- und Geister-Erscheinungen, obwohl diese vorzüglich von inspirirten Männern und Frauen gesehen wurden, wie z. B. Abraham im Thal Mamre, und die bekannte Hexe von Endor, welche Samuels Geist aufrief.

Zu den indirekten Wundern gehören vorzüglich die wunderbaren Heilungen, das Schweben in den Lüften und auf den Meereswellen u. s. w.

In Betreff der religiösen Traditionen der andern Völker, deren innerster Kern gleichfalls einer direkten Offenbarung zugeschrieben wird, nach der Sage, citiren wir nur, in Hinsicht auf die uralten Beda's der Inder, den § 94 des 12. Buches der Gesetze Manu's: „Die Beda's sind ewige Augen für die Pitri's (heilige Ahnen-Geister), die Deva's

Drittes Kapitel. Direkte Schrift des Decalog ꝛc.

(Dämonen oder untergeordnete Götter der Inder) und die Menschen; die heiligen Bücher können nicht von Sterblichen verfaßt worden sein, und die menschliche Vernunft vermag ihren Inhalt nicht zu ergründen."

Hinsichtlich des Coran's besteht der Sage nach, noch heut' zu Tage ein kleines Gemach in der Kapelle, wo Mohamed geboren wurde, in welches der Engel Gabriel dem König der Propheten die Blätter des Coran's, dieses Buches aller Wahrheiten, persönlich überbrachte. (Ponjoulat, erster Band, p. 132 u. 133; Reise nach Constantinopel und Kleinasien.)

Namentlich soll der 36. Gesang des Coran's welcher das Herz oder der Kern desselben genannt wird, von einem unsichtbaren Wesen direkt geschrieben worden sein.

Viertes Kapitel.

Geheimnißvolle Geister-Schrift, welche bei dem Festmahl des Königs Belsazar zum Vorschein kam.

Die Bibel enthält noch ein anderes Phänomen der direkten Geisterschrift in dem fünften Kapitel des Propheten Daniel, wo es Vers 5—7 heißt: „Und zu dieser Stunde ließen sich plötzlich die Finger einer Menschenhand sehen, welche dem Wandleuchter gegenüber auf der Oberfläche der weißen Wand des königlichen Saales schrieben, und der König sah die Finger der schreibenden Hand. Und das Gesicht des Königs änderte sich, seine Gedanken verwirrten sich u. s. w. Nach Vers 7 desselben Kapitel's, berief der König die Astrologen, Chaldäer und Weissager seines Landes; und er sprach zu den Weisen Babylon's: „Wer diese Schrift lesen kann und mir ihren Sinn zu erklären versteht, den werde ich zum dritten Mann (dem Range nach) im Königreich machen."

Die Schrift lautete, nach Vers 25 desselben Kapitels: «Mene, mene, Thekel, Upharsin.» Man kennt die Auslegung Daniel's, wie sie in den Versen 26—28 enthalten ist. Sie enthält die Weissagung vom Sturze des Babylonischen Thrones, welcher durch seinen Uebermuth so manche Völker unter sein Joch gebeugt hatte, und sagt den Glanz der Medo-Persischen Welt-Monarchie voraus. Die Medo-Perser führten gleichfalls in den Gegenden des Euphrat's bis nach

Vorder-Asien einen reinern spiritualistischen Cultus und Monotheismus ein.

Die Analogie dieser Geisterschrift beim Gastmahl Belsazar's, namentlich das Sehen der Finger einer ätherischen Hand, mit den neuern spiritualistischen Phänomenen Hume's und Anderer, ist nicht zu verkennen; und deßhalb haben wir diesem alten Factum ein besonderes Kapitel gewidmet.

Fünftes Kapitel.

Die sprechende Bildsäule Memnon's und das moderne Geister-Klopfen.

Das außerordentliche Phänomen der sogenannten sprechenden Bildsäule Memnon's hat eine Aehnlichkeit mit der direkten Schrift, da sie gleichfalls eine direkte, wenn gleich nur hörbare Manifestation der übersinnlichen Welt ist. Dem Zeugnisse der Reisenden zufolge, noch bis zur römischen Kaiserzeit, im zweiten Jahrhundert der christlichen Aera, ließ diese Bildsäule wohlklingende Töne hören, welche die Seele der Zuhörer erquickten. Die nach Osten gewendete Bildsäule Memnon's spricht nach dem Zeugnisse des Philostratus (de vita Apollonii, lib. 6, Kap. 6.) „sobald ein Strahl der aufgehenden Sonne auf ihren Mund fällt." — Juvenal (Satyre 15.) sagt, daß man sogar des Sinnes der Worte dieser Bildsäule inne werden könne; im 50. Verse der genannten Satyre heißt es: «Dimidion magicæ resonant ubi Memnone chordæ», d. h. dort erklingen die magischen Saiten des Memnon.

Zahlreiche Inschriften auf der Bildsäule selbst, die die Herausgeberin bei ihrer Orientreise im Jahr 1874 noch deutlich erkennen konnte, bestätigen von der Zeit Nero's bis auf Septimius Severus, daß kurz nach dem Aufgange der Sonne viele Menschen (unter Andern Kaiser Hadrian, von dem es heißt: Χαιρων και τριτον αχον ιη) bald Töne, bald deutlich vernehmbare Worte, welche von der Bildsäule ausgingen, gehört haben.

Wir brauchen wohl nicht zu erwähnen, daß das Orakel dieser Bildsäule Memnon's eines der berühmtesten und ältesten gewesen, und auch eines von jenen, die sich am längsten erhielten.

Der Sage nach regierte Memnon, der Sohn Aurora's, in Anthiopien, während fünf Menschen-Alter zum Wohle seiner Unterthanen, und sie beweinten seinen Tod, als ob er in blühender Jugendfülle gestorben wäre.

Laut den Gesetzen des Manu (B. 4, § 105) sprechen die indischen Traditionen oft von einem übernatürlichen Geräusch (Nirghâta). — Man könnte dasselbe mit dem Geisterklopfen der modernen Spiritualisten und mit den Stimmen und Tönen, welche einige bekannte Amerikanische und Englische Medien, in Gegenwart zahlreicher Zeugen haben vernehmen lassen, vergleichen.

Auch in Griechenland sprechen die Schüler des Pythagoras von geheimnißvollen Stimmen und Tönen, welche man monatlich in der Nähe von Gräbern hörte. (Jamblich. vita Pythag. 139, 148.) Sie achteten sogar auf die Art und Weise der Harmonie, welche die Seele des Verstorbenen hören ließ, um darnach zu beurtheilen, ob dieselbe glücklich oder unglücklich sei.

Der Verfasser der Epinomis (Epinomis, § 8. apud Platon. oper. edit. Becker, p. 29) sagt: „daß die übersinnlichen Wesen sich uns durch Stimmen und prophetische Worte, welche von gesunden und kranken Personen vernommen werden, hörbar machen." Ueber die lieblichen Stimmen und Harfenmusik, die viele glaubwürdige Personen hörten, während des Todeskampf's der in Schweden bei ihrer Tante, der Königin Hedwig Eleonore (1650—70), erzogenen Herzogin von Würtemberg, Magdalena Sibylla, gestorben in Kirchheim unter Teck, sagt Joh. Wolfgang Jäger, Kanzler der Universität Tübingen, in seiner, am 21. August 1712, vor dem academischen Senat gehaltenen lateinischen Rede, folgendes: Sequenti nocte singulare illud et omnio divinum accidit, quod in concubia nocte, cum omnia silerent, coelestis musica derepente audita fuit, eaque tantæ suavitatis, ut audientes nihil se per totam vitam suavius audivisse cum religiosa asseveratione testarentur, revera enim **non humanas, sed angelicas** voces sonuisse. Talis sane musica verus est æternitatis beatissimæ prægustus, et sui morienti spiritus illi divini assistunt, in quam intimam familiaritatem assument ad gloriosissimam Dei visionem admissos! — (Alt-Würtembergische Charactere v. A. Knapp. Stuttgart, 1870, bei Steinkopf.)

Hieher gehört ebenfalls auch jene Stimme, welche vom Himmel kam (Matth. III, 17.) und sprach: „Dieser ist mein vielgeliebter Sohn, an dem ich mein Wohlgefallen habe!"

Die objectiv-realen, äußern Stimmen der Geister in dem neuen Amerikanischen Spiritualismus, haben den reinen, melodischen Klang einer fernen Alpenglocke. Die für diese Phänomene empfänglichen Personen oder Medien, vernehmen nicht bloß diese Stimmen innerlich, sondern hören sie von Außen erschallen, und unterscheiden deutlich die Worte, wie der Verfasser sie selbst, aus eigener Erfahrung, kennt und oft vernommen hat. Das amerikanische direkte Geisterklopfen, diese objectiv-reale Manifestation der Geisterwelt, welche zuerst im Jahre 1847 durch die Medien Fox in Rochester bekannt und seitdem zu einem experimentalen Verkehr mit den Abgeschiedenen ausgebildet worden ist, bildet den Anfangs-Punkt der großen neu-spiritualistischen Bewegung, welche nun mehr als 8 Millionen Anhänger in Amerika allein zählt, und von dort aus, mit reißender Schnelligkeit, in England und Frankreich sich verbreitet.

Das charakteristische des modernen Spiritualismus besteht gerade in dem experimentalen Verfahren, die Realität der Geisterwelt durch objectiv-reale Thatsachen nachzuweisen, und so allein läßt sich begreifen, daß so viele Personen „Medien" werden und persönliche Erfahrungen machen können.

Fünftes Kapitel. Die sprechende Bildsäule Memnon's ꝛc.

Wie die alten **Mysterien Egyptens und Griechen-lands**, jedem Eingeweihten, einen **experimentalen Beweis** von der Realität einer höhern Welt geistiger Ursachen lieferten, so ist es dem neuern **Spiritualismus** gelungen, mehr als **elf Millionen Menschen in Amerika objectiv-reale Phänomene zu zeigen**, um diese von der leibhaftigen Realität der uns umgebenden Geisterwelt zu überzeugen. Die **direkten, realen und zugleich intelligenten Manifestationen und Wirkungen der Geisterwelt**, beweisen die Absurdität der modernen idealistischen Philosophen, welche den **Geist als absolut unsichtbar und bloß geistig**, durch vage Eingebungen wirkend, darstellen. Die religiösen Vorstellungen der Alten, mit denen gleichfalls alle großen Denker der Vergangenheit und sogar die Kirchenväter übereinstimmen, wissen nichts von dieser abstracten Trennung von **Geist und Materie**, wodurch der Geist zu einer bloß vagen Idee oder vielmehr einem Gedankendinge verflüchtigt worden ist. Alles hängt hier von den unendlich verschiedenen Graden der **subjectiven Empfänglichkeit des Menschen** ab; was für den Einen **sichtbar, hörbar, fühlbar, wahrnehmbar**, ist für den Andern **unsichtbar und unwahrnehmbar**. Es gibt kein **absolut unsichtbares Wesen**, welches sich nicht auf irgend eine Weise manifestiren oder erscheinen könnte. Die von dem gesammten Alterthum aufgestellte Hypothese einer **ätherischen Leiblichkeit** bildet die Brücke zwischen der **grobsinnlichen Körperwelt und der subtilen Geisterwelt**. Schon die Phänomene der realen, sichtbaren Seelenversetzung, der sogenannten **Doppelgängerei**, scheinen diese Ansicht der tiefen Denker des Alterthum's zu bestätigen und der Schlüssel zur Erklärung der **leibhaftigen Geistermanifestation** zu sein.

Sechstes Kapitel.

Orte, wo die Geister sich mit Vorliebe manifestiren.

Die Traditionen aller Völker, welche unsere eigenen Erfahrungen und Experimente bestätigen, behaupten, daß

1) ein geheimnißvolles Band zwischen der Seele eines Verstorbenen und seiner irdischen Hülle nach dem Tode fortbestehe, und daß
2) die Gewohnheit und der Reiz der Erinnerung die Seele vorzüglich zu den Orten hinziehe, wo sie während ihrer irdischen Laufbahn gewohnt, und welche die Schauplätze ihrer Thätigkeit gewesen.

Nach unsern eigenen Erfahrungen manifestirt sich Franz I. mit Vorliebe in Fontainebleau, während Louis XV. und Marie Antoinette oft die Gärten von Trianon umschweben. Voltaire und der große Friedrich erscheinen, nach den Aussagen einiger Seher, in den Umgebungen Berlin's.

Der klassische Boden bietet nicht bloß für die Ueberlebenden und vorzüglich für das gelehrte Publikum einen mächtigen Reiz durch den Zauber der Erinnerung dar, sondern es ist hier noch ein geheimnißvolleres und realeres Etwas vorhanden, als die Erinnerung. Unsere Gelehrten und Alterthumsforscher, wie z. B. Lepsius, Bunsen, Abeken u. s. w., kommen, angezogen von dem historischen Interesse, von der Magie der ruhmvollen Vergangenheit der Völker des Alterthums, den klassischen Boden zu untersuchen, aber diese Herrn, befangen im Materialismus unserer

Tage, ahnen nicht, daß hier eine realere und substantiellere Magie im Spiele ist, als die der Vergangenheit.

Wie ein Mensch, welcher vor langer Zeit den heimischen Boden verlassen, seinen Blick oft sehnsüchtig dahin zurückwendet und sein Herz bei der Erinnerung an die dort verlebten Kinderjahre heftiger pocht, wie schon in einem höhern Grade der, von der Materie theilweise befreite Hellseher sein inneres Auge auf entlegene Orte und entfernte Personen richtet, wie viel mehr wird der vom Joch der Materie erlöste Geist, durch den Reiz der Erinnerung und Gewohnheit, jene Orte mit Vorliebe aufsuchen, welche einst der Schauplatz seiner Thaten gewesen und auch bisweilen an jene Stätte sich hingezogen fühlen, wo seine irdische Hülle ruht, mit der er ehemals Leid und Freude getheilt.

In unsern Tagen ist die glorreiche Vergangenheit Egyptens, Assyriens, Griechenlands und Roms, nur ein todter Buchstabe für die Gelehrten. Die mit Meisterwerken angefüllten Museen haben bloß für Künstler und Liebhaber schöner Formen einen Reiz; aber hier ist mehr als bloße Form; eine **lebendige Wirklichkeit** enthüllt sich vor unsern erstaunten Blicken, wenn wir den mächtigen Hauch des Geistes die schönen Formen wieder beleben sehen.

Unsere zahlreichen und verschiedenartigen Experimente beweisen, daß die Manifestationen der Geister um **so leichter Statt finden**, wenn die Orte in demselben Zustande geblieben, wie sie zur Zeit ihres irdischen Lebens gewesen; in diesem Falle ziehen sie gewöhnlich die Orte wo sie gelebt, den Grabstätten vor, wo bloß ihre irdische Hülle ruht. Deßhalb veränderte man oft die Wohnstätte, um alle Spuren eines sogenannten „**Spuckes**" zu verwischen; die Nachkommen und Ueberlebenden wechseln jetzt noch in Frankreich ihre Wohnung und ziehen in ein anderes Haus, um jeden Verkehr mit ihrem geliebten Todten zu fliehen, ein seltsamer Widerspruch, der bloß die Folge der christlichen Teufelsfurcht ist.

Das Vaterland des Menschen ist nicht immer seine Geburtsstätte, sondern vielmehr an dem Orte, wo er vorzüglich gern weilt und seine Sympathien ihn hinziehen. Dieselbe Anziehungskraft fühlt auch der von der Materie befreite Geist, wenn er sich oft dahin begibt, wo Neigung und Gewohnheit ihn ehemals hinzogen. Es wäre aber ein Irrthum, wenn man die Folgerung zöge, daß ein **wirklich materielles Band** zwischen der Seele und ihrer sterblichen Hülle bestände, oder den Geist am Orte fixire, wo er sich während seines irdischen Lebens aufgehalten. Die moralische Anziehungskraft, die **rein geistige Sympathie allein**, zieht den Geist des Verstorbenen an solche Orte hin; die Gedanken des Menschen und der Geister begegnen sich an diesen geliebten oder klassischen Orten leichter, und die Geister können sich dort, vermöge ihrer Ubiquität, mit der Blitzesschnelle des Gedankens den Menschen offenbaren.

Die Bibel gibt uns deutliche Beweise von den innigen Beziehungen der Seele des Abgeschiedenen mit seiner irdischen Hülle, indem sie uns das Wunder erzählt, welches die sterblichen Reste des Propheten Elisa bewirkt haben, nach II. Könige XIII., 20, 21.: „Elisa aber starb, und man begrub ihn. Das folgende „Jahr kamen moabitische Truppen in's Land, und es begab sich, „als man einen Menschen begrub, daß sich ein feindlicher Haufen „Kriegsleute daselbst zeigte und man die Leiche in's Grab des „Elisa warf; dieser Mann aber ward wieder lebendig, sobald „seine Gebeine den Leichnam des Elisa berührten; er stand auf, „und ging aus dem Grabe gesund hervor."

Uebrigens sind diejenigen in einem großen Irrthum befangen, welche glauben, daß diese biblischen Wunder **einzig in der Geschichte** dastehen, als Ausflüsse einer **ausnahmsweisen göttlichen Offenbarung** bei dem sogenannten **auserwählten Volke der Israeliten**. Solche Phänomene kommen auch bei andern, von Gott verlassenen Völkern öfter vor, als man meint; aber leider hat unsere gegenwärtige, in groben Materialismus versunkene Generation, den Sinn, die Fähigkeit verloren, dieselben zu beobachten. Sogar das skeptische achtzehnte Jahrhundert hat in Paris ein, dem obenerwähnten Wunder der Gebeine Elisa's, ähnliches Phänomen gesehen.

Das gebildete Publikum kennt die wunderbaren Heilungen, welche das Grab des frommen Diakons Pâris in dieser Weltstadt damals bewirkte. Auch wir haben einige Worte erreicht, welche der Geist dieses Priesters direkt geschrieben, in Gegenwart mehrerer Zeugen am 15. Oktober 1856, am Hauptaltar der Kirche des heiligen Medard, wo seine sterbliche Hülle ruhte bis zum tollen Verbot Ludwigs XV. an den lieben Gott, ja keine Wunder an diesem Orte mehr zu wirken, das famose Wort:

»Défense par le roi à Dieu,
»d'opérer des miracles en ce lieu.«

Das wunderbare Phänomen der Auferweckung des Lazarus (Ev. Joh. XI. 38—44) fand erst Statt, als Jesus zu seinem Grabe kam.

Jesus selbst erschien an seinem Grabe zum ersten Male nach seiner Auferstehung der Maria Magdalena (Ev. Joh. XX., 11—17). Hier spielt nicht allein der Ort, sondern auch die Sympathie für die Person der Maria Magdalena, eine große Rolle, eine Thatsache, die bei den meisten Geistererscheinungen stattfindet.

Die christliche Lehre von der Auferstehung des Fleisches setzt das Fortbestehen eines geheimnißvollen Bandes zwischen der Seele und dem im Grabe ruhenden Leibe voraus, eine wechselseitige Anziehungskraft zieht die Seele zur Wiederbelebung ihrer sterblichen Hülle hin. Uebrigens wäre es thöricht an eine grob körperliche Auferstehung zu glauben. Christi Auferstehung war eine wirkliche Geistererscheinung, die ja von den Berichten der Evangelien selbst mit den Erscheinungen anderer Abgeschiedenen in eine Reihe gestellt wird (Matth. XXVII., 52. 53.). Die von Johannes (XX., 26.) erzählte Thatsache, daß Jesus mitten unter die Jünger trat, da die Thüren verschlossen waren, beweist deutlich, daß der auferstandene Jesus, nicht mit einem groben Körper bekleidet war. Das Gewaltige der Thatsache der Auferstehung Christi, bestand nicht in der objectiv-realen Sichtbarkeit, sondern in der materiellen Fühlbarkeit, wodurch die Jünger die Gewißheit seiner Identität erhielten. Diese Gewißheit der höhern, seligen Fortdauer rief die große Begeisterung der Jünger hervor und wurde der Ausgangspunkt der Gründung des Christenthums.

Chr. H. Weiße, in seiner evangelischen Geschichte (II., 367 und 431), sowohl als der jüngere Fichte in seinen vermischten Schriften zur Philosophie, Theologie und Ethik (Bd. II, pag. 391.) sagen mit Recht: „Nicht die Einsetzung des Abendmahls, „nicht der Kreuzestod Christi, sondern allein die thatsäch„liche Gewißheit, daß der vor ihren Augen gestorbene „Christus, wirklich noch fortlebe, nun auch sie, nach ihrem „leiblichen Tode in seine selige Gemeinschaft aufzunehmen, war „der Eckstein des mächtigen Baues der christlichen Kirche." Uebrigens hatte schon Paulus diese Ansicht, wie aus dem fünfzehnten Kapitel des ersten Briefes an die Corinther deutlich hervorgeht. Vers 14 namentlich sagt er: „Ist Christus nicht auferstanden, „so ist unsre Predigt vergeblich, so ist auch euer Glaube „vergeblich." Sonderbarerweise fährt aber die christliche Kirche fort, vorzüglich an dem Versöhnungstode Christi, als dem Kardinalpunkt des Glaubens zu haften, und vergißt den wahren Ausgangspunkt des Christenthums, die Erscheinung Christi nach dem Tode, diesen thatsächlichen Beweis der Unsterblichkeit der Seele. Wie damals jene gewaltige Thatsache allein vermochte eine Weltreligion zu gründen, so zündet jetzt, seit dem Wiederaufleben des Spiritualismus die ebenso objectiv-reale und leibhaftig fühlbare Manifestation der Geisterwelt einen großen Weltbrand an, um die Religionen zu ihrem ewigen Ursprunge zurückzuführen.

Jeder Pneumatologe kennt die große Anhänglichkeit der Geister für Personen und sogar **leblose Gegenstände**, welche ihnen einst auf Erden lieb und werth gewesen. Eine wunderbare geheimnißvolle Kraft scheint an solchen Gegenständen zu haften. Die Bibel gibt uns auch in dieser Beziehung interessante Beispiele. Nach dem II. Buch der Könige Kap. 2, 14, zertheilte der Prophet Elisa mit des Elias zurückgelassenem Mantel den Jordanfluß und überschritt ihn trockenen Fußes, wie einst Galatea nach der griechischen Mythologie. Dieser wunderbare Mantel des Elias gehört schon in das Bereich der in allen Religionen vorkommenden Amulette, von denen auch die Apostelgeschichte ·XIX, 11. 12.) spricht: "Gott wirkte nicht "geringe Thaten durch die Hände Paulus, also daß sie auch **von** "**seiner Haut** die Schweißtüchlein und Leinwand über die "**Kranken hielten**, und die Seuchen von ihnen wichen." Jeder einigermaßen erfahrene Magnetiseur weiß, daß die **Amulette nur magnetisirte leblose Gegenstände sind**, gleichviel ob bloß menschliche oder auch höhere **Einflüsse der Geisterwelt** ihnen diese belebende und heilende Kraft verleihen. Die bekannten **heilenden Bäume** des berühmten Marquis von Puységur, welcher am Ende des achtzehnten Jahrhunderts wieder die Blicke der Menschheit auf den Somnambulismus lenkte, hatten ähnliche **heilende Kräfte**, in Folge der Magnetisation des Marquis.

Es ist Thatsache, daß die Geister sich mit besonderer Vorliebe an solchen Orten manifestiren, wo ihre Erinnerungen weilen, zumal wenn sie dort sympathische Personen antreffen. Unsere Erfahrungen beweisen, daß diese **Sympathie immer nothwendig ist bei experimentalen Geister-Manifestationen**, welche um **so leichter Statt finden, je größer und gegenseitiger das sympathische Band ist**, welches den Sterblichen an den von der Materie befreiten Geist knüpft. Der Grund dieser Sympathie kann sowohl in einer gegenseitig Statt gefundenen Freundschaft als in der Bewunderung des Lebenden für die Werke und Thaten berühmter Männer der Vorzeit liegen.

Den alten Rabbinern war diese Wahrheit gleichfalls bekannt; sie behaupteten, daß die Seele durch die Gewohnheit zu den Orten hingezogen werde, wo sie während ihres irdischen Lebens oft und gern verweilt hatte (Mennasseh XI, 6.). Die letzten Kabbalisten glaubten, daß die vitale und fluidistische Seele (Nephesch) bis zur völligen Verwesung bei dem Körper verweile. Nach den alten Rabbinern dauert das innige Band zwischen Seele und Körper bis zum Ablauf des ersten Jahres nach dem Tode. Sie haben diese Ansicht der Bibel und namentlich dem obenerwähnten Wunder durch die Gebeine Elisas's entnommen (II. Könige XIII, 20. 21.).

Die Rabbiner, welche gleichfalls die Nekromantik der Bibel und namentlich dem ersten Buch Samuels XXVIII. entlehnt haben, glauben daher, daß es am Leichtesten wäre, die Todten geistig an ihrem Grabe, im Laufe des ersten Jahres, aufzurufen. Derjenige, der sie beschwört, d. h. der Nekromant, sieht sie wohl, aber hört sie nicht, derjenige, der sie aber um Rath frägt, hört die Todten sprechen, ohne sie zu sehen. Um die Identität zu beweisen, ist es allerdings nothwendig, daß der Nekromant ein wirklicher Seher ist, damit durch seine Beschreibung der Rathfragende weiß, daß er es mit diesem und keinem fremden Geiste zu thun hat. Die Wahrheit dieser Ansicht der Rabbiner haben wir oft selbst durch unsere Erfahrungen bestätigen können.

Nach den heiligen Sagen der alten Perser (Anquetil-Duperron III., S. 585) umschwebt die Seele ihre sterbliche Hülle bis zum vierten Tage nach dem Tode, daher die Ansicht, daß der Todte nur bis zu diesem Zeitpunkte auferweckt werden kann, wie bei Lazarus. Deshalb verschieben auch noch jetzt die Israeliten die Beerdigung bis zum vierten Tage, behauptend, daß man vor dieser Frist nicht wissen könne, ob der Tod ein wirklicher oder ein bloß kataleptischer Scheintod sei.

Sechstes Kapitel. Orte, wo die Geister sich mit Vorliebe manifestiren. 87

Die Inder glauben auch, daß zwischen der Seele und der sterblichen Hülle ein gewisses Band existire; daher ihre große Achtung vor den Todten. Die Inder glauben, daß die Seelen unsichtbar ihren Leichenfeierlichkeiten, den Todten-Festmahlen, den Straddha's oder religiösen Ceremonien zu ihren Ehren, beiwohnen. (Gesetze des Manu III. § 237.)

Diodor von Sicilien I. 51, sagt, daß nach der Ansicht der alten Egypter die Seele den Körper bis zur völligen Verwesung umschwebe. Deßhalb suchten die Egypter möglichst lange die Verwesung durch Einbalsamirung aufzuhalten, um den intimen Verkehr der Seele mit dem Körper zu verlängern und so auch den Ueberlebenden die Gemeinschaft mit dem Geiste des Verstorbenen zu erleichtern. Daher erbauten auch die Egypter prachtvolle Mausoleen und verzierten ihre Grabmale auf's Kostbarste, weil diese auch für zeitweilige Behausungen der Seele galten in den Augen dieses so spiritualistischen Volkes. Man ehrte dadurch nicht den todten Leichnam, sondern die fortlebende Seele.

Nach der Ansicht der Griechen verweilte die Seele auch eine Zeit lang bei ihrer sterblichen Hülle. Die Leichenbegängnisse wurden mit einem Festmahl und feierlichen Spielen geschlossen. Das dreiundzwanzigste Buch der Iliade (vom V. 29 an) spricht von dem Leichenbegängniß des Patroklus, Achilles innigem Freunde. Man glaubte dadurch der Seele eine Freude zu bereiten und sie zu ehren wegen ihrer innigen Beziehungen zu ihrer sterblichen Hülle. Dieselben Sitten und Gebräuche fanden auch bei den Römern Statt. (Virgil's Aeneide IV., 34.)

Nach der Lehre der Pythagoräischen Schule schweben die Seelen noch einige Zeit um die Gräber. Jamblich (vita Pythag. 139, 148) sagt, daß man die Stimme des Philolaus bei seinem Grabe gehört habe in harmonischem Tone, welches, den Pythagorärn zufolge, ein Anzeichen seines glücklichen Zustandes sei. Diese Ansichten der Pythagoräer wurden von den meisten berühmten Männern Griechenlands getheilt, welche bekanntlich viele ihrer Ideen den Egyptern entlehnt hatten. (Plutarch, Isis und Osiris. Ricard's Uebersetzung, Bd. V., S. 328.)

Plato (Phädon 80, 113 und 114) glaubt, daß Seelen, welche ihre sinnlichen Neigungen nicht ablegen, längere Zeit ihre Gräber umschweben, weil die sinnlichen Leidenschaften die „Seele wie mit einem Nagel an den Körper haften und sie selbst fast körperlich machen."

Im Mittelalter verflachte man diese Anschauung Plato's, indem man annahm, daß die unglücklichen und irdisch gesinnten Geister allein die innigen Bande mit ihrer sterblichen Hülle nicht zu zerreißen vermögen. Man verwechselte besonders unglückliche, niedere Geister mit sogenannten Dämonen oder Teufeln, Geschöpfe der wilden Phantasie dieses rohen Zeitalters. Man glaubte damals kindischerweise, daß die Dämonen sich vorzüglich in den Friedhöfen kund geben, um die Menschen zu erschrecken. Die Bibel aber widerlegt diese Ansicht ganz und gar; höhere und niedere Geister können sich bei den Gräbern manifestiren, wie das Beispiel des Wunders der Gebeine des heiligen Propheten Elisa beweist; leider theilt noch jetzt die Mehrzahl unserer Priester und Pastoren diesen anti-biblischen Irrthum und zieht die Ansicht Plato's der heil. Schrift vor! —

Der berühmte Diakonus Pâris in Paris, auf dessen Grabmale ebenfalls große Heil-Wunder unter der Regierung Ludwig's XV. geschahen, war nach der einstimmigen Ansicht aller unpartheiischen Männer damaliger Zeit ein frommer Priester und moralisch hervorragender Mensch.

Die Chinesen glauben, daß die Seelen der Menschen, welche weder gut, noch böse waren, lange Zeit bei ihren Gräbern herumirren und die Orte umschweben, wo sie einst gewohnt während ihres Erdenlebens; sie werden dahin gezogen durch den Reiz ihrer Erinnerungen. Die katholischen Missionäre, in ihrer albernen Teufelsfurcht, erklären diesen Zauber der Erinnerung seltsamerweise für eine Strafe dieser Geister und ihre Sühne, um zu einem glücklicheren Zustande zu gelangen. (Memoiren der Missionäre, Bd. XV., 250 ꝛc.)

Nach der allgemeinen Ansicht des Alterthums bleibt also ein geheimnißvolles Band zwischen der Seele und dem Körper nach dem Tode. Dieses den Herzen aller Menschen innewohnende Gefühl war die erste Veranlassung der feierlichen Leichenbegängnisse und der Weihung der Gräber, sowie der **Achtung und Verehrung der Todten im Allgemeinen**. Daher gestand man dem Leichnam des Menschen Rechte und Ehrenbezeugungen zu, welche nur der Seele allein gebühren. Es war der lebhafte Wunsch der Nachkommen, bei ihren Vorfahren zu ruhen. Abraham kaufte eine Ruhestätte für Sara (Genesis, XXIII.) und alle seine Nachkommen, bis auf Jakob und Joseph, wurden daselbst beerdigt. (Genesis XLIX, 29—32. Josua XXIV, 32. Genesis L, 25.)

Das **Chinesische Buch über Belohnungen und Strafen** (von einem Doctor der Tao-Schule verfaßt und von Julien 1835 übersetzt) **sagt** (Art. 465): „Diejenigen, welche die Seelen ihrer Vorfahren verachten, deren Leichenfeierlichkeiten verschieben und die Riten beim Begräbniß nicht befolgen; diejenigen, welche während der gesetzlich bestimmten Zeit keine Trauer tragen, und auch die Gräber zu besuchen und zu schmücken vernachlässigen, und endlich für ihre Vorfahren keine Opfergaben darbringen, oder beim Opfer ihnen keine wahre Ehrfurcht erweisen, werden **strenge bestraft**." — Der Artikel 466 desselben Buches erzählt die harten Vorwürfe, welche der Geist einer Mutter ihrem Sohne macht, wegen Verletzung dieser Vorschriften der Ehrenbezeugungen für die Ahnen. Die Mutter, welche im **Traume** erscheint, sagt zum Sohne: „Seitdem du mein Grabmal vernachlässigst, wachsen darauf Dornen und Disteln und wilde Thiere haben ihre Behausung dort. Allerdings hast du zweien Weibern den Auftrag gegeben, mir dann und wann Opfer darzubringen, aber ich, **als Mutter**, verlange diese **von dir selbst**. Führt sich ein **guter Sohn** so auf? — Der

Gott der Unterwelt wollte dich dafür bestrafen, aber weil du deine übrigen Pflichten g u t erfüllst, so verleiht Er dir Gnade für jetzt. Besuche daher künftig zu den vorgeschriebenen Zeiten meine Gruft und opfere für die Ruhe der Seele deiner Mutter s e l b s t."

Die Griechen glaubten schon zu Homer's Zeiten, daß es für die Todten mit großem Nachtheile verknüpft sei, wenn ihre Hülle keine würdige Ruhestätte fände; es war denselben hiedurch die Möglichkeit benommen, in den Hades zu gelangen. (Iliade, Buch XXIII, V. 69.)

Ihre Seelen irrten so lange in unruhigem Zustande auf der Oberfläche der Erde umher, bis endlich fromme Hände diese letzte Pflicht an ihnen vollzogen hatten. Daher die Furcht, welche die Griechen vor dem Gedanken empfanden, ihre Leichname möchten keine Ruhestätte finden oder gar von Hunden oder Raubvögeln zerrissen werden. So ist z. B. (Odyssee XI.) Elpenor's lebhafter Wunsch, daß man seiner herumirrenden Seele die letzten Ehren erweise. Derselbe Fall findet bei Archytas Statt. (Horaz, Od. I., 28.) Lucan (IX.) sagt: «Cineresque in litore fusos colligite atque unam sparsis date manibus urnam et animamque sepulcro condimus.»

Die Alten pflegten ihre Gräber mit so großer Sorgfalt und hielten dieselben so hoch in Ehren, daß sogar mehrere Kirchenväter, wie Clemens von Alexandrien, Eusebius, Lactantius u. A. m., der Ansicht waren, daß die der Religion geweihten Gebäude ursprünglich aus Grabmälern hervorgegangen seien. In der That ist diese Hypothese sehr wahrscheinlich, wenn man die innigen Beziehungen berücksichtigt, welche zwischen der Achtung vor den Todten und dem Cultus der Ahnen und Vorfahren Statt fanden. Die Manen der Vorfahren manifestirten sich, den Gesetzen der Sympathie, dieser moralischen Attractionskraft gemäß, mit Vorliebe ihren Nachkommen, n a m e n t l i c h a n s o l chen Orten, welche ihnen durch Erinnerungen aller Art werth geworden waren. Die Ueberlebenden dachten natürlich am

Sechstes Kapitel. Orte, wo die Geister sich mit Vorliebe manifestiren. 91

Meisten an die Todten beim Besuch ihrer Gräber, und kamen so in Verkehr mit deren Geistern. Dieser Verkehr wurde um so inniger, je mehr man zu ihren Gunsten Opfer und Gebete darbrachte und dieselben durch die Nekromantik aufrief. Es scheint, daß in Folge einer bedauerlichen Verwechselung der Begriffe von Verehrung und Anbetung (ein allerdings verzeihlicher Aberglaube) die Menschen auf die Idee kamen, einen Cultus und religiöse Ceremonien zu gründen. Die Einführung des Cultus aber hing mit dem Ursprung des Polytheismus zusammen. Man fing den Ahnen-Geistern an Tempel zu bauen; dem Ewigen aber, den die Himmel der Himmel nicht umfassen können, wagte Niemand vor Salomo einen Tempel zu errichten. (II. Chronika II, v. 6. I. Könige VIII, 27.)

Nach den alten Indischen Traditionen haben die Pitri (Geister der Ahnen) die Ceremonien des Cultus gestiftet, denn nach den Gesetzen des Manu (I. Buch, § 12 u. s. w.) kennen die Pitri's allein die wahre Theologie.

Diese allgemein verbreitete Achtung vor den Todten und ihren Gräbern, und dieser, den Geistern der Vorfahren geweihte Cultus, ist einer der deutlichsten Beweise des spiritualistischen Charakters aller Völker des Alterthums. Es ist eine geschichtlich nachgewiesene Thatsache, daß, von dem Augenblicke an, als man aufhörte an den Spiritualismus zu glauben, man auch den Todten nicht mehr rührende Beweise zarten Andenkens erweisen mochte.

Der Mensch, der sich einmal mit dem Gedanken vertraut gemacht hatte, daß jenseits des Grabes nichts mehr für ihn zu erwarten wäre, mußte sich auch der Verpflichtung entheben, die sterbliche Hülle seiner Vorfahren und Nebenmenschen in Ehren zu halten. Die Griechen und Römer begannen den Cultus der Manen von der Zeit an gering zu schätzen, als der Spiritualismus Schritt für Schritt dem Skepticismus, der religiösen

Indifferenz und dem Materialismus erlag. Diese Wahrheit gilt auch in unsern Tagen.

Einige unserer zeitgenössischen Schriftsteller behaupten, daß die Sitte der Leichenverbrennung aus Sanitäts-Rücksichten, und in poetischer und spiritualistischer Hinsicht der Beerdigung vorzuziehen sei. Wir geben die Sanitäts-Rücksichten vollkommen zu, bemerken aber, in Betreff des spiritualistischen Charakters, daß die Egypter, Israeliten und Perser, welche ihre Leichen beerdigten, ebenso spiritualistisch gesinnt waren, als die Inder, Griechen und Römer, welche dieselben verbrannten. Allerdings ist die Leichenverbrennung poetischer als die Beerdigung, und die Einführung der Leichenverbrennung bei den materialistischen und skeptischen Völkern des heutigen Europa würde vielleicht wohl die Achtung vor den Todten, diese nothwendige Bedingung des Wiedererwachens eines geläuterten Spiritualismus, auf's Neue beleben. Die mit der Asche unserer Abgeschiedenen gefüllten Urnen würde man in unsern Wohnungen und Gärten aufstellen als Memento für die Ueberlebenden, wie sie vormals bei den Griechen und Römern die Atrien (Vorhallen der Häuser) schmückten.

Siebentes Kapitel.

Phänomene direkter Geisterschriften, in Gegenwart von Zeugen, vom 13. August 1856 bis zum 30. September 1868.

Das tiefe Studium der religiösen Traditionen aller Völker, welche so interessante psychologische und pneumatologische Phänomene und Ideen enthalten, bildet den Ausgangspunkt jeder wahrhaften Anthropologie, dem Princip des berühmten Weisen von Lacedämon gemäß, Chilo, des Ephoren: „Erkenne Dich selbst", (γνῶθι σεαυτόν) welches das Orakel von Delphi als Haupt-Inschrift in die Vorhalle seines Tempels hatte eingraben lassen.

Die religiösen Traditionen Indiens sind bekanntlich der centrale Heerd der Arischen, d. h. weißen Race. Von Indien aus gingen viele Strahlen nach Persien, Assyrien, Griechenland und Rom; später erleuchtete aber auch die Indische Sonne, durch das Erscheinen des Buddhismus, China und das ganze nördliche und östliche Asien. Die hohe Weisheit der Bibel klärte die semitisch-arabische Race auf und verbreitete sich später durch das Christenthum über ganz Europa bis nach Amerika hin. Die biblischen Sagen drangen sogar durch die einfachen Lehren des Corans bis ins Herz von Indien, und verbreiten sich jetzt allmählig über ganz Afrika. Von den religiösen Traditionen müssen wir zu den indischen und griechischen Dichtern übergehen, welche die Mythologien und alten heiligen Traditionen popularisirten, und über die Seher, Pythien und Orakel viel Interessantes enthalten. Auch ihre Anschauungen über die Zustände der Seele nach dem Tode, und über die ätherischen Erscheinungen derselben, welche eine bedeutende Analogie mit den Aussagen der neuern Medien und Hellseher bieten, verdienen die Berücksichtigung jedes genauen Forschers. Endlich muß man schreiten zum Studium der Philosophie des Alterthums. Hier nimmt nun Indien zuvörderst den ersten Rang ein. Die verschiedenen Schulen der Juder, namentlich die orthodoxe Vedanta-Schule und das dualistische System von Santhya, dessen Urheber der berühmte Kapyla war, haben eine hohe Bedeutung für den Spiritualismus. Nächst Indien, spielen die chinesischen Moralisten und die tiefen Denker Griechenlands, die größte Rolle auf diesem Felde. Unter den griechischen Denkern gebührt dem berühmten Philosophen Pythagoras, welcher mit seltener Klarheit die Mysterien der menschlichen Seele und ihrer Beziehungen mit der übersinnlichen Welt beleuchtete, unstreitig der erste Rang. Wir verdanken dem Weisen von Samos und seiner Schule die Stiftung des berühmten pythagoräischen Bundes, dieses erhabenen Vorbildes einer, auf das Princip der höhern Liebe und der reinsten Brüderlichkeit gegründeten moralischen Association. Die hohe Intelligenz des edlen Pythagoras überschritt nicht nur die Grenzen einer rationalen Politik, sondern ging sogar über die Schranken des menschlichen Kosmopolitismus hinaus, um aus dem Menschen einen Weltbürger zu machen, welcher auch zum Verkehr mit den überirdischen Wesen gelangen sollte. Der Spiritualismus hat auch die Moral des Sokrates und den Idealismus Plato's inspirirt. Dasselbe gilt von der Cabbala der Israeliten, und von der Alexandrinischen Philosophie, diesem umfassenden Eklekticismus aller

Siebentes Kapitel. **Phänomene direkter Geisterschriften ꝛc.**

heiligen Traditionen und aller philosophischen Systeme des Alterthums. Später, seit dem Sturze des **römischen Weltreichs** durch die Einfälle der Barbaren, und seit dem Vorherrschen der christlichen Religion, tritt leider ein **vollständiger Schlaf des Gedankens** ein. Kindische Wortklauberei und Dämonenfurcht ersticken alle Keime des Spiritualismus. Nur **selten** trifft man einen **Theosophen in der tausendjährigen Nacht des Mittelalters** an. Im fünften Jahrhundert unserer Aera beschäftigte sich der griechische Theosoph **Diogenes Areopagita**, und später, im Mittelalter, der heil. **Bernhard von Clairvaux**, die beiden **Victoriner** (Hugo und Richard), endlich **Joh. Charlier von Gerson** mit spiritualistischen und mystisch-theosophischen Forschungen. — Erst mit dem Wiederaufleben der Studien des Alterthums, seit dem Eindringen der Türken in Europa, begann auch eine **Sturm- und Drangperiode** auf dem Felde des Spiritualismus. Neu-Pythagoräer erwachten unter **griechischen, arabischen und jüdisch-cabbalistischen Einflüssen**. Die **Astrologie, die Geomantik, Chiromantik** und andere sogenannte geheime Wissenschaften kamen wieder zum Vorschein; der berühmte **Agrippa von Nettesheim** und **Paracelsus** zeichneten sich vor Allen in dieser Periode aus. Agrippa war der weise Rathgeber der Königin und Regentin von Frankreich, Louise von Savoyen, Mutter Franz I, welcher letztere nie in die schmähliche Gefangenschaft Kaiser Carl's V. gerathen wäre, wenn er die vorsichtigen Rathschläge des Verfasser's der «philosophia occulta» befolgt hätte. Frankreich unter allen Ländern verdankte seine Rettung von **fremdem Joche** dem Einflusse mystischer Persönlichkeiten. Schon am Ende des vierzehnten Jahrhunderts rettete die politische Umsicht und diplomatische Gewandtheit des Königs Carl's V., **mit Recht der Weise, oder der französische Salomo genannt**, dieses Land vor dem englischen Joche. Die weisen Rathschläge seines Astrologen **Thomas von Pisan** lähmten die siegreichen

Waffen Eduards III. und des schwarzen Prinzen, seines glorreichen Sohnes.

Frankreich wurde die erste Macht Europa's unter Carl V., der sogar den Papst zu einem bloßen Gallischen ersten Bischof verkleinerte. Alle Fürsten, selbst Kaiser Sigismund, kamen nach Paris, die Weisheit des französischen Salomo zu bewundern und es fehlte wenig daran, daß der **volksfreundliche Fürst** die päpstliche Tiara um sein Haupt gewunden hätte. Europa's Eifersucht und Carl's V. frühzeitiger Tod ersparten der Welt dieses merkwürdige Schauspiel. Es ist das Verdienst des bekannten, freisinnigen, französischen Historiker's Michelet, in seiner «Histoire de France» diese Thatsachen in's gehörige Licht gesetzt zu haben. Wir erwähnen nur beiläufig die spätere Errettung Frankreich's unter Carl's V. Enkel, Carl VII. durch Johanna von Arc, welche Heldin sogar dem deutschen Volke durch seinen großen Schiller im unvergeßlichen Andenken ist. In diesem Zeitalter, kurz vor der Reformation, lebten auch viele **prophetische Seher** und Wunder-Doktoren, wie z. B. der bekannte Nostradamus, der Tausende von der Pest in Marseille heilte.

Bald nach der Reformation aber trat ein geistiger Stillstand unter den schwachen Nachfolgern Luther's ein. Die katholische Reaktion griff wieder um sich und bedrohte Europa auf's Neue mit ihrem **eisernen Joche**. Allerdings wurde diesem Streben durch die siegreichen Waffen Gustav Adolph's ein Ziel gesetzt; aber der Verfall Frankreich's unter dem katholischen Joche, in der letzten Zeit Ludwig's XIV. **einerseits**, und der dürre orthodoxe Köhlerglaube der protestantischen Theologen **andrerseits**, mußte jeden **Fortschritt hemmen**, und endlich im achtzehnten Jahrhundert zum **Skepticismus** führen. Daher können wir seit der Reformation in Deutschland auch nur den berühmten Schuster Jakob Böhme anführen, der mit Recht der Philosophus Teutonicus genannt wird, und dessen Einfluß auf die beiden tiefsten Denker des neunzehnten Jahrhunderts nicht zu verkennen ist, d. h. Franz von Baader und den großen Schelling in der letzten Periode seines Philosophirens, als er die Geister= und Archi=typische Licht= und Engel=Welt wieder in die neuere Philosophie einführen wollte.

In Flandern müssen wir die beiden van Helmont's, welche sogar Leibnitz sehr hochschätzte, und in Frankreich endlich, im achtzehnten Jahrhundert, bloß St. Martin, den sogenannten unbekannten Philosophen, nennen, aus deren Schriften der spiritualistische Forscher Nahrung schöpfen kann. Seit dem Ende des achtzehnten Jahrhunderts fing man an, Jeden, der sich mit spiritualistischen Studien beschäftigte, zu verlachen und zu verspotten, obwohl Swedenborg und Mesmer vergeblich strebten, den Gesichtskreis der Menschheit zu erweitern. Auf diesem Wege des Materialismus ist man nun bis heut' zu Tage immer fortgeschritten, bis zum abermaligen Erwachen des Spiritualismus in Nord=Amerika, dem Vaterlande der Freiheit. Seit zwanzig Jahren ist in Amerika eine bedeutende spiritualistische Litteratur zu Tage getreten. Die Schriften des bekannten Sehers und Philosophen Andrew Jakson Davis, welche die Herrn Aksakoff und C. G. Wittig ins Deutsche übersetzen, ferner die Werke des Richters Edmond's, Robert Dale Owen's und a. m. haben nicht wenig dazu beigetragen, den Spiritualismus in Amerika zu verbreiten, welches Land schon viele Millionen Spiritualisten unter den Anhängern der verschiedensten religiösen Secten zählt.

England ist dem Beispiele Amerika's rühmlichst gefolgt. Es hatte sich in den 60iger Jahren auf diesem gesegneten Boden des Fortschritts, eine zahlreiche sogenannte Progressive spiritualistische Gesellschaft gebildet. Zwei spiritualistische Monatsschriften, das „Spiritual Magazine" von Wilkinson und «Human Nature» von Burns, unterstützten diese Bewegung. 1873 hat sich die «British National Association of Spiritualists» in London, 38 Great Russel Street etablirt, zu der die meisten bedeutenden auswärtigen Spiritualisten als correspondirende Ehren-Mitglieder getreten sind. Die Werke Howitt's, des Dr. Ashburner, und zweier bekannten Schriftstellerinnen, der Frauen Morgan und Croßland, geben namentlich einen deutlichen Beweis von dem zunehmenden Interesse des Publikum's am Spiritualismus, wozu neuerdings noch die wichtige „Vertheidigung des modernen Spiritualismus" durch Alfred Russel Wallace kommt, sowie desselben „Wissenschaftliche Ansicht des Uebernatürlichen" die beide bei Oswald Mutze in Leipzig, deutsch erschienen sind, in den Jahren 1874 und 1875, durch Herrn C. G. Wittig übersetzt. Uebrigens genügt das Studium der spiritualistischen Schriften des Alterthums und der Neuzeit nicht, sondern man muß stets mit der Theorie die Praxis verbinden, weil der Spiritualismus nur auf dem Wege der Erfahrung, wie alle Wissenschaften, wirkliche Fortschritte machen kann. Subjectivistische Träumereien, Hypothesen und Theorien, wie Schindler in Deutschland und Eliphas Lévi in Frankreich sie aufgestellt haben, führen nicht zum Ziele.

Daher hat auch Herr Professor Maximilian Perty das Universum selbstbewußter Geister in seiner Schrift „Die Natur im Lichte philosophischer Anschauung" den Erfahrungen der experimentalen Psychologie und Pneumatologie gemäß, angenommen. Auch der neulich verstorbene Professor G. Fr. Daumer in seinen interessanten Werken „Der Tod des Leibes, kein Tod der Seele" und „Das Geisterreich", sowie in seinen neuesten „Characteristiken und Kritiken" ist zu demselben unabweislichen Resultat gelangt.

Das Studium des Magnetismus und des magnetischen Somnambulismus sind eine nothwendige Vorbedingung spiritualistischer Studien und Experimente. Der Verfasser dieses Buches hat sich seit zwanzig Jahren viel mit dem Mag-

Siebentes Kapitel. Phänomene direkter Geisterschriften ꝛc.

netismus beschäftigt; vorzüglich vom psychologischen Standpunkt aus. Er hat viele tüchtige Somnambüle gebildet, welche sich nicht bloß durch das Durchschauen der Gedanken anderer, mit ihnen in Rapport stehender Personen, sondern auch durch ihre Fernsicht auszeichnen. Er hat die Blicke seiner Hellseher vorzüglich auf die Visionen und die erhabenen Regionen der Geisterwelt gelenkt und ist so allmählig ins wirkliche Gebiet des Spiritualismus getreten. Er war immer überzeugt, daß der Magnetismus der Vorläufer und die Morgenröthe des Spiritualismus sei. Der Magnetismus ist das Bindeglied zwischen den materiellen und geistigen Wissenschaften. Man muß zu einer solchen Concentration des Gedankens und des Willens gelangen, wie sie einst den Yogi's Indiens zu Gebote stand. In moralischer Hinsicht strebe man, sich allen Eigennutzes und aller irdischer Vorurtheile zu entschlagen, damit die Geister uns ihre Gedanken mitzutheilen vermögen. Es gilt, die Selbstsucht und alle andern Leidenschaften rastlos und unaufhörlich zu bekämpfen. Die Liebe, die Weisheit, die Reinheit der Seele sollen die irdischen Leidenschaften verdrängen, und die spiritualistischen Versuche mit religiöser Sammlung und Weihe unternommen werden. Die Musik erhebe und erfreue alle Herzen, auf daß die Geister an der Harmonie der Seelen Antheil nehmen, und dem Himmel die Accorde der Erde wiederholen können! Jede Eifersucht (Rivalität) muß aus spiritualistischen Zirkeln verbannt sein, um nicht die Reinheit der Seelen zu beflecken, welche die Engel mit ihrem himmlischen Lichte erfüllen sollen.

Im Jahre 1850, ungefähr drei Jahre vor dem Ausbruche der Tischrücker-Epidemie, überbrachte dem Verfasser eine amerikanische Hellseherin die frohe Botschaft der Entdeckung eines experimentalen Verkehrs mit der Geisterwelt durch das Klopfen. Erst nach Verlauf von sechs Monaten gelang es dem Verfasser mit dieser Amerikanerin, Namens d'Abnour aus Neu-Orleans, einen Zirkel nach amerikanischem Vorbilde zu Stande zu bringen, um Frankreich mit den geheimnißvollen Klopfgeistern von Rochester und der Psychographie bekannt zu machen. Leider wurden ihm aber von Seiten der Magnetiseure zahllose Hindernisse in den Weg gelegt. Die Schüler des Mesmerischen Fluidismus und sogar die, welche sich spiritualistische Magnetiseure nannten, in Wahrheit aber nur Somnambuliseure niederen Grades waren, hielten das geheimnißvolle Geisterklopfen für Thorheit, Spielerei und leere Träumerei. Sogar Cahagnet, mit seiner berühmten Hellseherin, Adele, meinte, daß der Verkehr mit der Geisterwelt durch das Hellsehen dem direkten Geisterklopfen vorzuziehen sei und wollte auf keinen Fall seine Mitwirkung zu den Versuchen des Verfassers geben. Bloß Roustan und seine Hellseherin, Mademoiselle Japhet, welche später das sogenannte Buch der Geister Allan Kardek diktirte, schlossen sich seinen Experimenten an. Der bekannte Abbé Châtel, der Stifter der französisch-katholischen Kirche, trat ebenfalls in des Verfassers Zirkel ein. Es war ein unerhörtes Verbrechen, nach der Meinung der katholischen Kirche, daß dieser Abbé die Messe in der profanen französischen Sprache lesen wollte. Man weiß, daß Châtel's Versuche in der Hinsicht gänzlich mißlangen.

Die amerikanischen Zirkel beruhen, abgesehen von den moralischen Eigenschaften der Glieder, auf der Unterscheidung der positiven, magnetischen, unempfänglichen und der elektrisch negativen, sensitiven Elemente. Diese Zirkel werden gewöhnlich von zwölf Personen gebildet, von denen sechs die positiven, und die anderen sechs die negativen oder sensitiven Elemente repräsentiren. Die Unterscheidung dieser Elemente darf nicht nach dem Geschlechte der Personen geschehen, wiewohl im Allgemeinen die Frauen negative und sensitive Eigenschaften haben, während die Männer mit positiv-magnetischen Attributen begabt sind. Bevor die Zirkel gebildet werden, ist es nothwendig, die moralische

Siebentes Kapitel. Phänomene direkter Geisterschriften ꝛc.

und **physische Constitution** eines Jeden wohl zu ergründen, denn es gibt **zarte Frauen**, welche männliche Eigenschaften besitzen, sowie es **kräftige Männer** gibt, die in **moralischer Hinsicht nur Frauen sind**. Die wirklich bedeutenden Medien oder Vermittler des Verkehrs mit der Geisterwelt haben gewöhnlich **positive**, sowohl als **negative Eigenschaften** zu gleicher Zeit, wenn auch in sehr verschiedenem Grade, d. h. bei dem Einen ist das **negative** Element überwiegender, bei dem Andern das **positive**. Die **spontanen oder Idio-Medien** haben den wesentlichen Vortheil einer **harmonischen, physischen und moralischen Constitution**, welche sie besonders befähigt zu Vermittlern des Verkehrs mit der Geisterwelt. Man stellt einen Tisch an einen geräumigen und lustigen Ort, und die Glieder des Zirkels bilden eine **magnetische Kette**; das Medium sitzt am Ende des Tisches und ist **isolirt.** Das Medium dient durch seine passive, stille Haltung und durch seine **contemplative** (beschauliche) Ruhe als vorzüglichster Leiter des Geister-Einflusses. Die **sechs sensitiven Individuen** setzt man gewöhnlich **zur Rechten des Mediums. In die nächste Nähe** kommt die **sensitivste oder negativste Person**, welche man gewöhnlich an den wohlwollenden Eigenschaften ihres Herzens und an ihrer Sensibilität erkennt, während die **positivste oder intelligenteste Person zur Linken sich neben das Medium** setzt. Um die Kette nun zu bilden, müssen alle zwölf Personen die **rechte** Hand auf den Tisch und die **linke** auf die Hand des Nachbars legen, und muß dieses Verfahren um den ganzen Tisch herum Statt finden. Was das Medium, oder die Medien (wenn deren mehrere vorhanden sein sollten) betrifft, so bleiben dieselben von den 12 Personen, welche die Kette bilden, **ganz isolirt.**

Wir haben nach Verlauf mehrerer Sitzungen merkwürdige Phänomene erreicht; wie z. B. stoßartige, electrische Erschütterungen, welche von allen Gliedern des Zirkels gemeinschaftlich und zwar im nämlichen Momente empfunden wurden, als die intelligentesten Personen im Gedanken Geister anriefen. Die sensitiven Subjecte erlangten die Fähigkeit der mechanischen Psychographie durch eine unsichtbare Attractionskraft, welche sich eines Armes ohne Intelligenz bediente, um ihre Gedanken mitzutheilen. Mehr oder minder sensible Personen hatten gemeinschaftliche Visionen, obwohl sie sich im normalen Zustande des Wachens befanden. Odische Feuerkugeln, mit verschiedenen Regenbogen-Farben, verwandelten sich allmählig in eine Säulenform, aus denen nach und nach schattenartige Menschengestalten sich entwickelten. Sogar nicht sensitive Personen empfanden einen geheimnißvollen Einfluß eines von außen kommenden Hauches oder das Säuseln eines sanften Windes; aber die Wirkung war nicht stark genug, um ihre Glieder in Bewegung zu setzen. Erst nach zwanzig Sitzungen erreichten wir das direkte Geisterklopfen der Amerikaner, als der bekannte Veteran des Magnetismus, Graf d'Ourches, an unsern Sitzungen Theil zu nehmen anfing. Bald darauf wurden jedoch unsere wöchentlichen Sitzungen, welche jeden Freitag (46, rue des Martyrs) Statt fanden, durch die Wiedereinführung des Despotismus in Frankreich nach dem Staatsstreich Buonaparte's als staatsgefährliche Association strenge verpönt. Wir konnten nur durch Verlegung der Sitzungen auf einen andern Tag und in ein anderes Stadtquartier, rue de la Madeleine, 30, der damaligen Wohnung des Verfassers, der weisen Maßregel Napoleons des Kleinen, aus dem Wege gehen. Jedoch entdeckte die allezeit wachsame Polizei bald abermals den Ort unserer Sitzungen, und wir mußten dieselben ganz einstellen, und konnten sie erst im Anfange des Jahres 1853, als die Epidemie des Tischrückens ganz Europa aufregte, wieder anfangen. Der Autor machte mit seinem geehrten Freunde, dem Grafen d'Ourches, viele Experimente des Tischrückens, und es gelang uns beiden, zuerst in Paris Tische ohne alle Berührung in Bewegung zu setzen; zuweilen schwebten

Siebentes Kapitel. Phänomene direkter Geisterschriften ꝛc.

sogar Tische ohne Berührung in der Luft und wurden durch unsichtbare Mächte durch das Zimmer getragen. Der Verfasser hatte damals die Fähigkeit, Tische von weitem zu sich rufen zu können; sie gehorchten seinen Befehlen, wie vernünftige Wesen, angezogen durch eine geheimnißvolle Attractionskraft. Graf d'Ourches wirkte auch abwesend auf leblose Gegenstände, die ihm gehörten, aber sich beim Verfasser befanden, mit dem er in magnetischen Rapport trat, in Folge der häufigen Experimente, die sie gemeinsam veranstalteten. Mit Hülfe seines Familien-Genius' brachte der an der Gicht vorübergehend leidende Graf d'Ourches die Klingeln aller Thüren des Verfassers in heftige Bewegung, wenn er nicht selbst zu ihm kommen konnte, sondern nur den lebhaften Wunsch hatte, ihn zu sehen. Dieses Klingeln wurde oft gehört und die Bewegung der Klingelschnur beobachtet von vielen Zeugen beim Verfasser, wie z. B. von den beiden Redacteuren des großen Journals «La Patrie«, Hrn. Delamarre und Hrn. Denné, sowie von dem gelehrten Holländer Hrn. von Frémery aus der Universität Gröningen. Der Verfasser und seine Schwester sahen alsdann den Grafen in ätherischer Gestalt in's Zimmer treten, zuweilen auch den Sitzungen beiwohnen. Der lebhafte Wunsch des kranken Greises brachte diese Art von Doppelgängerei zu Stande, die natürlich nur so sensitiven Personen, wie dem Verfasser und seiner Schwester, sichtbar wurde, während oft sechszehn Personen zugleich die von d'Ourches im Gedanken magnetisirten Objecte sich bewegen sahen. Der Verfasser und seine Schwester hatten beide von Kindheit auf die Gabe, Geister und auch Doppelgänger zu sehen, und konnten sich selbst gegenseitig, nach Belieben, an entfernte Orte versetzen.

Im Jahre 1854 besuchte der Verfasser im Laufe des Märzmonats den ehrwürdigen Doctor Justinus Kerner in Weinsberg. Derselbe hatte ähnliche Phänomene beobachtet, und lebte der Hoffnung, daß seine „Seherin von Prevorst" wieder einst vom deutschen Publikum an's Licht gezogen würde. Die

Fortschritte des amerikanischen Spiritualismus befestigten den Greis in der Ueberzeugung, daß er dem undankbaren deutschen Publikum den richtigen Weg zur Wissenschaft der übersinnlichen Welt gezeigt. Im Laufe des Jahres 1855 kehrte der Verfasser mit seiner Schwester, welche bisher im elterlichen Hause gelebt, nach Paris zurück. Durch das Zusammenwirken wurden die Medienkräfte beider Geschwister sehr erhöht. Bald erreichten Beide das Phänomen der Vibration eines Pianoforte, während sie selbst in der entgegengesetzten Ecke des Zimmers sich befanden mit dem Grafen Szápary, dem Grafen d'Ourches und dem Doctor Bowron, am zwanzigsten Jänner 1856. Der Graf Szápary ist durch seine magnetischen Heilungen in Deutschland sowohl als Paris wohlbekannt. Baron Dupotet und Doctor Duplanty, die gleichfalls eingeladen waren, erschienen nicht, aus Gründen magnetischer Opposition. Bekanntlich sind diese Herren noch jetzt die Präsidenten der beiden großen magnetischen Gesellschaften, der Mesmerischen und der „Philantro-magnetischen" in Paris.

Die Mesmerische Gesellschaft, unter der Leitung Dupotet's, beschäftigte sich vorzüglich mit den rein-magnetischen Phänomenen Mesmer's und dessen magnetischer Heil-Methode, sowie mit den sogenannten magisch-biologischen Erscheinungen, welche vorzüglich die Macht des Magnetiseurs durch die künstliche Hallucination der Magnetisirten in ein glänzendes Licht stellen, wovon Dupotet's Schrift «La Magie révélée» (die offenbarte Magie) handelt. Die andere magnetische Gesellschaft, die sogenannte Philantro-Magnetische, unter der Direction des Dr. Duplanty, folgt mehr den Fußstapfen des berühmten Puységur, welcher bekanntlich zuerst das Hellsehen in seinen verschiedenen Graden, sowie überhaupt die Moralisch-psychische Seite des Magnetismus dem modernen Europa wieder bekannt machte.

Im Laufe des Jahres 1856 machten des Verfassers Experimente große Fortschritte. Die Tische folgten seinem

Siebentes Kapitel. Phänomene direkter Geisterschriften 2c.

Willen unbedingt und bewegten sich nach jeder beliebigen Richtung hin, gleich lebenden Wesen. Die vorzüglichsten Zeugen dieser Phänomene waren die Hrn. von Rancé, Deputirter von Algier, von Voigts-Rhetz, preußischer Gesandtschaftskavalier und Bruder des bekannten Generals gl. Namens, der französische Philosoph und Akademiker Johann Jakob Matter, Graf d'Ourches, General Ferdinand von Brewern, der Prinz Dimitri Shakowskoy, Henri Delaage, bekannter französischer Litterat, Hr. Wilkinson, Redakteur der bekannten englischen spiritualistischen Monatsschrift «Spiritual Magazine» und eine große Anzahl anderer in der Litteratur und Wissenschaft bekannter Personen, deren Namen zu nennen wir hier nicht Raum genug haben. Wir bemerken nur, daß Hr. Wilkinson erklärte, die Bewegung der Tische ohne alle Berührung, bei hellem Lampenlichte noch nie bei Hume gesehen zu haben, wie beim Verfasser. Die Marquise Puget, ein bedeutendes psychographisches Medium im Zeichnen von Pflanzen, welche nur wenig Analogie mit den exotischen Gewächsen unsrer Erde haben, ließ des Verfassers Tische zu ihren zahlreichen Tisch-Soiréen in den Champs Elysées abholen, glaubend, daß diesen Tischen eine eigenthümliche Kraft innewohne; Hr. Henri Delaage war so enthusiastisch, daß er alle Tische des Verfassers umarmte und an sein zartes, gefühlvolles Herz drückte. Uebrigens offenbaren diese Phänomene wohl die Wirklichkeit geheimer Kräfte, aber sie beweisen nicht hinlänglich die Existenz unsichtbarer, von unserm Willen und unserer Einbildungskraft unabhängiger Vernunftwesen.

Um die Realität der Geisterwelt nachzuweisen, bedarf es eines objectiven, direkten, intelligenten und zugleich materiellen Phänomens, welches von unserer Subjectivität ganz unabhängig ist, wie die **direkte Geister-Schrift**.

Schon im Jahre 1853 bemerkte der Verfasser gewisse fremdartige Schriftzüge auf ganz reinem, in seinem

Pulte verschlossenen Briefpapier, jedoch da der Autor während vier Jahren nie dieses Phänomen dem Grafen b'Ourches oder Andern beweisen konnte durch Experimente in Gegenwart von Zeugen, so theilte er diese merkwürdige Erscheinung fast Niemanden mit. Seine Schwester, obgleich Geister-Seherin von der zartesten Kindheit an, in völlig normalem Zustande des Wachens, hielt dieses Phänomen für unmöglich, was um so natürlicher war, als auch der berühmte Andrew Jakson Davis die mysteriösen Schriftzüge in den Phänomenen von Strattfort nicht zu erklären wußte. Trotzdem, da sich dies seltsame und mysteriöse Geschreibsel so oft wiederholte, daß der Verfasser zuletzt nicht einmal reines Papier zum Briefschreiben in seinem Schreibtische vorfand, sondern dieß von seiner Schwester entlehnen mußte, fingen endlich beide Geschwister an zu experimentiren, um dieses seltsame Phänomen zu beobachten.

Es wurde reines Papier mit einer Bleifeder in ein Kästchen gelegt, dasselbe verschlossen und dem Grafen b'Ourches der Schlüssel übergeben. Diese Experimente begannen am ersten August 1856 und wurden erst am 13. desselben Monats mit Erfolg gekrönt. An diesem ewig denkwürdigen Tage erreichten wir 30 Geisterschriften, indem wir das Papier auf einen kleinen Glastisch legten; merkwürdigerweise aber war nie die Seite des Papiers beschrieben, wo der Bleistift sich befand, sondern die geheimnißvollen Schriftzüge fand man immer auf der gegen die Glasplatte gelegten, vor Menschen-Blicken verborgenen Seite.

Der menschliche Blick hat eine eigenthümlich-magnetische Kraft und hemmt die Fortsetzung der Geisterschrift oft mitten im Wort.

Ungeachtet dessen brachte der Verfasser es zuletzt doch dahin, daß viele Zeugen die Schriftzüge sich bilden sahen vor ihren Augen bei hellem Tages- oder Kerzenlicht, wie alle bedeutenden Zeugen, die in der Einleitung dieses Werkes genannt sind, es betheuern können. Der Dichter Herr von La Boulaye aus Autun sah die einzelnen Buchstaben langsam auf seinem Rock-Aermel, und ebenso auf dem an die Wand gehefteten Papiere sich bilden, 1859 am zwanzigsten Januar. Hr. Lacordaire, Bruder des bekannten Dominikaners und damals Director der Gobelin's in Paris, sah auf dem, von mehreren Priestern, die zugegen waren, mit Weihwasser besprengten Papier, das an die Wand geheftet war, ein großes Kreuz sich rasch bilden, welches der Abbé Meurice als Reliquie einfassen ließ.

In dem Kästchen, dessen Schlüssel Graf d'Ourches während einer Reise nach Rouen behalten hatte, fand man am 14. August 1856 mehr als zehn Geisterschriften, unter andern eine in esthnischer Sprache, einem finnischen Dialekte, den man als Volkssprache im Vaterlande des Verfassers, den Baltischen Provinzen, spricht; diese Schrift war von der Hand seines Vaters, der in diese Sprache mehrere religiöse Schriften aus dem Deutschen übersetzt hat. Der Graf d'Ourches begnügte sich aber nicht mit diesem Beweise, sondern verlangte eine Antwort in direkter Geisterschrift auf eine von ihm gestellte und auf ein Blatt Papier geschriebene Frage. Erst nach sechsmaligen, mißlungenen Versuchen, antwortete der Geist des verstorbenen Vaters des Verfassers am 17. August 1856, am Jahrestage seines Todes, um eilf Uhr Abends, bei hellem Kerzenlicht, in der Wohnung des Verfassers 74, rue du chemin de Versailles, in französischer Sprache auf demselben Blatte und unter den Augen des Grafen d'Ourches: « Je confesse Jésus en chair. » (Ich bekenne Jesu Menschwerdung.) Der Graf d'Ourches hatte nämlich oben auf das weiße Blatt Papier eine Copie des berühmten, vom heil. Johannes herrührenden Criterium's, über die Unterscheidung guter und böser Geister, geschrieben. (I. Joh. V, 2.) „Erkennt an diesem Zeichen, welcher Geist von Gott kommt? Jeder Geist, der da bekennt, daß Jesus Christus in's Fleisch gekommen, ist von Gott;" — und der Geist schrieb die verlangte Antwort unter die Frage. Diese direkte Geisterschrift war von den gewohnten Anfangsbuchstaben der Namensunterschrift des Geistes begleitet, wie er im irdischen Leben zu unterzeichnen pflegte. Der Graf d'Ourches ward auf diese Weise der erste Zeuge, der dieses wunderbare Phänomen vor seinen Augen sich bilden sah. Der gute Graf war nun von seinem etwas katholischen Wahne geheilt, daß dieses materiell-objective Phänomen nur von niedern Geistern herrühren könne. Er hatte nicht bedacht, daß dieses Phänomen ebenso intelligent als materiell ist.

Ein objectiv-materielles und zugleich intelligentes Phänomen wie die direkte Geisterschrift, beweist nicht nur die Realität der Geisterwelt, sondern auch die Identität der einzelnen Geister, falls man deren Handschrift noch constatiren kann. Die direkte Geisterschrift bildet daher die Kuppe aller Geisterphänomene und kann folglich nur von vollkommenern Geistern herrühren. Deßhalb haben auch die religiösen Sagen aller Völker, von den zehn Geboten Mosis an bis zum Coran, das Heiligste ihrer Offenbarung der direkten Geisterschrift zugeschrieben. Die hohe Bedeutung der direkten, objectiven und zugleich intelligenten Phänomene muß jedem Forscher der sogenannten Nachtseite der Natur einleuchten. Sogar Christi Erscheinungen nach dem Tode waren sehr materieller Natur, weßhalb das Gerücht entstand, daß Er zu einem wirklich leiblichen Leben wieder erwacht oder auferstanden sei, wie Lazarus, was doch kein vernünftiger Theologe zugeben wird.

Wir haben in Gegenwart competenter Zeugen aus allen Ländern Europa's und Amerika's mehr als zweitausend Experimente direkter Geisterschriften in den dreizehn verflossenen Jahren, von 1856 bis 1869, gemacht. Der Zufluß von Zeugen war besonders groß nach dem Erscheinen dieses Werkes im Jahre 1857 zu Paris, 67, rue de Richelieu, librairie

Frank, im Französischen. Den Sommer 1858 verbrachte der Verfasser im Norden Europa's, und als er im Herbst desselben Jahres nach Paris zurückkehrte, und mit Dale Owen, dem bekannten Amerikanischen Politiker und Spiritualisten, in der Königsgruft von St. Denys experimentirte, wurden ihm plötzlich durch das Kapitel von St. Denys die Thore geschlossen, „weil die Journale zu häufig von dem Werke und den Phänomenen des Verfassers gesprochen hätten." In der That waren viele Kritiken über das Werk des Verfassers erschienen, wie z. B. im damaligen Courrier français am 27. und 29. Dezember 1857 und 4. Januar 1858, im „Nord" am 28. April 1858 u. s. w. Die legitimistisch-katholische Monatsschrift «La Mode nouvelle», lieferte eine lange Kritik von 15 Seiten über das Werk und die Phänomene des Verfassers im November 1858; dasselbe gilt von der Gironde von Bordeaux, dem bedeutendsten Provinz-Journale in Frankreich, im Mai 1858; endlich gab die «Monde illustré» von Paris einen detaillirten Bericht über das große Experiment des Verfassers am Weihnachts-Abend 1857 in der Kathedrale von St. Denys, in Gegenwart von mehr als zwanzig Personen, unter denen sich mehrere Glieder der preußischen Gesandtschaft in Paris befanden, unter Andern Hr. v. Rosenberg, jetzt preußischer Gesandter in Stuttgart, welcher damals vikarirte nach dem Tode von Graf Hatzfeld; dieser Artikel der «Monde illustré», der ungemeines Aufsehen in Paris machte, erschien am 16. Januar 1858, und brachte die ganze katholische Geistlichkeit in Harnisch gegen den Verfasser, der, ihrem Vorgeben nach, die Ruhe der Königsgruft störte.

Die Regierung Napoleon's, als gehorsame Dienerin der Kirche, folgte deren Impulse und verbot im Jahre 1859 die Experimente des Verfassers im Louvre-Antiken-Museum und im Schlosse von Versailles. Schon im Jahre 1860 publicirte der Ritter des Mousseaux (Gougenot) seine „Magic", wo er die spiritualistische Revolution von Paris, vom

Werke des Verfassers an, bezeichnete, d. h. vom Jahre 1857 bis 1858. Herr von Mirville, im dritten, vierten und fünften Bande seines voluminösen Werkes »La Pneumatologie ou des Esprits et de leurs manifestations fluidiques« bezeichnet den Verfasser sogar als einen gefährlichern Feind der Kirche als Hrn. Renan, den französischen Nachzügler von Strauß Leben Jesu.

Gougenot des Mousseaux und Mirville erkennen indessen die hohe Bedeutung der gelehrten und nach ihrem Ausdrucke sehr glaubwürdigen Zeugen der Experimente des Verfassers an; ja, die Herren von Saulcy, bekannter Akademiker und Alterthumsforscher in Paris, sowie von Mirville im 4. Bande seines Buches, behaupten sogar, das Phänomen der direkten Geisterschrift früher als der Verfasser erreicht, es aber als ein gefährliches dem Publikum vorenthalten zu haben. Diese allzuspäte Reclamation der Priorität des Phänomens, welche Hr. von Mirville erst im Jahre 1864 macht, also mehr als sieben Jahre nach dem Erscheinen des Werkes des Verfassers vom Jahre 1857, bestätigt nur noch mehr die Realität von des Letztern Experimenten und Erfahrungen. Uebrigens gehört die Entdeckung oder vielmehr Wieder-Enthüllung dieses Phänomens wohl immer nur Demjenigen an, welcher sie zuerst dem Publikum bekannt gemacht hat. So bedeutende Phänomene in der Tasche unberücksichtigt zu behalten, ist weder eines Forschers würdig, noch spricht es für den Umfang des geistigen Horizonts unsrer heutigen Akademiker und Gelehrten. In der That, die Dämonenfurcht, diese Erbsünde der Kirche, lähmte den Forschungstrieb beider gelehrten Herren.

Uebrigens sind diese gelehrten Herren nicht die Einzigen, welche, seit dem Erscheinen der französischen Ausgabe dieses Werkes im Jahre 1857, die direkte Geisterschrift auf experimentalem Wege erhalten haben. Schon im Jahre 1860

Siebentes Kapitel. Phänomene direkter Geisterschriften ꝛc.   111

hatte sogar in Deutschland, wo man gewöhnlich den experi=
mentalen Weg verschmäht, aus Unkenntniß des Magnetismus
und aus christlichen Vorurtheilen gegen den Geister-Aufruf und
die sogenannte Nekromantik, Graf Linanges in Niederwalluf,
Herzogthum Nassau, nach der Methode des Verfassers eine di=
rekte Geisterschrift erreicht. Derselbe Graf Linanges (Lei=
ningen) lebt jetzt in Wien am Ringe, wo er seinen Wohnsitz nach
dem unseligen deutschen Bürgerkriege, im Jahre 1866, aufge=
schlagen hat.

In Frankreich hat namentlich die spirite Gesellschaft in
Carcassonne im Süden, oft dieses Phänomen erreicht, wie dies
unter andern Zeugen auch der in Wiesbaden lebende Graf Mons
uns bezeugte. In Paris haben mehrere Medien später auch
ähnliche Resultate erhalten, in Gegenwart sehr glaubwürdiger
und gelehrter Zeugen.

In England haben, außer den dort experimentirenden Ameri=
kanischen Medien Hume, Foster und die Gebrüder Daven=
port, auch einheimische Medien, wie z. B. die bekannte
Mrs. Marschall u. A. m. dieses Phänomen erreicht.

In Deutschland müssen wir noch den Doktor Berthelen
in Zittau, den Herausgeber der „Psyche" und die Chemnitzer
Gesellschaft der Spiriten nennen, welche zu analogen Resultaten
gelangt sind. Die von dem obgenannten Doktor Berthelen
in Zittau erhaltenen direkten Geisterschriften wieder=
holten sich bis zweihundert mal an einem Tage und wurden
sogar von der Polizei constatirt, welche drohte, Berthelen's Me=
dium, Luise, gefangen zu setzen, wenn diese wunderbaren Spuck=
phänomene wieder eintreten sollten. Der Verfasser dieses Buches
hat über diese Phänomene in Piérart's revue spiritualiste in
Paris einen ausführlichen Bericht erstattet (revue spiritualiste
VII. Jahrgang, p. 340 u. s. w.)

Herr Professor Maximilian Perty in Bern, dessen großes
Verdienst es ist, spiritualistische und magnetische Phä=
nomene der Gegenwart in seiner „Realität der magi=

schen Kräfte" und in seinen „Mystischen Erscheinungen der menschlichen Natur" zuerst in deutscher Sprache bekannt gemacht zu haben, hat einen Auszug des Artikels des Verfassers über die Phänomene des Doktor Berthelen in seinem magischen Werke „Blicke in's verborgene Leben" (Winter, Leipzig 1869) pag. 131 geliefert, worauf wir unsre Leser verweisen.

In Deutschland lieferte, außer den obgenannten Werken des Professors Perty, die evangelische Kirchenzeitung des nunmehr verstorbenen Professors Hengstenberg schon im Märzmonat 1858, eine ziemlich ausführliche Kritik der französischen Ausgabe dieses Werkes. Herr Professor Hengstenberg, der Heerführer der protestantischen orthodoxen Theologen, nimmt indessen leider den sehr einseitigen Standpunkt des religiösen Köhlerglaubens ein, und bestreitet den Werth der Experimente und Erfahrungen des Verfassers, behauptend, daß in geistigen Dingen der **Glaube** weit mehr Bedeutung habe, als das **Schauen** und **Wissen**? — — Ferner verlangte Herr Hengstenberg noch mehr Zeugnisse und Werke anderer Gelehrten über dieses Phänomen, welche wir ihm und den Lesern seines Blattes bereits in unsrer ersten Auflage in reichlichem Maße geboten haben. Wir verwiesen ihn und dieselben nicht bloß auf die obgenannten Schriften, des Hrn. Professors Perty, welche eine recht klare Darstellung der Experimente des Verfassers enthalten, sondern auch die voluminösen, sehr gelehrten und gründlichen Werke der Herren des Mousseaux, Mirville, Bézonard und Eliphas Lévi, welche alle in den sechziger Jahren unseres Jahrhunderts zu Paris erschienen sind. Dasselbe gilt von Howitt's «history of spiritualism» (Burns 8, Camberwall, London, 2 Bände, 1862) und von dem bekannten Werke des berühmten Amerikaners Robert Dale Owen «Footfalls on the boundary of another world».

Die neue Evangelische Kirchenzeitung, herausge-

Siebentes Kapitel. Phänomene direkter Geisterschriften ꝛc. 113

geben von Hrn. Prof. Herm. Meßner, folgt zwölf Jahre später den Fußstapfen ihrer ältern Schwester in ihrer Kritik der deutschen ersten Auflage dieses Buches, (Berlin, den 19. März 1870) indem sie sagt: „Obwohl Baron v. Güldenstubbe viel Gelehrsamkeit aufgewendet hat, den Spiritualismus aller Zeiten und Völker nachzuweisen und überdem, als dessen Hauptvorzug nachrühmt, die Realität der Geisterwelt auf experimentalem Wege bewiesen und so die Welt zum Glauben an diese Wunder-Welt geführt zu haben, weil man unwiderlegliche Thatsachen nicht ungeschehen machen kann, so meinen wir doch, daß der Glaube um seiner Natur willen auf einen materiellen Beweis für die Fortdauer der Menschenseele gern verzichtet." Das Motto der Orthodoxen bleibt nach wie vor: „Selig sind, die nicht sehen und doch glauben!" — Die neue Evangelische Kirchenzeitung endet auch mit diesem famosen Grundsatze ihre Kritik; — also immer Tertullian's «credo quia absurdum».

Die Kritik der Norddeutschen Allgemeinen Zeitung (Berlin, den 18. März 1870, Beilage) geht von einem ganz andern, modern **rationalem** Gesichtspunkte aus, und gibt eine klare, lichtvolle Darstellung in nuce, der experimentalen und historischen Thatsachen und Beobachtungen des Verfassers, nebst der, für die Menschheit so wichtigen Bedeutung, welche diese Facta erst durch die Anwendung erhalten, die der Verfasser von ihnen macht. Sie sagt am Schlusse: „Alle positiven Religionen nämlich, so raisonnirt der Verfasser, beruhen auf übersinnlichen Geister- und Götter-Mittheilungen, aber die traditionellen, blos historischen Zeugnisse hiefür genügen dem gegenwärtigen Standpunkt der Menschheit nicht mehr. Die Beweise, betreffend die Vortrefflichkeit der moralischen Lehren des Christenthums, können nur einen sekundären Werth beanspruchen, wie die moralischen Beweise für die Unsterblichkeit der Seele. Unser Jahrhundert, verwöhnt durch die materiellen Experimente der Physiker, verlangt auch hier, wie in den exacten Wissenschaften, Thatsachen

8

und Beobachtungen, durch welche auf experimentalem Wege die Existenz einer übersinnlichen Welt, die Fortdauer der Seele nach dem Tode, die Wahrheit der biblischen Offenbarungen bewiesen werden soll, und diese „unwiderleglichen Thatsachen" glaubt der Verfasser in hinreichendem Maße beigebracht zu haben. Die morschen Stützen der geoffenbarten Religion sind jetzt erneuert; sie ist nun auf den sicheren Boden der Erfahrung, auf die feste Grundlage unleugbarer Thatsachen gestellt. Außer dieser Grundlegung des Systems, gibt der Verfasser auch eine historische Uebersicht über die Quellen des Spiritualismus und seine Entwickelung und Bedeutung in der Geschichte der Menschheit, bis auf unsere Tage. Alles dies wird mit einer gewissen Wärme der Ueberzeugung in einer höchst gebildeten und fließenden Sprache und mit einem nicht gewöhnlichen Aufwand von Gelehrsamkeit vorgetragen. Dadurch hat das Buch auch für verständige Leser das Interesse des Curiosen und wird ihnen wenigstens die Anerkennung abgewinnen, welche Polonius dem Hamlet zu Theil werden läßt: „Ist dies auch Wahnsinn, so hat es doch Methode!"

Bis zum Jahre 1861 stiegen die Medien-Eigenschaften des Verfassers immer mehr; im Jahre 1859 bildeten sich in den bekannten Sonnabend-Kreisen des Verfassers in seiner damaligen Wohnung, 74, rue du Chemin de Versailles in den Champs Elysées, auf dem Parquette vor Aller Augen und oft in Gegenwart von zwanzig Personen, große magnetische direkte Figuren von verschiedenen Farben. Die Zeugen sahen diese Figuren bei dreißig Kerzenlichtern sowohl sich bilden als auch vergehen. Setzte man eine sensitive Person auf eine solche Parquette-Figur, so empfand sie Anwandlungen zum Schlafe; einige wurden sogar gute Medien und sahen Geister-Erscheinungen, wie die Frauen von Villars und Khd, sowie der Prinz Shakowskoy und englische Capitän Bernard. Shakowskoy wurde ein sehr gutes Medium für direkte Geisterschriften, von denen er mehr als hundert Experimente beim

Siebentes Kapitel. Phänomene direkter Geisterschriften ꝛc.

Herrn Deputirten von Rancé machte, im Winter 1859, gemeinschaftlich mit dem Verfasser und seiner Schwester. Derselbe Prinz Shakowskoy (Dimitri) ist als Adelsmarschall der Provinz Moskau im Herbst 1867 gestorben. Der sehr unempfindliche Capitän Bernard wurde nach 150 Experimenten des Verfassers, denen er stets in demselben Winter 1859 beiwohnte, nervöser und sensitiver als die zartesten Frauen der großen Pariser und Londoner Welt, die in zahlreichen Schaaren herbeieilten, um diesen Experimenten beizuwohnen. Diese merkwürdigen Parquette-Figuren dauerten bis zum Jahre 1861 fort, wo die Kräfte des Verfassers durch eine akute Krankheit abzunehmen begannen und Ruhe für ihn nothwendig wurde. Die Medien-Gabe seiner Schwester stieg dagegen noch bis zum Jahre 1863, in dem dieselbe gleichfalls ein langes Krankenlager von zehn Monaten bestand. Seit dieser Zeit geben die Schutzgeister des Verfassers, welche so oft früher in seinem Taschenbuche **direkte Ordre zu Experimenten in Gegenwart von Zeugen gaben, nur selten Erlaubniß zu solchen Phänomenen.** Die durch langjährige Experimente erschöpfte Gesundheit des Verfassers und seiner Schwester bedurfte der Ruhe, denn nichts ist wahrer, hinsichtlich **objectiver, direkter Geister-Phänomene**, als das Wort Christi: „**Eine große Kraft ist von mir gegangen.**" Alle bedeutenden, rein objectiven Medien, wie **Hume, Squire, die Gebrüder Davenport** und ihr Schwager **Fay**, fühlen diese Erschöpfung **nach jedem Experiment**; daher die **oft lange Unterbrechung ihrer Medien-Kraft, um ihre Gesundheit zu schonen.** Dasselbe gilt, wenn auch in geringerm Grade, von der **indirekten, mechanischen Psychographie.** Das Hellsehen aber und vorzüglich die Extase greifen am Meisten die ganze Constitution an, wahrscheinlich durch die zu starke geistige Concentration und auch durch die automatische Bewegung der Glieder.

Was nun die Frage betrifft, welche Mittel die Geister anwenden, um direkte Schriftzüge und magische Figuren zu bilden, so muß zunächst die Thatsache zugestanden werden, daß die Geister direkt auf die Materie einwirken können, wie unsere, mit dem irdischen Körper verbundene Seele. In den ersten Wochen nach der Entdeckung der Geisterschriften wandelten die Tische, auf denen die Geister schrieben, frei im Zimmer herum, und wie lebende Wesen, bald langsam, bald mit erstaunlicher Geschwindigkeit. Der Verfasser versperrte ihnen oft den Weg durch Sessel, aber sie wußten sich stets durchzuwinden und ihren Gang in der nämlichen Richtung pathetisch fortzusetzen. Der Verfasser sah sogar mit dem General von Brewern öfters einen kleinen Glastisch, den die Geister vorzogen, sich in die Luft erheben und über die vorgelegten Sessel sich wegsetzen, um von einem Ende des Zimmers zum andern zu gelangen. Trotz aller Analogie mit den Einwirkungen unsrer Seele auf den Körper, weichen indessen die Einflüsse der reinen Geister bedeutend von denen der Seele ab, weil die Materie den erhabenen Flug unserer Intelligenz lähmt. Die Gedanken der Geister sind realerer Natur als die unsrigen, welche immer materieller Instrumente bedürfen, um in die Wirklichkeit zu treten. Die Geister sind vollkommenere Ebenbilder Gottes als wir; wie nun Gott sprach: „Es werde Licht, und es ward Licht", und wie zufolge des 33. Psalms (Vers 9) es heißt: „Der Herr sprach und es ward", ebenso scheint der Gedanke, der Wunsch eines Geistes, obwohl in geringerm Grade, unmittelbar auf die Materie einzuwirken. Bei den Geistern, welche eine Welt bewohnen, die nicht ein Ort, sondern ein Zustand ist, fällt Gedanke und Seyn in Eins zusammen. Diese Identität des Denkens und Seyns absorbirt Zeit und Raum, welche in eine unendliche Ewigkeit zusammenfließen. Daher kann in einer Existenz, wo sich die Zeit in die Ewigkeit und der Raum in die Unendlichkeit verliert, wie der Thautropfen im Ocean, kann die Frage sich erheben, durch welche Mittel die Geister eine materielle Wirkung hervorbringen, wie z. B. die direkte

Geisterschrift? — Der Wille allein scheint zu genügen, um auf die Materie zu wirken. Trotzdem scheinen die Geister, welche der Sage des Alterthums gemäß, sich mit einem ätherischen Körper umhüllen, um objectiv-sichtbar den Menschen zu erscheinen, vermittelst dieser subtilen Materie, durch die Kraft ihres Willens eine electrische Strömung auf einen äußern, materiellen Gegenstand, wie z. B. ein Blatt Papier zu bewirken. In diesem Falle würden die Schriftzüge auf eine analoge Weise zum Vorschein kommen, wie das Bild auf der Platte des Photographen durch das Sonnenlicht. Es ist gewiß, daß die Geister aus der Organisation der Medien vitale Kräfte und subtile Materien schöpfen; bekanntlich fühlen sich die Medien immer sehr erschöpft, namentlich nach objectiven, direkten Phänomenen. Uebrigens ermangelt die Ansicht derer aller Begründung, die, wie Eliphas Levi in seiner «haute Magie» meinen, daß die direkten Geisterschriften durch eine unbewußte Verlängerung der fluidistischen Hand des Verfassers verursacht würden! — Die Schwester des Verfassers und auch er selbst sehen fast jedesmal objective Gestalten von Geistern, welche ihnen im Kostüm ihres Zeitalters erscheinen und genau beschrieben werden können. Ferner kann die Identität der Handschrift vieler sympathischer und auch historisch bekannter Geister leicht constatirt werden. Auch die Theorie des nunmehr verstorbenen Herrn Schindler, der auch mehr oder minder Herr Professor Maximilian Perty beipflichtete, in seinen frühern Schriften, namentlich den „Mystischen Erscheinungen der menschlichen Natur", welche alle direkten objectiven Geister-Phänomene auf eine sogenannte magische Polarität oder Nachtseite der Seele beschränken, oder gar die direkten Geister-Schriften für Gedanken-Reflexe halten, werden durch die Thatsache widerlegt, daß der Verfasser nie einen bestimmten Geist aufruft, noch jemals weiß, welcher Geist direct schreiben wird, ganz abgesehen von der schon erwähnten Identität der Handschriften vieler Geister, und ihrer objectiv-realen Erscheinung an den Orten, wo sie schreiben. Der Experimentator und die Medien müssen sich so passiv als möglich verhalten, und jeden Wunsch zu meiden suchen, vorzugsweise mit **einem** bestimmten Geiste zu verkehren. Das Phänomen gelingt gewöhnlich nicht, wenn die Zeugen durchaus nur einen gewünschten Geist herbeiziehen wollen; folglich kann hier von einem Gedanken-Reflex gar keine Rede sein. Diese subjectivistischen Hypothesen der modernen Gelehrten sind noch wunderlicher und seltsamer als die objectiv-realen Phänomene der Geisterwelt, und wohl bloße Fictionen einiger Köpfe, welche durch den heut' zu Tage herrschenden Materialismus geblendet sind. Allerdings spielt die Subjectivität der Medien auch bei den direkten, objectiven Phänomenen eine Rolle, jedoch nur eine untergeordnete, passive Vermittlungs-Rolle. Durch eine tiefe Gedanken-Concentration und durch Isolirung von der sinnlichen Außenwelt kann das Medium ja erst zum direkten Verkehr mit der Geisterwelt gelangen. Das merkwürdige Phänomen der Doppelgängerei gibt vielleicht noch den besten Schlüssel zum Verkehr mit der Geisterwelt, wegen der großen Verwandtschaft unsrer Seele, in einzelnen freiern Momenten, mit dem Zustande des von der Materie befreiten Geistes. Robert Dale Owen hat in seinem Werke «Footfalls on the boundary of another world» interessante Parallelen in dieser Hinsicht gezogen. Es ist und bleibt aber immer ein großer Mißgriff, die Subjectivität des Mediums über den objectiven Einfluß der Geisterwelt zu setzen und sogenannte magische Polaritäten und innere mysteriöse Welten zu erfinden, die aller realen und objectiven Grundlage entbehren. Wie die äußern Sinne ohne die äußere Welt nicht existiren, so können auch die innern mysteriösen Fähigkeiten unsrer Seele ohne einen wirklichen Einfluß einer ebenso substantiellen und objectiven Geisterwelt nicht bestehen. Mit Einem Worte, was das All' der Erscheinungen für die

Siebentes Kapitel. Phänomene direkter Geisterschriften ꝛc.

äußern Sinne, ist das All' der geistigen Ursachen für den innern Sinn. Die eine Welt ist ebenso objectiv-real, als die andere. Das Weltall ist nicht das Product unsrer Sinnlichkeit, wie der subjective Idealismus es glauben machen wollte.

Die Sympathie, diese moralische Anziehungskraft, ist der vorzüglichste Beweggrund des Verkehrs der Geister der Verstorbenen mit den Menschen, wie diese ja auch nur unter einander mit sympathischen Wesen im irdischen Leben verkehren. Es gibt vorzüglich zwei Gattungen sogenannter sympathischer Geister:

1) die Anverwandten, Vorfahren sowohl als Zeitgenossen;
2) diejenigen, welche durch das moralische Band der Freundschaft und innigen Zuneigung, sowie durch gleichartige geistige Richtungen in Wissenschaft und Kunst, sich zu uns hingezogen fühlen. Es versteht sich von selbst, daß, je gebildeter und unterrichteter die Medien und Experimentatoren sind, desto mehr große Geister der Vergangenheit aus der Weltgeschichte sich ihnen nahen.

Bei ungebildeten Experimentatoren und Medien kann dieser letzte Fall nur eintreten, wenn unterrichtete Frager und Zeugen durch ihre Gegenwart, wenn auch unbewußt, bedeutende historische Geister anziehen durch geistige Verwandtschaft. Unwissende Experimentatoren und Medien werden leider nur zu oft verleitet, große historische Geister aufzurufen, ohne die Mittel zu besitzen, ihre Identität zu controlliren. Einen solchen Mißbrauch trieben vorzüglich Allan Kardek und seine Secte der Spiriten in Paris mit dem heiligen Ludwig und Augustinus. Der Allan Kardek'sche heilige Ludwig hat seine »établissements« längst ausgeschwitzt, und die naive, poetische alt-französische Sprache sogar vergessen. Der von den Spiriten aufgerufene Augustinus kennt nicht besser die heilige Sprache der Kirche, denn er gibt kein Wörtchen Latein von sich). Eine strenge Controlle der Identität ist vorzüglich nothwendig, wenn ein unbekannter Geist mit einem großen Namen prunkt, um seiner Sucht mit den Menschen zu verkehren, Genüge zu thun; leider fehlt es den Meisten unserer psychographischen Experimentatoren an Kenntnissen; sie werden ein Spielball niederer, unbedeutender Geister und setzen sich dem Spotte des gelehrten Publikums aus. Es ist thöricht, zu glauben, durch den bloßen nekromantischen Aufruf bedeutende Geister der Vergangenheit zur Manifestation nöthigen zu können, ein arger Mißgriff, in den vorzüglich Allan Kardek mit seiner Secte verfallen ist. Die Spiriten glauben, daß man den Geistern nur wie Dienern zu schellen braucht, um sie zu haben.

Die Bibel sagt mit Recht: „Der Geist wohnt wo er will"; Moses, die Pythagoräer, sowie die alten orientalischen Weisen und Magier warnen vor der unvorsichtigen Nekromantik. Die begabteren Medien, welche zugleich Seher sind, verfallen selten in diesen Fehler, indem sie nicht nöthig haben, ihre Zuflucht zum nekromantischen Aufruf zu nehmen; sobald sie einen Geist erblicken, concentriren sie ihre Gedanken, ja ihre ganze Organisation, um mit dem Geiste, den sie sehen, in Verkehr zu treten. Durch diese moralische Gedankenconcentration isoliren sie sich ganz von der äußern Sinnenwelt, welche sich allmählig in einen Nebel zu verlieren scheint. Nur auf diese Weise kommt eine wirkliche Unterhaltung mit den Geistern zu Stande, wie zwischen Freunden. Anders ist es freilich bei den gewöhnlichen psychographischen Medien, welche die Sehergabe nicht besitzen, und folglich den Aufruf eines bestimmten Geistes nicht ganz entbehren können; jedoch auch den Psychographen ist passive, innere Beschaulichkeit anzurathen, um jede Vorliebe für einen oder den andern Geist zu unterdrücken. Ein einfaches Gedankengebet ist dem Aufruf der Geister vorzuziehen; das Gebet ist das große Bindemittel der sinnlichen

Siebentes Kapitel. Phänomene direkter Geisterschriften ꝛc.

und übersinnlichen Welt, schon den Traditionen des Alterthums zufolge. Der Rigveda der Inder nennt die wahrhaft inspirirten Gebete, Gemahlinnen der Götter, welche deren Schicksalsdecrete mildern. Nach Homer's Iliade (IX, 498.) sind die Gebete die Töchter des Zeus.

Der Kreis unserer jenseitigen Bekanntschaften dehnte sich allmählig mehr aus. Die Sitzungen und Experimente wurden überflüssig, es sei denn, daß man Ungläubige durch direkte, objective Phänomene von der Realität der Geisterwelt überzeugen wollte. Die Geister besuchten uns gleich unsern irdischen Freunden, ohne eingeladen zu sein. Die Schutzgeister und Familien-Genien, welche aus der Classe der oben erwähnten sympathischen Geister hervorgehen, besuchten uns täglich. Sie schrieben lange Episteln, welche freundschaftliche Rathschläge enthielten, und unterhielten sich mit uns, wie irdische Freunde. Der ehrwürdige Pastor Oberlin im Steinthale im Elsaß verkehrte mit seiner verstorbenen Frau neun Jahre lang täglich, und sie sorgte vom Jenseits aus für Kinder und Wirthschaft besser, als einst auf Erden. So erschienen im Alterthum dem Abraham und den Patriarchen die Engel, wie in der reizenden Erzählung der Genesis, im Thal Mamre (Kapitel XVIII.). Dasselbe gilt von den griechischen Sagen und Erscheinungen an den Ufern des Eurotas bei Sparta. Die religiösen Scrupel, betreffend die Nekromantik, sind die unzeitige Frucht der Dämonophobie des abergläubischen Mittelalters; leider wollen sich diese absurden Gespenster-Sagen noch in unsern Tagen durch eine vermeintliche Orthodoxie geltend machen, unterliegen aber allmählig dem Spötteln des Zeitgeistes. Diese abgeschmackte Teufelsfurcht ist die vorzüglichste Ursache der Seltenheit der Geister-Manifestationen. Die Geister wollen sich nicht den Leuten manifestiren, die sie für unreine Gespenster halten, wie auf Erden sich nur Gleichgesinnte befreunden. Sogar Materialisten und Skeptiker schrecken die Geister weniger ab, als einfältige, orthodoxe Teufelsgläubige. Der große Göthe hat dem deutschen Vaterlande wieder das Gesetz der Wahlverwandtschaften in Erinnerung gebracht, und dieses Gesetz ist das Einzige, welches die Geister in ihrem Verkehr unter einander und zu uns beherrscht. Die jetzt so heterogenen socialen, politischen und sittlichen Institutionen müssen allmählig, bei dem Fortschritt der Menschheit, diesem Natur- und Geistesgesetze angepaßt werden.

Die abgeschmackte Teufelsfurcht, diese Erbsünde aller Kirchen und Sekten der Christenheit, beruht bekanntlich auf einer falschen Auslegung des dreizehnten und achtzehnten Kapitels des Deuteronom's, die Nekromantik und Wahrsagerei betreffend. Die Verse 1 bis 6 des dreizehnten Kapitel's verbieten die Nekromantik nur, wenn diejenigen, die sich damit befassen, das Volk Israel von dem Ewigen, d. h. dem National-Gott Jehova, abwendig machen wollen, um andere Götter zu verehren. Diese Verbote beziehen sich nur auf den Polytheismus, wegen der großen Neigung Israels zum Cultus der benachbarten Völker, bei denen der Chaldäismus und der Sabäismus, diese uralten Culte der himmlischen Heerschaaren vorherrschten. In unsern Tagen ist der Polytheismus nicht mehr zu fürchten, weil der Glaube an eine übersinnliche Welt, Dank dem Skepticismus und Materialismus, fast ausgerottet ist. Man muß unterscheiden, was in der Bibel nur eine lokale und nationale Bedeutung hat, wie z. B. die Verbote, betreffend den Bilderdienst und gewisse Speisen, sowie die Anordnungen, hinsichtlich der hebräischen Cultus-Ceremonien, und was eine allgemeine Geltung für alle Zeiten und Völker hat. Man muß mit einem Worte die äußere Hülle vom innern Kern, den todten Buchstaben vom lebendigen Geiste zu unterscheiden wissen, welches unsere teufelsgläubigen Theologen nie zu thun verstanden haben, die das Wesentliche mit dem Unwesentlichen verwechselt und sich selbst auf diese Weise aus Predigern des Evangeliums zu gesetzkundigen Rabbinern umgestempelt haben.

Quellen des Spiritualismus im Alterthume, sowie Ideen der Alten über die Natur der Seele und ihren mystischen Verkehr mit der übersinnlichen Welt.

Motto:

„Unter allen Gütern, welche der Mensch besitzt, wird er keines finden, das ihn der Gottheit näher brächte, und sicherer zu seinem Glücke beitrüge, als seine Vernunft, besonders, wenn er dieselbe auf die Erkenntniß der Götter anwendet.

Die Erforschung der Wahrheit, namentlich jener, welche sich zum Ziele setzt, die Götter kennen zu lernen, ist nichts anderes, als der Wunsch, deren Glück theilhaftig zu werden.

Dieses Studium und die Belehrung, welche es verschafft, ist eine Art hochheiligen Priesterthums und unbedingt erhabener und ehrwürdiger als die Priester-Weihe und der Cultus, welchen wir den Göttern in den Tempeln darbringen."

(Plutarch, Isis und Osiris.
Ricard's Uebersetzung Bd. V, Kap. I, p. 319 u. 320.)

Achtes Kapitel.

Allgemeine Bemerkungen über die heiligen Traditionen des Alterthums.

Der Orient, diese Wiege des menschlichen Geschlechts, birgt in seinem Busen auch die ersten Traditionen des Spiritualismus. Je mehr man Indien, China, Assyrien, Syrien, Palästina, Persien und Egypten kennen lernt, desto mehr wird man von der Wahrheit folgender Worte eines egyptischen Priesters an Solon, Plato's Timäus zufolge, betroffen sein. „O Athener! Ihr seid wahre Kinder! Ihr wisset nichts von Allem, was vor Eurer Zeit geschehen ist. Von Eurer eigenen, und der Vortrefflichkeit Eurer Nation erfüllt, kümmert Ihr Euch um das Alterthum keineswegs. Ihr glaubt, daß die Welt erst mit Euch und Eurer Stadt zu bestehen angefangen habe."

In der That scheint es uns, daß die alten Völker im Nebel intellectueller Finsterniß dahin gelebt haben, weil wir sie nur durch die Wolken gewahr werden, welche sich im Laufe der Jahrhunderte aufgehäuft haben. Die Nekromantik, die Magie, die Geisterbeschwörung und die Astrologie waren bei allen Völkern des Alterthums seit unvordenklichen Zeiten üblich.

Die Geschichtsforscher wagen diese Thatsache nicht zu bestreiten.

In China, wo der Buddhismus durch den Luxus und Pomp seines Cultus die alten religiösen Traditionen in Mißkredit brachte, zählen seit dieser Zeit die noch bestehenden Reste der Tao-ssé (der Schule des berühmten Laot-seu, des chinesischen Pythagoras) nur wenige Anhänger in den niedersten Schichten der Bevölkerung.

Es ist eine von allen Geschichtsforschern constatirte Thatsache, daß die unteren Volksklassen bei allen Nationen am längsten den Glauben an die alten Lehren und Traditionen bewahren. Dasselbe gilt auch von Europa, wo die gelehrte Welt und das gebildete Publikum den Glauben an die Intervention der Geister, an den Verkehr mit den Todten, die Magie und Astrologie, an das Hellsehen, die Exstase und andere occulte Wissenschaften in das Bereich alberner Fabeln und abgeschmackten Aberglaubens verwiesen haben.

Nach unsern biblischen Offenbarungen beschäftigten sich die heiligen Patriarchen, Seher und Propheten, Priester und Leviten mit diesen geheimen Wissenschaften, welche der unwissende Klerus der Neuzeit für Werke des Teufels hält. Wir berufen uns hier auf den magischen Trinkbecher Joseph's in Egypten, dieses berühmten Wahrsagers und Traumdeuters (Genesis XLIV.), sowie auf die Consultationen vermittelst des Urim (Numerus od. 4. B. Mosis XXVII, 21.) und Samuels Beschwörung durch die Zauberin von Endor, welche auch hierher gehört (s. I. Samuelis XXVII, 6—25.).

Die Weisheit der chinesischen Philosophie stützt sich, ungeachtet ihres vernünftigen Charakters, auf uralte heilige Traditionen. Diese Philosophie war eine echt positive, religiöse und historische zugleich. In dem Lun-Yu (B. I. Kap. 7, § 19) sagt der große Philosoph Confucius: „Ich bin ein Mann, der die Alten liebte, und keine Mühe scheute, sich ihre Kenntnisse anzueignen."

Die Indische Civilisation stand durch ihr höheres Alter in näheren Beziehungen zur Uroffenbarung, während in der, einer späteren Epoche angehörenden chinesischen Civilisation, die menschliche Vernunft vorwaltet.

Der charakteristische Zug der Religion der Bramanen besteht in der Empörung eines Theils des Himmels — im Himmel selbst — gegen Gott, und in der Schöpfung der materiellen Welt, zum Heile dieser gefallenen Geister, auf daß ihnen die Möglichkeit gegeben werde, mit Hülfe der Incarnation und der Transmigration wieder zur Versöhnung mit Gott, zur endlichen Befreiung und Vereinigung mit dem höchsten Wesen gelangen zu können.

Die Chinesen glauben ebenfalls an den Sturz der Engel aus dem Himmel, an dieses großartige und unermeßliche Epos des Universums, von dem wir außer dem Namen fast nichts wissen. Tschi-Yeu, ein ehemaliger Sohn des Himmels, war der Anführer dieser Rebellen; er zog viele Geister in die Verschwörung und wurde von Schang-ti aus dem Himmel verjagt und in den Abgrund geschleudert. „Tschi" bedeutet „häßlich" — „Yeu" aber „schön" — „Tschi-Yeu" bezeichnet also die monstruöse Verbindung des Häßlichen mit dem Schönen. Tschi-Yeu wird mit vier glühenden Augen, sechs Armen und einem Thierkörper dargestellt, und die Fahnen, deren sich die chinesischen Priester bedienen, um die Dämonen zu beschwören und zu verjagen, heißen noch heut' zu Tage: „Fahnen des Tschi-Yeu" (s. Denkwürdigkeiten der französischen Missionäre, 4. Bd., pag. 7).

Die sichtbare Schöpfung steht, den chinesischen Weisen zufolge, in beständigem Verkehr mit der unsichtbaren Welt der Ursachen. Der Mensch ist der alleinige Endzweck der sichtbaren Schöpfung; seine Vernunft ist ein Strahl der höchsten Ur-Vernunft. In der Vernunft des Menschen spiegelt sich die Harmonie der beiden Grundprincipe Yn und Yang ab. Der Gedanke des Menschen umfaßt Himmel und Erde; er ist unermeßlich und strebt nach der erhabenen Urquelle des Weltalls. Der Geist des Menschen (Ling) ist an eine mit sinnlichen Trieben und Leidenschaften begabte Seele (Huen) gebunden; wenn der Geist, statt die Leidenschaften zu beherrschen, sich unter ihr Joch beugt, so stört der Mensch die Harmonie und das Gleichgewicht und wendet sich von dem ewigen Mittelpunkt der Urquelle ab. Dies ist der Ursprung der Sünde. Der thierische Theil des Menschen hat ihn zum Sklaven sinnlicher Lüste gemacht. Der Mensch, welchem einst die Kräfte und Gesetze der Natur unterthan waren, ist von nun an unter ihr Joch gesunken. Seitdem der Mensch mit dem Ideale der himmlischen Weisheit gebrochen hat, ist er der Natur des Universal-Menschen verlustig gegangen. Er ist nicht mehr der Herr und Gebieter der Erde. Er befiehlt nicht mehr den Wolken und den Winden. Die chinesischen Traditionen sagen: „Während der Gesang der Vögel überall derselbe geblieben ist, während die Stimme jedes Thieres von seines Gleichen verstanden wird, ist es mit dem Menschen ganz anders geworden." — Die Verschiedenheit der Sprachen und Dialecte deutet auf eine, schon in den Urzeiten erfolgte Ausartung des ganzen Menschengeschlechtes hin.

Vor seinem Falle war der Mensch ein Bewohner eines ätherischen, über der Erde in den luftigen Regionen schwebenden Gartens. Seit dem Falle wurde ihm der Eintritt in diesen glückseligen Aufenthaltsort durch die Lungs versagt. Diese Lungs sind Strafengel, welche den Weg zum Himmel dem Menschen versperren. Der aus Eden verstoßene Mensch kennt nicht mehr die Genüsse reiner Geister. Der innige Verkehr mit dem Himmel und der Geisterwelt ist nun viel seltener geworden. Gott hat indessen die Menschheit nicht gänzlich verlassen. Gott, der nicht blos die Alles leitende und Alles durchdringende Ur-Vernunft, sondern auch die Liebe und Barmherzigkeit ist, nimmt an den Leiden und Schmerzen der Menschen Theil, und verleiht ihnen Schutz und Hülfe. Gott offenbart den Menschen die religiösen und moralischen Wahrheiten seit dem Falle, durch Vermittlung der guten Geister, die Seine Boten sind. Diese himmlischen Offenbarungen fanden im Alterthum öfter Statt, als in spätern Zeiten. Daher strahlen die Urzeiten in einem so glänzenden Lichte, von dem nur einige Funken unsere dunkeln Tage erhellen. (Rémusat, asiatische Miscel. I. Bd., pag. 99.)

Diese Lehren, betreffend die ältesten Zeiten der Menschheit, die Beziehungen der **niedern** Seelenfähigkeiten zu den höhern (des **Huen** zum **Ling**), den Zustand der Seelen nach dem Tode und die verschiedenen Stufen der **Sühne**, sind von der **Tao-Schule** vorzüglich entwickelt worden. (Memoiren der Missionäre, Bd. XV, pag. 250.) Es gab übrigens bei den Tao-ssé in China, wie bei den Schulen anderer Völker des Alterthums eine **esoterische** und eine **exoterische**, d. h. eine **geheime** und eine **populäre** Lehre.

Die **chinesischen** und **indischen** Traditionen über den **Fall der Geister und der Menschen** sind verwandt mit der **persischen** Lehre Zoroaster's, den spätern oder sogenannten apocryphischen Büchern der Bibel und dem Coran. Alle setzen zweierlei Arten von Empörungen gegen Gott voraus, nämlich die der Geister oder Engel im Himmel, und später die der Urmenschen auf der Erde. Der Fall der Menschen wird nur als eine Folge des primitiven Abfall's der reinen Geister oder Engel angesehen, und letztere gelten für die Verführer der Unschuld des Menschengeschlechts. Vorzüglich ist die Lehre vom Engelfall in den heiligen Traditionen der **Perser** enthalten. Der Mensch ist blos den Verlockungen Ahriman's und seiner höllischen Legionen erlegen. (Anquetil, II. Bd., pag. 378.)

Die Lehre von einem gefallenen Engel oder Teufel ist namentlich **persischen Ursprungs** und von dort zu den, in der babylonischen Gefangenschaft befindlichen **Juden** gedrungen. Daher der **große Teufelsspuck** in den apocryphischen Büchern der Bibel, wie z. B. der bekannte **Asmodeus** im Buche **Tobiä**; der Teufel wird ein förmlicher **Anti-Gott**; Ahriman wagt Ormuzd die Spitze zu bieten.

Nach den echten **alt-Israelitischen Büchern**, (wie die **Genesis**, das Buch **Hiob**, Kap. I, V. 6; Kap. II, V. 1,

9

sowie die berühmte Vision des Propheten Micha im 22. Kap. des ersten Buches der Könige) ist Satan ein Kind Gottes und dessen Strafengel und gehorsamer Diener, welcher des Ewigen Urtheile vollstreckt.

Bei den Griechen ging der Fall der Titanen dem der Menschheit voraus. Prometheus repräsentirte die Menschheit. Nicht sein Raub des himmlischen Feuers, sondern das Erscheinen des Weibes, in der Form der schönen Pandora, der griechischen Eva, ist die Grund-Ursache alles Uebels, das die Menschheit betroffen hat, wie es auch die Bibel sagt (s. Hesiod's Tagewerke, V. 60 u. s. w., Genesis III, 12). Nach Hesiod's Theogonie warnt der noch unschuldige Prometheus (V. 614 u. s. w.) umsonst seinen Bruder Epimetheus, die von den Göttern gesandte Frau nicht anzunehmen; leider verblenden die Reize der Pandora den Letztern und die unglückliche Büchse, die sie trägt, gießt Leiden aller Art auf die Menschheit aus (s. auch Genesis II, 22).

Die späteren griechischen Dichter, wie Theognis und Aeschylus, haben diese Mythen des Hesiod nur bearbeitet. Plato entwickelt sie ebenfalls und sagt: „Daß die Menschen zuerst durch den Chronos (Saturn), einen himmlischen Gott, beherrscht, später aber von den Göttern verlassen wurden, als Jupiter das Welt-Regiment übernahm. Spuren dieser glückseligen Urzeit sind in der Erinnerung der Menschheit geblieben."

Die Vermittlung des Hercules versöhnt die, durch Prometheus personificirte Menschheit wieder mit der Gottheit, welche die Erdbewohner nie ganz verläßt.

Nach allen positiven Religionen kehrt die Menschheit wieder zu Gott zurück durch die Vermittlung himmlischer Boten; daher die alte Sage von der Wiederkehr des goldenen Zeitalters und der Wiederherstellung des glückseligen Urzustandes.

In Griechenland und Rom war die Wiederkunft dieser glücklichen Aera an den Eintritt des leuchtenden Apollo's in die Welt-Regierung, an die Stelle Jupiter's, gebunden.

Nach den alten cabbalistischen Sagen hat jeder Äeon, d. h. jede große Aera der Menschheit, einen verschiedenen großen Engelfürsten zum Herrscher. Das griechische Wort αιων bezeichnet keinesweges die Ewigkeit im absoluten Sinn des Wortes, wie dieselbe nur Gott beigelegt werden kann, sondern nur eine bestimmte, lange dauernde Aera der Menschheit. Die Verwechslung dieses Wortes mit der Ewigkeit im wirklichen Sinne, hat unsere christlichen Theologen zu der trostlosen Lehre der Ewigkeit der Höllenstrafen verleitet.

Neuntes Kapitel.

Spiritualismus der alten Egypter.

Die unendlich vervielfachte Mythologie der Egypter läßt sich in den Urzeiten, besonders von der III. bis zur XI. Dynastie auf die Grund-Idee eines Einzigen, Ewigen Gottes zurückführen, welches selbst die letzten Entdeckungen der Wissenschaft bestätigen. Jamblich sagt schon, daß die Egypter an einen Einzigen, ewigen Gott glaubten und Lactantius schreibt: „Thoth hat eine große Menge von Büchern geschrieben, in denen er die Majestät eines Einzigen, Erhabenen Gottes verkündet, den er wie wir Deus et pater nennt."

Wie wäre auch die Dauer der weisen, politischen Institutionen dieses „Wunderlandes" möglich gewesen, wenn nicht die erhabene Idee eines Ewigen Ur-Wesens seine Pharaonen und ihre weisen Rathgeber belebt hätte! — Dazu kam die innigste Ueberzeugung der Unsterblichkeit und ewigen Fortdauer der menschlichen Seele, und der Haus-Gottesdienst, der in der Verehrung der geliebten Todten bestand. Fest überzeugt von dem gesegneten Einfluß der Seelen, die zur ewigen Glückseligkeit gelangt waren, auf ihre, noch auf Erden wallenden Nachkommen, behielten sie die Statuen der Ahnen und Verwandten in ihren Häusern, in dazu angebrachten Nischen und Zellen, wie Mariette deren in Memphis in antiken Häusern entdeckt und im Museum von Boulaq aufgestellt hat (S. Basrelief des Hierogrammaten Psammetik-nefer-sam im

Museum zu Boulaq in Cairo). Indeß weiß jetzt Jedermann, daß die alten Egypter wenig auf ihre irdischen Wohnungen gaben, daher sie so selten entdeckt werden. Es bestätigt sich immer mehr die Wahrheit des Ausspruchs von Diodor von Sicilien, Buch I, 51, über die alten Egypter: „Die Einwohner achten das zeitliche Leben ganz gering; hingegen auf das Fortleben nach dem Tod in rühmlichem Andenken legen sie den höchsten Werth. Die Wohnungen der Lebenden heißen sie **Herbergen**, um anzuzeigen, daß wir uns nur eine kurze Zeit darin aufhalten; die Gräber der Verstorbenen aber nennen sie **ewige Häuser**, weil sie eine grenzenlose Fortdauer derselben in der Unterwelt annehmen. Daher wenden sie auf den Bau der Häuser wenig Fleiß; um so eifriger aber sorgen sie für eine **unübertreffliche Ausstattung der Gräber**." — Ihr Bestreben ging in der That nur auf jene ewigen Wohnungen, von denen die Pyramiden das ehrwürdigste Beispiel sind. „Alles fürchtet die Zeit, — die Zeit aber fürchtet die Pyramiden," sagen noch jetzt die armen Führer, wenn sie den Reisenden hineinführen. Sehr schön hat Dr. J. Lauth in seinem Aufsatz in der Allgemeinen Zeitung (Nr. 86, den 26. März 1876) nachzuweisen gesucht, „daß die **Pyramide des Cheops** ein Doppel-Horoscop für den Tod seines Vaters Snefru und den Regierungsantritt des Chufu (Cheops) in großartigster Auffassung zum Ausdrucke bringt, indem die Himmelskörper, Sonne, Mond, fünf Planeten, Sirius, Fixsterne und Nordpol vom Himmel herab auf den Kalender angewendet und mit Hinsicht auf die Dauerbarkeit durch Steinblöcke, statt durch bloße Inschriften, greifbar bezeichnet worden sind." — Hier wäre also das älteste Horoscop zu finden! —

In den frühesten Zeiten schon bestand ein Egyptisches Grab aus einer äußern Kapelle (Mastaba), einem in die Tiefe gehenden Corridor oder Brunnen (Serdab) (?) und der unterirdischen Gruft, in der der Sarg von Basalt oder Granit verborgen wurde, da man vor allem fürchtete, die geliebte Mumie der Ueberschwemmung des Nil's auszusetzen. Es war in der äußern Kapelle, die stets zugänglich erhalten wurde, daß die Familienglieder sich an Todtenfesten und Gedächtniß-Tagen vereinigten, um die Todtenopfer darzubringen. Zu den Hauptfesten gehörten der erste und der sechzehnte Tag des Monats, der Anfang aller vier Jahreszeiten und besonders die Neujahrsfeste des heiligen und bürgerlichen Jahres. In rührender Weise sind an den Wänden dieser äußern Kapellen die Erinnerungen aus dem Leben des geliebten Todten angebracht. Von seiner Familie umgeben, wohnt er in diesen Bas-reliefs den verschiedensten Scenen des Lebens bei; man sieht ihn dort, wie er im Leben pflegte, die Arbeiten des Ackerbau's leiten, im Schilfe jagen und getreue Diener bringen ihm Feldfrüchte als Tribut dar. Frauen sieht man mit ihrem Schmuck angethan, vertraulich mit Freundinnen schwatzen, auch wohl sich gegenseitig verschiedenartigen Kopf-, Ohren- und Halsschmuck vorzeigen.

In spätern Zeiten häuften die Egypter Alles dasjenige um den Todten auf, was er im Leben geliebt. Daher oft der kostbare Schmuck, der die Mumien der Königinnen umgab, wie z. B. bei der Königin Aah-hotep (XVIII. Dynastie), jetzt im Museum von Boulaq. Besonders rührend sind daselbst die Statuen des Prinzen Rahotep und seiner Gemahlin oder Schwester (?), Nefer-t. Der Ausdruck dieser beiden, Hand in Hand sitzend dargestellten Personen ist von hoher Lebendigkeit, obgleich dieses, in der Pyramide von Meydoum gefundene Stück der antiken Egyptischen Kunst bis zum uralten König Snéfru aufsteigt, dem Vater und Vorgänger des Erbauers der großen Pyramide, Cheops.

Von der tiefen Innigkeit der Unsterblichkeits-Ideen der alten Egypter unter den ältesten Dynastien, gibt auch der hieratische Papyrus des Sineh Zeugniß, von diesem Schwiegersohne und hohen Beamten des Königs Osortasen I. verfaßt und von Lepsius nach Berlin gebracht. Sineh sagt, „daß er unter

Neuntes Kapitel. Spiritualismus der alten Egypter. 135

dem König Amenembo I. geboren, und daß er lange Zeit unter Osortasen der Führer und Aufseher Egyptens an den Grenzen gewesen sei; als er alt geworden, sei er zurückgekehrt und habe im Frieden unter den Augen Osortasen's gelebt." Dann fügt er hinzu: „Heutzutage bin ich alt; meine Augenlieder werden schwer, und mein Gesicht verdunkelt sich; meine Arme sind schwach geworden, und meine Kniee beugen sich unter der Last meiner Jahre; die Ohnmacht meines Herzens ist ein Zeichen meiner baldigen Abreise in jene Welt. Bald werde ich in die ewigen Städte des Friedens eingeführt werden, um dort dem über Alles Mächtigen und Erhabenen Herrn und Gotte zu dienen, und dort werden mich auch die Kinder des Königs empfangen, die mir vorangegangen sind in die Ewigkeit und sie werden zu mir sagen: „Da ist er ja auch!" —

Gibt es wohl etwas Einfacheres und zugleich Tieferes als das letzte Wort des Greises, der sich auf das Wiedersehen seiner Freunde freut, und zum Voraus das Wonnegefühl empfindet, des Begegnens geliebter Vorangegangener! —

Das Merkwürdigste über die Unsterblichkeitsideen dieses wunderbaren Volkes, findet sich aber in seinem, uns wenigstens zum großen Theil aufbehaltenen Todtenbuche, welches seinen Urbestandtheilen nach, in die ältesten Zeiten hinaufsteigt, obgleich es im Laufe der Zeit manche Zusätze erhalten hat; es soll bis in's vierte Jahrtausend vor Chr. G. aufsteigen und damals in den Priestercollegien von Abydos, Heliopolis und Hermopolis entstanden sein. Eins der ältesten Zeugnisse des Todtenbuches ist nach Birch das 17. Cap. desselben, welches sich auf dem Sarge der Königin Mentuhept befindet, von der XI. Dynastie. Monumente und Särge von der vierten bis zur elften Dynastie enthalten noch keine Bruchstücke dieses merkwürdigen Wegweiser's des Todten durch die verschiedenen Sphären des Hades den die Egypter Amenthès nannten. Dieses Wort bedeutet Empfangen und Geben, weil im Amenthès die Tugendhaften belohnt, die Bösen aber bestraft werden, oder ihre Sünden vielmehr abbüßen müssen. (S. auch Plutarch's Isis und Osiris. Uebers. von Ricard V, p. 347.)

Die Moral dieses magisch-mystischen Buches ist die reinste: die Hungrigen zu speisen, die Dürstenden zu tränken, die Nackten zu kleiden, die Todten zu begraben; treu dem Fürsten und der politischen Ordnung zu sein, ist die Pflicht jedes Egypters. Es ist kein Laster zur Bestrafung vergessen; der Müßiggang, die Lüge, der Hochmuth, der Ehrgeiz, der Geldgeiz und die Verschwendung zc. zc. finden ihre Richter unter verschiedenen Symbolen, und rührend sind die Anreden und Gebete der Todten an dieselben.

Wie alle Völker ihre heiligsten Bücher von Engeln oder Göttern geschrieben sein lassen, so verfehlt auch das Todtenbuch nicht, an vielen Stellen, namentlich im 64. Kapitel, zu versichern, daß Thoth selbst, mit eigener Hand diese Worte geschrieben. (Siehe auch Lepsius, Abth. III, Bl. 276.)

Eine Rückkehr auf diese Erde geht keineswegs aus dem Todtenbuche hervor, in dem Sinne, wie Clemens von Alexandrien (Strom. lib. VI, Kap. II.) und Herodot (Buch II. Kap. 123) sie den Egyptern zuschrieb, nehmlich daß die Seelen sich nicht blos als Menschen, sondern auch als Thiere, von Neuem verleiblichten, und diesen Kreislauf durch die Materie in einem Zeitraum von dreitausend Jahren machten, ehe sie in die höhern, rein geistigen Sphären hinaufrücken konnten. Dem Todtenbuche zufolge werden die Seelen im Amenthès bestraft, und Herodot (Buch II, Kap. 123) sowohl als Clemens von Alexandrien (Strom. 6. Buch, Kap. 2) gestehen zu, daß die Egypter folgendes Gebet bei ihren Beerdigungen sprachen: „Würdiget, Ihr Götter, die Ihr das Leben den Menschen verleihet, die Seele dieses Verstorbenen einer günstigen Aufnahme, damit sie fortan bei den ewigen Göttern verbleiben könne!" Aus diesem Gebet geht deutlich hervor, daß die Egypter, wie das ganze übrige Alterthum, das rein geistige Leben im Jenseits, der Seelenwanderung oder Rückkehr auf diese Erde weit vorzogen und diese keineweg's für eine nothwendige Bedingung des Fortschritts hielten, wie Allan Kardek und die Secte der Spiriten in Frankreich).

Trotz der Beschränktheit des Raumes, können wir uns nicht entbrechen, einige Worte über die merkwürdige Rolle des Osiris im Todtenbuche zu sagen. Die Egypter vergleichen das irdische Leben mit der Sonne, die am Abend im Westen untergeht. Sie nannten diese Sonne Ra; aber sie kannten auch eine ewige, jenseitige Sonne, die nie unterging, und diese repräsentirte ihnen Osiris. Seine Mission ist es, die Seele im Dahinscheiden zu empfangen, und ihr Führer zu werden zu den Wohnungen des ewigen Lichtes. Das Opfer das er einst zu Gunsten der Menschheit vollbracht auf Erden, vollbringt er, dem Todtenbuche zufolge, für jede einzelne Menschenseele. Nicht allein ist er ihr Führer und Schützer bei allen Richtern, die ihr in den verschiedenen Wohnungen des Hades entgegentreten, sondern er identificirt sich mit ihr und tritt an ihre Stelle, um ihre Sünden zu sühnen und zu tilgen. Er selbst kämpft an ihrer Stelle mit den Wächtern der Unterwelt, und nachdem er diese besiegt, tritt Er als Richter und Versöhner zugleich auf, (das schönste Vorbild unserer christlichen Versöhnungslehre) um der Seele die Pforten des Elysiums oder Aahenru's zu öffnen, wo sie in den seeligen Wohnungen des Friedens ein Leben führen wird, dem kein Tod mehr droht.

Noch müssen wir unter den spiritualistischen Phänomenen Alt-Egyptens, der wunderbaren Heilung der asiatischen Prinzessin Bent-rosch durch die direkte Intervention des Gottes Chonsu aus Theben erwähnen. Die Stele auf der dieser Bericht eingegraben, war ursprünglich als officielle Urkunde im Tempel des Gottes Chonsu zu Theben aufgestellt, dessen großartige Ueberreste noch jetzt südlich von Karnak, bei der großen Sphinx-Allee mit Widderköpfen zu sehen sind. Herr Prisse hat dieses Denkmal nach Paris gebracht und es der National-Bibliothek geschenkt. 1867 konnte man diese Stele auf der Pariser Ausstellung sehen, wo ihre schönen Hieroglyphen Bewunderung erregten. Die Egyptologen Birch und Rougé übersetzten sie in's Englische und Französische. Dieselben zuerst in getreuer Uebersetzung dem deutschen Publikum mitgetheilt zu haben, ist das Verdienst des Herrn Dr. Lauth in München. (S. Allgem. Zeitung Nr. 214 u. 215, den 2. August 1875.) Wir theilen unsern Lesern diese Urkunde im Auszuge mit:

Ramses XII (XX. Dynastie) hatte bei einem Zuge nach Asien, um die Tribute unterworfener Reiche zu empfangen, die Tochter des Fürsten von Buchtan geheirathet und sie unter dem Namen Ranofru (Sonne der Schönheiten) zur Königin erhoben. Im fünfzehnten Regierungsjahre des Ramses, schickte der Fürst von Buchtan, sein Schwiegervater, einen Boten nach Theben zu ihm, mit der flehentlichen Bitte ihm einen Egyptischen Weisen und Heilkünstler zu senden, da die jüngere Schwester der Ranofru, Namens Bent-rosch an einem unbekannten Uebel, sehr krank darniederläge. Ramses sandte der Kranken den Basilikogrammaten Thotemhebi. Als dieser Sachverständige aber in Buchtan angelangt war, traf er die Bent-rosch im Zustande einer, von einem Dämon Besessenen und fand sich selbst zu schwach, um denselben zu besiegen. Elf Jahre später (im Jahre 26 des Ramses) sandte nun der unglückliche Vater abermals zu Ramses, um diesen anzuflehen, den Gott Chonsu selbst zu senden, der bekannt dafür war, die Unholde zu vertreiben, und im Text als der vollziehende Agent der Triade von Theben auftritt. Betend tritt Ramses in den Tempel und bittet den dort ruhenden Hauptgott der Triade zu erlauben, den Chonsu nach Buchtan zu senden, um die Bent-rosch von ihrem Uebel zu befreien. Der Gott gibt dem König durch Zunicken des Hauptes die Einwilligung und Chonsu's Statue wird alsbald in feierlicher Prozession nach Buchtan gesandt. Als nun der Gott nach einer langen Reise von einem Jahre und sechs Monaten endlich zu Buchtan angekommen war, ging der Fürst selbst mit seinem Heere und seinen Großen ihm

Neuntes Kapitel. Spiritualismus der alten Egypter.

entgegen, fiel auf sein Antlitz und sprach: „Du kommst selbst zu uns und lässest Dich nieder bei uns, nach der Weisung des Königs Ramses." Man brachte den Gott sofort zu der Bent-rosch, die **augenblicklich gesund ward.** Der Dämon erklärt sich in einer demüthigen Anrede zum Sklaven des Gottes Chonsu, und verspricht an den Ort zu entweichen, von dem er ausgezogen, sobald Chonsu zu einem Freudenfeste den Befehl gegeben. Fürst und Volk begingen dieses Fest sofort. Der Fürst aber überlegte, dass ein solcher Gott eine grosse Gabe für Buchtan sei und hielt denselben 3 Jahre und neun Monate daselbst zurück. Nach dieser Zeit hatte er aber einen merkwürdigen Traum; er sah den Gott aus seinem Schrein in Gestalt eines Goldsperbers hinausfliegen, und himmelwärts gegen Theben schweben. Nachdem er vor Entsetzen aufgewacht, gab er sogleich Befehl dem Theodulen des Chonsu, der ihn nach Buchtan begleitet, den Gott wieder heim nach Theben in seinen Tempel zu führen, wo er im 33. Regierungsjahre des Ramses im Frieden wieder anlangte. (Siehe auch Mariette's Aperçu de l'histoire d'Egypte, Alexandrie 1872, pag. 173—176.)

Zehntes Kapitel.

Himmlische Hierarchie nach den chinesischen Sagen.

Die Laot=seu'sche Schule (siehe Rémusat's Denkwürdigkeiten über das Leben und die Meinungen von Laot=seu, Paris 1823, pag. 22.) sagt: daß Schang=ti, Thian oder Tao, die Einheit, die reine Vernunft hervorgebracht hat; diese enthält die Negation, d. h. die Verneinung, welche übrigens nicht ein Nichts, sondern ein Anders=sein, im Gegensatze zum ersten oder Ur=sein bildet, in sich, als umfassende Einheit; daher die beiden Grundprincipe „Yu und Yang" und die ganze Weltordnung.

Die Geister, welche das Weltall bewohnen, verdanken gleichfalls ihren Ursprung dem Tao oder Thian. Nach Confucius bilden die Geister das Wesen und die unsichtbare Grundlage des Weltall's (Denkwürdigkeiten der Missionäre, die Chinesen betreffend, 3. Bd. pag. 65 und 66.). Die Geisterwelt existirte vor der materiellen Welt; der sichtbare Himmel ist nur das grobe Abbild des unsichtbaren Himmels.

(Visdelou, Bemerkungen über den Yking.)

(Pauthier: Heilige Bücher des Orients, pag. 146.)

Die Chinesen stimmen in dieser Hinsicht nicht allein mit den Indern, mit Pythagoras und Plato überein, sondern auch mit unsern biblischen Traditionen, welche laut dem

Neuntes Kapitel. Himmlische Hierarchie nach den chines. Sagen.

Hebräer-Brief (Kap. 11, 3.) behaupten: „**daß das Sichtbare erst aus dem Unsichtbaren entstanden ist.**"

Nach den chinesischen Traditionen bilden die Geister die Pforte oder den „Ein- und Ausgang" der Gottheit in die sichtbare Welt, da Gott überall wirkend auftritt und sich überall kundgibt. Gott ist der ewige Central- und Mittelpunkt der geistigen Welt; daher befindet sich sein Thron im Palaste des ewigen Mittelpunkts, in der Richtung gegen den Nordpol, weil der **Polarstern**, chinesischen Ansichten gemäß, im Centro der Welt gelegen ist.

Gott ist dort umgeben von einem erhabenen **Weltall's-Reichsrath**, dessen Glieder die höchsten Geister sind; **diese dirigiren die Welt-Harmonie; von ihnen geht die Welt-Regierung aus**. Diese **hohen Geister messen die Zeit, das Unglück und Glück jedem Sterblichen zu**. Außer diesem obersten Gotteshofe gibt es noch zwei andere himmlische Höfe, gegen Nord-West und Nord-Ost, welche den obersten Welt-Reichsrath umgeben. **Alle himmlischen Heerschaaren sind diesen drei obersten Himmels-Höfen unterworfen**. Die Geister, welche die Fixsterne und die Planeten beherrschen, hängen von diesen Höfen ab. Dasselbe gilt gleichfalls von den **vier Elementen-Geistern** und dem sogenannten **Gäo-Dämon** oder Genius der Erde. **Diese fünf Geister wechseln alle 72 Tage im Laufe des Jahres in der Regierung unserer Erde ab**. Der Mensch muß jeden dieser Genien vorzüglich während seiner Regierungszeit verehren.

Die Geister, welche die Sterne beherrschen, üben einen günstigen oder schädlichen Einfluß aus, was von der Constellation der Sterne zur Erde vorzüglich abhängt. Diese Constellationen bilden die Grundlage der Astrologie, der ältesten Wissenschaft der Menschheit.

Die Chinesen nehmen im Allgemeinen zwei Klassen himmlischer Geister an, die Sching-Ling (heilige Engel der Liebe und der moralischen Vollkommenheit) und die Sching-Ming (Engel des Lichts und der Erkenntniß). Diese heiligen Engel beziehen sich auf das Yang-Princip, oder auf die Verwandlung der Negation in's Sein, auf das Werden und Gestalten überhaupt, während die Kuei (böse Geister) dem Principe Yn, der Transition des Seins zur Verneinung oder Zerstörung, entsprechen. Die Kuei oder bösen Geister kämpfen fortwährend gegen die Sching's oder guten Geister in der Weltordnung an.

Das Werden und Vergehen sind nothwendige Bedingungen der Weltordnung. Der Kampf der guten Geister gegen die Bösen nach den chinesischen Legenden erinnert an die persischen Traditionen und an die apocryphischen Bücher der Bibel, sowie an die Lehren der späteren Cabbalisten. Der allendliche Sieg der guten Geister über die Bösen, ist verwandt mit den spätern Sagen der Israeliten, namentlich dem Kampfe des Engels Michael mit dem Teufel (Daniel XII, 1. Epistel Judä, V. 9.).

Die Ideen der Chinesen über die himmlische Hierarchie, haben eine noch größere Aehnlichkeit mit denen der Bibel, namentlich vor der babylonischen Gefangenschaft, ehe die persischen Einflüsse bemerkbar wurden, und als man noch nicht die heiligen Strafengel, welche Abraham im Thal Mamre erschienen, ehe sie Sodom zerstörten, mit bösen Teufeln verwechselte (Genesis Kap. XVIII und XIX.). Im Buche Hiob wird Gott ebenfalls als der Präsident eines himmlischen Reichsrath's vorgestellt. Es heißt im sechsten Verse des ersten Kapitels dieses Buches: „Eines Tages kamen die Kinder Gottes vor dem „Throne des Ewigen zusammen, und Satan war auch unter „ihnen. Das zweite Kapitel des Buches Hiob Vers 1, spricht auch von dieser Versammlung der Kinder Gottes, unter denen Satan sich befand, mit dem Gott sich lange unterhält über Hiob, um denselben zu erproben. Dasselbe gilt von dem berühmten himmlischen Hofe, welchen der Prophet Micha gesehen (1. Buch der Könige XXII, 19—22). Es lautet daselbst: „Ich habe

Neuntes Kapitel. Himmlische Hierarchie nach den chines. Sagen. 143

„den Ewigen auf seinem Throne sitzen sehen; und die ganze
„himmlische Heerschaar stand um Ihn, zur Rechten und zur
„Linken. Und der Ewige sagte: „Wer wird Achab dazu ver=
„führen, daß er hinaufsteige gegen Ramoth in Galaad?" Und
„Einer sprach auf diese, der Andere auf jene Weise; da trat
„ein Geist auf und sprach vor dem Ewigen und sagte: „Ich
„werde ihn dazu verleiten." Und der Ewige anwortete ihm:
„„Auf welche Weise?" Und er sprach: „Ich werde ein Lügen=
„geist sein im Munde aller Propheten des Achab." Und der
„Ewige sprach: „Ja, du wirst zu deinem Zwecke gelangen; gehe
„hin und thue also."

Der Prophet Daniel spricht ebenfalls vom Throne Gottes,
den tausend Millionen bedienen, und vor dem zehntausend Mil=
lionen stehen (S. Daniel VII, 10.). Im zwei und zwanzigsten
Verse desselben Kapitels sagt Daniel, daß der Ewige allein die
Heiligen richtet, und entscheidet, welchen Antheil sie am
Welt=Regiment haben sollen (s. auch Vers 27 daselbst).

Hinsichtlich der Engel nimmt die Bibel ebenfalls, wie die
chinesischen Legenden, verschiedene Klassen und Stufen=
ordnungen an. Kein unpartheiischer Leser wird die Aehnlichkeit
der Erzengel, namentlich der Seraphim's und Cherubim's mit
den Sching=Ling und Sching=Ming der Chinesen über=
sehen.

Das neue Testament erwähnt auch der himmlischen Hier=
archie. Die Offenbarung Johannis (Kap. I, Vers 4 und 5.)
spricht von den sieben großen Geistern, die vor dem Thron
des Ewigen stehen. Es heißt dort: „Ich Johannes, den sieben
„Kirchen, welche in Asien sind, Gnade und Friede mögen Euch
„verliehen sein von Demjenigen, der da ist und war und
„sein wird (Gott) und von den sieben Geistern, welche
„vor seinem Throne sind, und von Jesus Christus, dem
„treuen Zeugen, dem Erstgebornen unter den Todten
„und dem Fürsten der Könige der Erde."

Von diesen sieben Geistern der Offenbarung Johannis,

welche nach Kap. V., v. 6. ausgesandt sind über die ganze Erde, stammt die Lehre der sieben Sephirot's her. Diese Sephirot's sind die vorzüglichsten Manifestationen Gottes, welche die sichtbare Welt regieren. Diese Lehre ist übrigens bekanntlich persischen Ursprungs und hängt mit den Amschaspand's zusammen (vide Anquetil-Duperron, Bd. 3, p. 262). Es gab nämlich, nach der Meinung der Perser, sieben Welt-regierende Amschaspand's.

Die Engel sind im Allgemeinen verwaltende Geister, welche vorzüglich mit der individuellen Vorsehung in der Leitung der Angelegenheiten der Menschen betraut sind, wie aus den Büchern sowohl des alten, als des neuen Testaments deutlich hervorgeht (Genesis XIX. Numerus XXII, v. 22—35. Hebräerbrief I, v. 14. Matth. XVIII, v. 10).

Bekanntlich wurden die hohen Geister Söhne oder Kinder Gottes genannt.

Die Idee der Gott-Sohnschaft wurde später bei allen Völkern auch auf die großen Männer, vorzüglich die Seher, Propheten, Wunderthäter und Religionsstifter ausgedehnt; jedoch nie ist man in den Irrthum gefallen, wie später im zweiten und dritten Jahrhundert der christlichen Aera, diese Söhne Gottes mit dem Ewigen zu verwechseln oder Ihm gleich zu stellen, als göttliche, ebenbürtige Personen.

Bei den Indern wurde Indra nie mit Brahma verwechselt oder gleich gestellt. Bei den Griechen gelangte Hercules nicht einmal zur Ehre der olympischen Götter, d. h. der größern Geister. Er und die andern sogenannten Heroen Griechenlands wurden nur Halbgötter und Dämonen; wie anders, seltsamer Weise, mit Jesus Christus? — und doch hat Jesus sich nie, den Evangelien zufolge, Gott gleich gestellt! —

Bekanntlich wollte Jesus nicht einmal das Prädikat: „guter Meister" in Anspruch nehmen, und nur Gott es zuschreiben. Wie oft sagt Er, daß der Vater größer ist als Er, und daß der Vater allein wisse Dinge, die auch den Engeln verborgen wären. So heißt es selbst im Evangelium Johannis, welches viele sogenannte orthodoxe Theologen als Beweis der Gottheit Christi vorzüglich anführen, Kap. X, v. 29: „Der ewige Vater, welcher Alles gibt, ist größer als Alle."

Falls nun Christus nach dem Evangelium Johannis, Kap. XVII, v. 21, in dem sogenannten hohepriesterlichen Gebet sagt: „Ich und der Vater sind Eins", so spricht Er nur von einer moralischen Einheit, als Abgesandter Gottes, keineswegs aber von einer Wesens-Gleichheit. Jesus erklärt dieß selbst in den Versen 22 und 23 desselben Kapitels: „Damit Alle Eins seien, wie Du, Vater, in mir bist und Ich in Dir, auf daß sie auch Eins seien in uns und die Welt glaube, daß Du mich gesandt hast."

Nach dem zehnten Kap. des Evangeliums Johannis wollen die Juden Jesum steinigen, weil Er, obwohl nur ein Mensch, sich Gott gleich stelle. Jesus aber antwortete ihnen: „Steht es nicht geschrieben in Eurem Gesetze: „Ihr seid Götter?" Wenn nun das Gesetz diejenigen Götter nennt, an die das Wort Gottes gerichtet ist, und doch kann das Gesetz nicht vernichtet werden; warum sagt Ihr denn, daß ich Gott lästere, Ich, den der Vater geheiligt hat und den Er in die Welt gesandt hat, weil ich gesagt habe: „Ich bin der Sohn Gottes?" — Jesus spricht folglich hier nur von der allgemeinen Kindschaft Gottes, die allen Menschen dem Gesetze zufolge, zukommt.

Was nun die sogenannten Apostelbriefe betrifft, so heißt es sogar im Kolosser-Briefe, Kap. I., v. 15—18: „daß Christus bloß der Erstgeborne aller Creatur sei." (Πρωτότοκος πάσης κτίσεως.)

In dem 19. Verse dieses Kapitels gibt Paulus die Erklärung davon, indem er sagt, daß Christus nach dem Willen des Ewigen Vaters den ersten Rang behaupte, folglich der Vorzüglichste sei unter den Sterblichen.

Aus dieser Stelle des Kolosserbriefes geht die sogenannte

Irrlehre des Arius hervor. Der Hebräerbrief vergleicht ebenfalls Christi Werk nur mit dem der Engel und behauptet im zweiten Kap. v. 9, daß Jesus geringer sei als die Engel. In der That, die Bibel spricht nirgends von sogenannten Personen Gottes, welche dem Ewigen gleich gestellt seien. Die Trinität ist eine spätere, von der Kirche ausgebildete Lehre, wie die sogenannte Trimurti=Lehre der Inder (die Trinität Brahma's, Wischnu's und Siwa's) auch weit spätern Ursprungs ist.

Die Epistel Jakobi sagt (Kap. I, 17): „Von Gott allein, dem Vater des Lichtes, bei dem kein Wechsel ist, kommt jede vollkommene Gabe her." Damit stimmt auch der erste Corinther=Brief (Kap. XV, 24—28) überein; es heißt dort: „Alles wechselt, Alles geht zu Ende, sogar die Christus=Herrschaft wird endlich aufgehen in die ewige Gottes=Herrschaft (Theokratie), auf daß Gott sei Alles in Allem, denn Christus hat seine Macht nur von Gott allein erhalten; Gott hat Ihm alle Dinge unterworfen und dem Ewigen wird der Sohn endlich selbst unterthan sein."

Elftes Kapitel.

Die Heerschaaren des Himmels nach den indischen Traditionen.

Alle Veda's beweisen die absolute Einheit des höchsten Wesens. Nach diesen heiligen Sagen und der orthodoxen Vedanta-Schule ist die reine Intelligenz d. h. Gott allein der Urheber alles Bestehenden. Das höchste Wesen ist zugleich die materielle und die wirkende Ursache des Weltall's.

Gott ist die alleinige Ursache der Schöpfung, der Erhaltung und der Auflösung der Welt. Er ist zugleich Schöpfer und Natur, Bildner und Form, Werkmeister und Werk. Gott bedarf keiner Werkzeuge zum Schaffen, wie auch die Spinne ihren Faden aus ihrer eigenen Substanz bildet, und denselben wieder in sich zurückzieht. Eine Wirkung ist von der Ursache nicht verschieden: das Meer ist überall dasselbe, wiewohl dessen Wellen und Tropfen von einander unterschieden sind. Wie die Milch von sich selbst gerinnt, ebenso modificirt sich Brahma mannigfach ohne Werkzeuge und andere äußere Mittel anzuwenden. Bloß der Wille Gottes rechtfertigt die Existenz des Weltall's; andere Beweggründe und Mittel dafür anzuführen, ist eine müßige Sache. Ungerechtigkeit und Lieblosigkeit können Gott nicht vorgeworfen werden, wenn auch einige Götter zweiten Ranges (Geister) glücklich und andere unglücklich sind.

Nach dem Yoga-Sâstra ist Jsvara, die absolute Intelligenz, von Brahma verschieden. Die indische Mythologie versetzt Brahma in die Mitte des Welt-Eies. (S. erstes Buch von Mann's Gesetzen, § 12 u. s. w.)

Auch bei den Egyptern und in den Orphischen Sagen Griechenlands wird die Schöpfung unter der Gestalt eines Eies dargestellt. (Plutarch's Symposion, B. II. Quæst. 3. Macrob. Saturn, B. VII, cap. 16.)

Nach den Gesetzen des Mann (B. XII, § 122, französische Uebersetzung von Pauthier) sollen die Bramanen das große Wesen (Para-Pouruscha) als den erhabenen Gebieter des Weltall's sich vorstellen. Der menschliche Geist kann Ihn (Gott) nur in exstatischem Zustande der abstracten Beschaulichkeit (Contemplation) erfassen; nach demselben Buche der Gesetze Mann's (§ 124) umhüllt Gott alle Wesen mit einem aus fünf Elementen gebildeten ätherischen Körper, und läßt dieselben stufenweise von der Geburt zum Wachsthume, und vom Wachsthume zur Auflösung übergehen durch eine Bewegung, welche der eines Rades ähnlich ist.

Kapyla, der Gründer des philosophischen Systems Saukhya, lehrt den Dualismus der materiellen Passivität und der intelligenten Activität, welche letztere die Materie bildet. Diese beiden Principien sind analog dem Yn und Yang der Chinesen, dem Osiris und Typhon der Egyter, dem Ormuzd und Ahriman der Perser, dem νοῦς und der ὕλη des Anaxagoras (d. h. der Vernunft und Materie), der producirenden und thätigen Einheit, und der passiven, materiellen und sichtbaren Zweiheit des Pythagoras.

Gotama, der Urheber des philosophischen Systems Nyaya, ist auch Dualist und nimmt zwei gleich ewige Principien, den Geist und die Materie an (den Bouddhi und den Prakriti). Der Geist ist lebendig und activ, die Materie dagegen ist leblos und passiv. Die Materie bewegt sich nur in Folge des von dem Geiste ausgegangenen Impulses. Diese beiden dualistischen Systeme behaupten hinsichtlich der Beweise des Unterschiedes zwischen Geist und Materie, daß ein Werkzeug immer einen Werkmeister bedinge. Die Gesetze der Natur, als höchste Ursache erklären nichts. Man muß vielmehr auf den Willen eines Wesens, eines Ich's, welches dieselben anordnet, anwendet und verwirklicht, zurückgehen.

Die Secte des Djina, oder die Gymnosophisten sind gleichfalls Dualisten, und nehmen zwei Haupt-Categorien an:
1) Djiva, die lebendige Seele oder die belebte Substanz, das Agens und das Subject des Genusses;
2) Adjiva, die unbelebte Substanz, die leblose, träge, körperliche Materie, das Object des Genusses.

Die Mahesvaras und Pasupatas haben den Dualismus dem Sankhya-System entlehnt; sie behaupten, daß Gott (Jsvara) die wirkende Ursache der Welt, dagegen die Natur (Prakriti), deren materieller und plastischer Urgrund ist. Diese beiden Secten gelten aber in den Augen der orthodoxen Vedanta-Schule für Ketzer, weil sie die Schöpfung des Weltall's durch die Gottheit, außerhalb ihrer eigenen Wesenheit annehmen.

Die Vaïschika des Philosophen Kanaba enthält, wiewohl manche Elemente einer corpuscularen, atomistischen Philosophie in sich schließend, im Ganzen doch einen Dualismus milder Art. Kanaba behauptet, daß die Welt in ihrer dermaligen Form, welche man nicht mit der ursprünglichen Materie verwechseln darf, durch den höchsten Geist geformt und organisirt worden sei; woraus hervorgeht, daß die Materie in ihrem ursprünglichen und atomistischen Zustande, ewig sei, während sie in ihrem secundären, organischen, oder formbekleideten Zustande der Vergänglichkeit unterliegt. (Colebrooke, Versuch über die Philosophie der Hindu's, französ. Ueberf. Pauthier's S. 130, 140 u. s. w.)

Was nun die Einheit des höchstens Wesens betrifft, so erkennen alle alten Schulen der Inder, wenn sie auch viele Götter zweiten Ranges annehmen, einen **vollkommenen Monotheismus** an; eine Ausnahme davon machen nur die **Pantscharatras** und die **Bhagavatas**, welche Gott in **drei Personen** theilen und folglich die Einheit des höchsten Wesens durch die sogenannte **Trimurti=Lehre** (Dreieinigkeit) zerstören.

Das große intellectuelle Princip ist, den Gesetzen des Manu (Buch XII, § 24, 25 und 26) und der **Sankhya=Karika** (Art. 53 u. 54) zufolge, mit **drei Haupt=Eigenschaften** begabt:

1) der **Güte**, welche nicht bloß das **moralische**, sondern auch das **intellectuelle Wissen** (d. h. die Wissenschaft) umfaßt;
2) der **Leidenschaft**, die mit guten und bösen Elementen gemischt ist;
3) der **Finsterniß** oder der Unwissenheit und Bosheit.

Diesen **drei** wesentlichen Eigenschaften der Natur des Geistes oder des **Seins** überhaupt, entsprechen drei Gattungen von Wesen:

1) die **guten Geister**;
2) die **gemischten Wesen**, wie z. B. unsere irdischen Menschen;
3) die **bösen Geister**.

Wenn wir nun von dem **höchsten Wesen** auf die **himmlische Hierarchie** übergehen, so finden wir in den Veda's und den Gesetzen Manu's zahlreiche Klassen von **guten Genien und Geistern**.

Nach den Gesetzen Manu's und dem Ramayana (B. I, Cap. 45) sind die **Deva's** die **himmlischen Geister** (Götter). Der Heerführer der Deva's ist Indra, der König des Himmels zweiten Ranges. Die Deva's werden auch **Soura's** genannt, im Gegensatze zu **Asoura's**, den obersten **bösen Geistern**, mit denen sie in fortwährendem Kampfe sind. Aus diesem Kampfe entstehen die schönen Nymphen oder Himmels-Bajaderen, Apsârâ's genannt. Diese sogenannten gemischten Geister, weil sie in den Menschen Leidenschaften, vorzüglich sinnliche Liebe erregen, sind aus dem Meere hervorgegangen, den indischen Dichtern zufolge, während die Deva's und Asouras's die Meereswellen durchwühlten, um die himmlische Kost der Ambrosia zu finden.

Die Seelen der frommen Menschen können zu Deva's werden und in die Region des Indra kommen, ja einige Heilige nehmen sogar im Himmel einen höheren Rang ein, als Indra und alle Deva's, daher der Neid der Deva's, welche den indischen Heiligen die reizenden Nymphen Apsârâ's zusenden, um sie zu sinnlichen Lüsten zu verführen, und das Werk ihrer Heiligung zu hemmen. (Ramayana, B. I, Kap. 63 und 64.) Dieselbe naive Auffassung von dem Neide der Engel findet man auch in der Bibel und sogar im Neuen Testament. Jeder Christ kennt den bekannten Spruch: „Es gelüstet die Engel zu schauen, was Gott seinen Heiligen zubereitet hat." Paulus im 11. Kap. des ersten Korintherbriefes fordert für das Weib, das betet und weissagt, eine Kopfbedeckung, und sagt im 9. und 10. Verse ausdrücklich, daß, weil das Weib um des Mannes willen geschaffen, so muß das Weib eine Macht (wie sich Luther seltsam ausdrückt) auf dem Haupte haben, „um der Engel willen." Der Psalm 82, Vers 6 sagt von den Menschen: „Ihr seid Götter und Kinder des Höchsten." Es ist bekannt, daß Jesus diese Stelle aus dem Gesetz citirte, als die Juden ihm vorwarfen, daß er sich für Gottes Sohn hielt (s. Ev. Joh., Kap. X, V. 34—36). Der erste Korintherbrief, Kap. VI, V. 3 behauptet sogar, daß die heiligen Menschen über die Engel richten werden? — Wir haben diese biblischen Stellen blos citirt, um die große Verwandtschaft der semitisch-christlichen Schriften mit den Indischen Traditionen in der Engel- und Heiligen-Lehre nachzuweisen.

Die Pitri's oder die Seelen der frommen Vorfahren bewohnen die Mondscheibe. (S. Manu's Gesetze, B. I, § 66 und B. III, § 193—202.) Unter den Pitri's nehmen die sieben Manu's und die Rischi's den ersten Rang ein; man hält sie nicht blos für die Patriarchen der Menschheit, sondern sogar für die Ur-Ahnen der Halbgötter und Genien; deshalb haben die Cultus-Ceremonien, zu Ehren der Pitri's, den Vorrang vor dem Cultus der Deva's oder Götter des Indra-Himmels, nach der Ansicht der Bramanen. (Manu's Gesetze, Buch I, § 34 u. s. w., ferner Buch III, § 203.)

Der erste Manu, Swâyambhuwa genannt, weil er aus Gott, dem Wesen aller Wesen, welches durch sich selbst existirt, gleich dem biblischen Adam, unmittelbar hervorgegangen war, ist der Stammvater der Menschheit. Die Manu's erzeugten, gleich den biblischen Patriarchen, gewaltige Heroen und vollkommene Kinder Gottes. (Genesis Kap. VI, 2 u. 4. Manu's Gesetze, Buch I, § 61.)

Der siebente Manu, aus dieser erhabenen Raçe der Urzeit, Waiwaswata oder Vivas-vat, ist der indische Noah, der die große Arche gebaut hat, in der er mit den sieben Rischi's, den nachsündfluthlichen Patriarchen, sich einschiffte. Der Gott Wischnu, in einen Fisch verwandelt, zog die Arche viele Jahre lang, und ließ diese endlich mit den Rischi's am Berge Himawât (Himalaya) landen. Diese sieben Rischi's pflanzten nun das menschliche Geschlecht fort (siehe die asiatischen Forschungen der französischen Akademie, Bd. I, pag. 170.)

Der Tag der Pitri's beträgt einen Mondes-Monat, und wird in zwei gleiche Hälften von 14 irdischen Tagen getheilt; die dunklen vierzehn Tage, während des abnehmenden Mondes, sind vorzüglich die Zeit der Thätigkeit für die Pitri's, die auf die Erde hinabsteigen, um die Menschen zu belehren; die hellen vierzehn Tage des Monats, welche mit dem Tage des Vollmonds endigen, sind dem beschaulichen Leben der Pitri's geweiht. Während der Abnahme des Mondes, wirken die Pitri's auf die Menschen ein, um sie zu belehren und zu warnen, während der Zunahme des Mondes aber, verkehren sie mit noch höhern Geistern, um selbst an Weisheit zuzunehmen. Weil nun die Pitri's vorzüglich die **Schutzgeister der Menschen** sind, so erweisen ihnen die Bramanen mehr Ehre als den Deva's oder niedern Göttern. Von diesem Pitri=Cultus werden wir in einem besondern Kapitel (Kap. 14) handeln.

Bekanntlich haben die Pitri's, den indischen Legenden zufolge, den Cultus und die **religiösen Ceremonien** auf unserer Erde gestiftet, weil sie **allein die wahre Theologie** kennen. (Manu's Gesetze B. I, § 66.)

Die Asouras bilden die **höchste Klasse der bösen Geister** (siehe den sechsten Act des Sacсountala=Drama's).

Die Râkschasas (Manu's Gesetze B. I, § 37) sind **bösartige Genien**, von denen einige in Riesengestalt den Menschen erscheinen, wie Rawana in dem Epos Ramayana. Andere spuken in Wäldern und Friedhöfen, und stören die Gebete und Opfer der frommen Einsiedler; ihre Zahl ist bedeutend und wird täglich durch verbrecherische Menschen=Seelen vermehrt. Diese Seelen sind verurtheilt, je nach der Schwere ihrer Verbrechen, für längere oder kürzere Zeit Râkschasas zu werden. (Ramayana B. XII.)

Die Pisâtschas sind Geister noch niederer Art, welche den Râkschasas unterworfen sind. (Ramayana Bd. XII.)

Zwölftes Kapitel.

Die himmlische Hierarchie der alten Perser.

Die Perser nehmen sieben hohe Geister an, wie die Offenbarung Johannis (Kap. I, v. 4. Kap III, v. I. Kap. IV, v. 5. Kap. V, v. 6) und behaupten, daß diese Geister sich vor dem Throne des Ewigen befinden, von wo sie öfters auf die Erde herabgesandt werden, um Gottes Befehle zu vollstrecken. Diese sieben Amschaspands, von denen Ormuzd der größte ist, haben zu der bekannten Lehre der sieben Sephirot's, welche die sichtbare Welt regieren, Anlaß gegeben. (Anquetil-Duperron, Bd. III, p. 262.)

Die guten Geister zweiten Ranges nannten die Perser Jzed's. (Anquetil-Duperron, Bd. II, p. 211, 222 u. s. w.)

Mythra ist der Vornehmste dieser Jzed's. Er gibt der Erde das Licht und erhält die Welt durch Verleihung physischer und moralischer Gaben. (Anquetil-Duperron, Bd. II, p. 223.) Er schützt den Menschen gegen die bösen Genien (Darwands), welche die Satelliten Ahriman's sind.

Die Gah's, Mythra's Untergebene, haben die Leitung der sogenannten fünf Tageszeiten (Sonnenaufgang, Mittag, drei Uhr Nachmittags, Sonnenuntergang bis Mitternacht und von Mitternacht bis zur Morgenröthe).

Die Hamkas sind niedere Gehülfen der Jzeds, und die Feröues sind weibliche Schutzengel.

Zwölftes Kapitel. Die himmlische Hierarchie der alten Perser.

Die Dews (d. h. Deva's der Inder) sind, nach Zoroaster's Lehre, böse Genien und Gehülfen Ahriman's, weil Zoroaster als Reformator den Bramanismus haßte. (Anquetil-Duperron, Bd. II, p. 365-369.)

Der Mensch soll die Dews nicht anrufen, denn Ahriman hat die Menschen, in Hinsicht ihrer, schändlich betrogen. Uebrigens werden alle diese bösen Geister endlich selig, denn Zoroaster nimmt nicht die Ewigkeit der Höllenstrafen an.

Man sieht leicht, daß die nationalen Vorurtheile dazu beigetragen haben, die Lehre von den bösen Geistern zu verbreiten und zu übertreiben, wie bei Typhon (Seth) es auch in Egypten der Fall ist.

Jedes Volk glaubt noch jetzt, daß der wahre Gott und die guten Geister sich nur ihm allein offenbaren. Alle Priesterkasten haben von jeher die nicht zu ihrer Kaste oder Stande gehörigen, sogenannten profanen Seher und Propheten eifrigst verfolgt, und man weiß, daß sogar Jesus Christus selbst diesen eifersüchtigen und rachgierigen Verfolgungen der Priester und Pharisäer nicht zu entgehen vermochte. (Evangelium Joh. 10, v. 19—21 u. s. w.)

Dreizehntes Kapitel.

Die unsichtbaren Wesen nach der Lehre der Griechen.

Gott ist nach Heraclit (Diogenes Laërt. 9, 8) das geistige Band alles Dessen, was besteht. (εἱμαρμένη.)

Nach Anaxagoras (siehe Suidas, Anaxagoras) ist Gott der höchste Hort und Schirmherr der Welt. Er ist der Geist, der Alles in Bewegung setzt, selbst aber unveränderlich bleibt und mit keinem Objekt sich vermischt.

Plutarch in seiner Abhandlung: Isis und Osiris, Ricard's Uebersetzung, Bd. V, p. 383, sagt, daß nur eine einzige Vorsehung das Weltall regiere, und daß untergeordnete Genien sich in dessen Verwaltung mit Ihr theilen.

Man hat diesen Genien, bei den verschiedenen Völkern, verschiedene Benennungen und Ehrenbezeugungen zuerkannt, aber dem Wesen nach sind es immer dieselben Geister gewesen.

Die materielle Welt ist, nach vielen alten Denkern, nur das Abbild, der Reflex und Schattenriß der unsichtbaren Welt der geistigen Ursachen.

Nach Socrates ist gerade das Beste, im Weltall Vorhandene unsichtbar und kann nur aus seinen Werken erkannt werden. (Xenophon, Denkwürdigkeiten I, 4; Plato, de leg. X, 897 u. s. w. und Plato's rep. VII init.)

Nach Thales und Heraclit ist die sichtbare Welt voll von Göttern, Dämonen und Geistern (πλήρη θεῶν). (Aristot. de anima I, 5.) Diese Geister sind die bewegenden Kräfte des

Universums nach Thales und Empedocles. (Diog. Laërt. I, 24. Emp. Carmina, v. 11—15, edit. Sturz, 513 u. s. w.)

Plato (de leg. 896) sagt, daß diese unsichtbaren Wesen schon lange vor der Entstehung der sichtbaren Weltordnung existirt haben. Diese **übersinnlichen Wesen** sind, nach Aristoteles (Physik IV, 2 und 3), ebenso **substantiell und real** als die materiellen Wesen. Plutarch sagt (Isis und Osiris, nach Ricard. Bd. V, p. 378), daß alle Substanzen im Himmel und in der Unterwelt mit einander in innigem Verkehr stehen, und die Alten nannten die **Unterirdischen, Geweihte** und die **Himmlischen Heilige**. Der Name **Dämon** wurde ursprünglich jedem **göttlichen Wesen** gegeben, aber in einem engern Sinne bezeichnete er die **Gottheiten zweiten Ranges**, die Genien und sogar auch die Heroen, d. h. die Seelen berühmter Vorfahren. Daher behauptete **Aristoteles** (de divin. persona, II.), daß die Natur **nicht göttlich**, sondern **dämonisch** sei (ἡ γαρ φύσις δαιμονία αλλ'οὐ θεία). Gott war **transcendent**, die Geisterwelt aber nur **immanent** im Weltall; daher bezeichnet auch das Wort Dämon im Griechischen: einen **Geber guter Gaben**. (Das Wort δαίμων, δατμων oder δάμων kommt her von δάω **geben, austheilen**, womit δαίω **lehren, wissen** verwandt ist; also waren die Dämonen Geber **geistiger und materieller Gaben**.) Nach Hesiod (op. et dies, 121 u. s. w.) schütten die Dämonen **materielle und geistige Gaben** über die Bewohner der Erde aus. Diese guten Genien schweben über der Erde hin und her, beschützen die Sterblichen und verkünden nach **Pythagoras** (Diog. Laërt. VIII, Kap. 32) ihnen **zukünftige Dinge**. Die **Dämonen leiten als Schutzgeister** den Menschen oft in allen seinen Handlungen, wie z. B. der **Dämon des Socrates**, der sein Familiengenius war und ihn oft vor nahe bevorstehenden Gefahren warnte und bewahrte. (Plato, apolog. p. 31, 40; **Xenophon's Denkwürdigkeiten** I, 1.)

Wir führen hier dieses schlagende Beispiel an, weil wir glauben, daß Niemand, der mit gesundem Menschenverstand begabt ist, diesen berühmten Mann, den Weisesten aller seiner Zeitgenossen in Griechenland, wagen wird, für einen Narren, oder für einen von Hallucinationen geplagten Schwärmer zu erklären, wie es leider Herr Lélut, Mitglied der medicinischen Akademie in Paris, zu thun sich nicht scheute. Nur ein durch und durch materialistischer Arzt konnte auf den Gedanken verfallen, solche Absurditäten zu Markte zu bringen.

Was unsere Dämonen=scheuen Orthodoxen betrifft, so scheinen dieselben zu glauben, daß der Dämon des Socrates ein böser Geist sei, weil dieser berühmte Mann weder ein Israelit, noch ein Christ gewesen! eine Behauptung, so abgeschmackter als lächerlicher Natur, daß wir ihrer nur im Vorübergehen gedenken mögen! —

Wir unserntheils schließen uns der Meinung des berühmten Plato an, welcher die Dämonen für Ausleger und Vermittler des göttlichen Willens bei den Menschen hält. Diese unsichtbaren Genien tragen, seiner Ansicht nach, die Wünsche sowie die Dankgebete der Sterblichen zum Himmel, und bringen ihnen dagegen die Orakelsprüche und die Wohlthaten der mächtigen Götter zurück (siehe Plutarch: Isis und Osiris, Ricard's Uebers. Bd. V, p. 344).

Nach der Ansicht griechischer Weisen und Dichter, wie Hesiod und Homer, und seit Thales und Pythagoras bis zur alexandrinischen Schule, galten also die Dämonen keineswegs für böse Geister. Die Dämonen regieren die Welt unter der obersten Leitung der Vorsehung; sie schützen, warnen und inspiriren die Menschen, denen sie weit überlegen sind an Macht und Weisheit, obwohl die göttliche Natur nicht ganz vollkommen in ihnen ist. Die Dämonen waren nach Pythagoras irdische Götter (θέοι χθόνιοι) im Gegensatze zu den himmlischen und höhern Göttern, weßhalb ihre Natur nicht ganz so heilig und erhaben war, als die der obern Götter. Die

Dämonen wurden auch oft als Orts=Schutz=Götter (θεοι εντόπιοι) verehrt.

Die Nymphen bildeten eine Klasse von Dämonen oder Schutz=Patroninnen (Pausanias II, Kap. 16, § 3), ähnlich den katholischen Heiligen. Nicht bloß berühmte Städte, wie Sparta, Elis und Theben, hatten ihre Nymphen als Orts=Schutz-Heilige, sondern auch jeder Flecken, jede Quelle konnte sich einer solchen Beschützerin rühmen.

Pythagoras in seinen goldenen Versen (v. 1 und 59) theilte die göttlichen Wesen in drei Klassen ein, d. h. in Götter, Dämonen und Heroen; wegen ihres verschiedenen Ursprungs nämlich unterschieden nicht bloß Pythagoras, sondern auch schon Thales und später Plato und die Stoiker, die Dämonen und die Heroen. Die Dämonen waren rein geistige Wesen, die sich nicht verleiblicht hatten auf unsrer Erde; die Heroen dagegen waren entleibte Seelen berühmter Männer. (Plutarch, de placit. philosoph. lib. I, cap. 8.)

Früher, zur Zeit Hesiod's, war der Unterschied zwischen Heroen und Dämonen nicht so scharf abgegrenzt, denn Hesiod rechnete zu den Dämonen auch die Seelen der Menschen des goldenen Zeitalters der Urwelt (op. et dies. 121 u. s. w.), wie bei den Indern die Mannu's und Rischi's, als älteste Pitri's, zu den Deva's gezählt wurden. Diese Ur-Ahnen=Geister genossen gleiche Ehre, wegen der Macht, welche die Vorsehung ihnen über die Erde verliehen hatte, nach ihrem Ableben. Nach Hesiod wurden bloß die entleibten Seelen des vierten Zeitalters zu den Heroen gerechnet, und standen folglich als Halbgötter (ἡμι θεοι) den Dämonen nach. Homer besang bekanntlich die hohen Thaten dieser Heroen, welche aber später, dem historischen Charakter des Polytheismus gemäß, zumal da das delphische Orakel die Heroen kanonisirte (Pausanias VI, Kap. 6, § 2 und 3. Plato, Cratyl. § 33, p. 277, Ausgabe von Bekker), der Kategorie der Dämonen einverleibt wurden. Plutarch (Isis und Osiris, Ricard's Uebers. V, 342—344) behauptet daher, daß man zu dieser Klasse von Dämonen auch Isis und Osiris, Herkules, Bachus, sowie die Riesen der Urwelt rechnen müsse, weil man ihnen überall göttliche Ehrenbezeugungen wie den Göttern und Dämonen erweise.

Allmählig verwischte sich die Grenzlinie nicht allein zwischen Dämonen und Heroen, sondern auch zwischen den letztern und den Seelen frommer Abgeschiedener. Alle frommen Seelen wurden später mit dem Namen Heroen (θεοι ἥρωες) bezeichnet; der Kultus der alten Heroen vermischte sich mit dem der verstorbenen Vorfahren und Manen überhaupt. Es war natürlich, daß die Heroen und Manen zu derselben Klasse von unsichtbaren Wesen gerechnet wurden, als die Dämonen; in der That waren die Heroen ebenso verbreitet in der Luft, als die Dämonen, und beschützten die Menschen wie diese. Die meisten Heroen waren, wie die Dämonen, die lokalen Schutzpatrone der Städte und Länder, in denen sie ehemals gelebt und sich durch berühmte Thaten ausgezeichnet hatten. Daher verehrte man sie als Götter und brachte ihnen Opfer dar. Die Heroen legten, in gleicher Weise wie die Heiligen des Mittelalters, ihre Fürbitte ein bei den mächtigern Göttern zu Gunsten ihrer irdischen Schützlinge. So verschwand nach und nach der Unterschied zwischen den Menschen, welche eine ruhmvolle Unsterblichkeit erlangt hatten; und den ihnen übergeordneten Göttern, Dank dem Cultus der Heroen. Die Seele, befreit von den Banden des Körpers, schwang sich in die höheren Regionen auf, um dort eines ewigen und unsterblichen Lebens zu genießen, wodurch sie natürlich den Göttern ähnlich wurde, deren Vorrecht eben diese Art des Lebens bildet. (Pausanias IV, Kap. 27, § 4: I, Kap. 34, § 2.)

Der große Dichter Pindar (Pyth. III, 109; Olymp. XIII, 105) gibt Jedermann einen Dämon, in der Eigenschaft eines Schutzgeistes bei, ja er spricht sogar von Dämonen, welche die Geburt des Menschen überwachen, d. h. von Geburtsengeln.

Nach Philo sind die Geister, welche die unsichtbare Welt

regieren, Seelen, die sich nicht bis zur Verleiblichung erniedrigt haben. Die Engel, und im Allgemeinen alle Geister höherer Natur, verschmähen die Verleiblichung und Materialisirung des Geistes. (Philo; de gigantib. 285, edit Mang. Bd. I, p. 263. Philo; quod a Deo mittant somn. edit. Marg. 1, p. 461.)

Philo vermischt nicht die reinen, höhern Geister mit den Heroen und den entleibten Seelen, den Manen der Römer, und folgt dem Beispiel des Pythagoras, Thales, Plato (de leg. VIII, p. 360 edit. Bekker), Plutarch, Maximus Tyrius (XIV. 4, p. 254 edit Reiske), sowie überhaupt die ganze Alexandrinische Schule bis Jamblich und Porphyr. Bekanntlich bildete die Alexandrinische Schule ganz besonders die Lehre von der himmlischen Hierarchie der unsichtbaren Wesen aus. Die Ideen der Alexandriner wurden von Diogenes Areopagita in seiner himmlischen Hierarchie angenommen und bildeten sogar die Basis der Theo- und Angelogie der Summa des heil. Thomas von Aquino. Dieser Einfluß des Polytheismus auf das Christenthum wurde übrigens schon vorbereitet durch Origenes, (Orig. advers. Cels, lib. VIII, 31. op. I, 764) Chrysostomus, (Homil. in natalit. christ. ap. Phot. cod. 277) und den heil. Augustinus (de divers. quæst. quæst. 79, op. t. VI, p. 69).

Die Stufenordnung der Götter, Dämonen (δεύτεροι θεοί), sekundäre Götter, Heroen und Manen, hat allerdings eine große Analogie mit den biblischen Lehren der großen Geister, welche den Thron Gottes umgeben, den Erzengeln, Engeln und heiligen entleibten Seelen; daher finden wir schon in Jamblich und Porphyr eine seltsame Mischung der himmlischen Hierarchie der Griechen, Israeliten und Christen. Nach der Epistel an die Hebräer (I, 14) werden die Engel oder Zwischen-weltlichen reinen Geister (die sogenannten Dämonen aller semitischen Religionen), für die Diener und Verwalter der Vorsehung, besonders in der individuellen Leitung der Menschen, gehalten. Gott regiert das Weltall durch die Vermittlung der Engel, nicht bloß nach der Genesis Kap. XIX, wo sie Sodom bestrafen, als auch nach dem Psalm XXXIV, v. 7, wo die Engel sich um die Frommen lagern, als ihre Schutzwehr. Vorzüglich bedeutend ist in dieser Hinsicht Psalm CIII, v. 20 u. 21: „Lobet den Herrn, ihr seine Engel, ihr starken Helden, die ihr seinen Befehl ausrichtet, daß man höre die Stimme seines Worts. Lobet den Herrn, alle seine Heerschaaren, seine Diener, die ihr seinen Willen thut."

So viel Analogie nun die Lehre von den Dämonen bei den Griechen mit den Engeln der Semiten bietet, so sehr weichen die Ideen der Griechen von den Israeliten, Christen und Arabern ab, wenn man zu den bösen Geistern übergeht. Griechenland kannte nicht die läppische Dämonenfurcht des Mittelalters, sondern glaubte, daß die unsichtbaren Wesen nicht allein an Macht und Intelligenz, sondern auch an moralischer Vollkommenheit die Sterblichen überträfen.

Pluto oder Hades und seine Begleiter wurden nur unterirdische Götter genannt, im Gegensatze zu den Olympischen Göttern, waren aber keinesweges böse Wesen, sondern heilige Beherrscher und Richter der Todten. Bloß die Titanen wurden, ihres Ungehorsams wegen, von den Göttern in den Tartarus gestürzt, wo sie Noth und Pein erdulden und keinen Einfluß auf die Menschen ausüben können.

Im heitern Hellas gab es keinen Teufels-Spuk, immer eine Ausgeburt der rohen Unbildung; nirgends findet man in Griechenland die Einflüsse des persischen Ahriman und seiner höllischen Legionen.

Wir glauben, daß die obigen Citationen der griechischen Denker genügen werden, um zu beweisen, daß die tiefsten **Philosophen** in Europa, welche die Ideen der Menschheit bereichert haben, **Spiritualisten im vollen Sinne des Wortes** waren. Sogar Aristoteles war weit entfernt, die Bedeutung der Studien und Untersuchungen auf dem Felde der geheimen Wissenschaften zu verkennen. Dieser berühmte Mann sagt ausdrücklich (de coelo II, 12): „Unsere Kenntnisse auf diesem Gebiete sind leider ziemlich unvollkommen, weil dasselbe nicht zu dem Bereiche unsrer groben Sinnenwelt gehört, aber das Wenige, was wir hierüber wissen, ist um so mehr werth, als es sich auf die **ewigen, göttlichen Grundursachen** bezieht."

Die Worte dieses **großen Denkers** sind um so beachtungswerther, als man namentlich in der neuesten Zeit ihn als einen groben, empiristischen **Realisten**, dem Idealisten Plato gegenüber stellt, ohne zu bedenken, daß der wahre, leibhaftige **Spiritualismus nicht** die Gegensätze des Idealismus und Realismus kennt. Die Materie ist ja nur eine bestimmte Daseinsform der ewigen, geistigen Ursachen. **Eine oberflächliche Philosophie**, welche nicht ahnt, daß der transcendente Sinn des Menschen keineswegs bloß ein inneres, **subjectives Phantasie-Organ** ist, sondern gleichfalls eine **reale transcendente Welt abspiegelt, kann allein zum einseitigen Materialismus oder Idealismus führen**.

Vierzehntes Kapitel.

Cultus der Pitri's, oder der Manen der Vorfahren.

Alle heiligen Traditionen des Alterthums von China und Indien bis Rom, betrachten den Cultus der Manen ihrer Vorfahren als eine der vornehmsten Pflichten des Menschen. Dieser spiritualistische Cultus ist mit der Achtung, welche den Todten und den Gräbern gebührt, enge verknüpft.

Nach den alt-indischen Traditionen gelten die Pitri's für die Stifter der Ceremonien des Cultus, denn die Pitris kennen allein die wahre Theologie (Manu's Gesetze I, § 12 u. s. w.).

Das dritte Buch der Gesetze Manu's handelt ausführlich von den Ceremonien zu Ehren der Manen. Wir geben hier einige Vorschriften dieser Gesetze:

Der § 72 sagt, daß Derjenige, welcher nicht fünf Gattungen von Wesen verehrt:

1. die Deva's (Götter zweiten Ranges),
2. die Manen (Seelen der Vorfahren),
3. die Gäste (bekanntlich waren die Inder sehr gastfrei),
4. die Personen, für die er zu sorgen hat,
5. sich selbst (Pflichten der Selbsterhaltung),

der verdient nicht zu leben.

Der § 81 und 82 befehlen: die Manen alle Tage durch Straddha's (d. h. Gaben von Reis, Milch und Früchten) zu ehren. Diese tägliche Straddha wird Nitya genannt (d. h. beständige Opfergabe.).

Nach den §§ 85 bis 91, sowie nach dem § 204, muß man bei dieser täglichen Opferceremonie zuerst eine Opfergabe dem **Judra**, dem Könige des niedern Himmels, dem **Yama** (Richter der Todten), welcher die Guten in glückliche, die Bösen aber in unglückliche Sphären, je nach ihren Werken sendet; ferner dem **Agni** (dem Gott des Feuers), dem **Soma** (Beherrscher des Mondes) und endlich den andern Göttern, die die verschiedenen Himmelsgegenden beherrschen, sowie den Genien, die ihr Gefolge bilden, darbringen. Endlich wird der Rest dieses Frucht=, Reis= und Milch=Opfers den Manen dargeboten, indem man das Antlitz dem Süden zuwendet.

Ferner wird ein großes Todten=Festmahl am ersten Tage des Neumondes gehalten (Straddha, pindân, wâhâryâ). Bramanen, die in den heiligen Schriften bewandert sind, müssen diesem Feste beiwohnen. Es wird ein heiliges Feuer angezündet; der Bramane, welcher der Präsident des Festes ist, liest Gebete aus den heiligen Büchern vor, indem er zu gleicher Zeit von links nach rechts um das Feuer herumgeht; darauf reicht er den obgenannten Göttern eine Opfergabe von geschmolzener klarer Butter dar, ferner legt er drei Reis= kuchen auf die geheiligten Fichtenzweige (Kousa), immer das Antlitz nach Mittag gewandt, und in heiliger Samm= lung des Gemüths. Diese Sitte findet noch heut' zu Tage bei den Esthen, einem finnischen Stamme an den Küsten des balti= schen Meeres, bei ihren feierlichen Leichenbegängnissen und Johanni=Abend=Feuern Statt, wo gleichfalls Fichten= zweige (Kouseb) eine Hauptrolle spielen. Wie die ge= heiligten Fichtenzweige bei den Esthen, spielt der Reis noch jetzt bei den Slaven, bei ihren Leichenbegängnissen eine ge= heiligte Rolle, trotz des christlichen Kultus. Dies ist namentlich der Fall bei den, zur orientalischen Kirche sich bekennenden Russen.

Die drei Reiskuchen der Inder sind für die Seelen des Vaters, des Großvaters und des Aelter=Vaters des Hausherrn bestimmt. Diese Geister der Ahnen, obwohl unsichtbar, nehmen dennoch an diesem Feste Theil, nach dem § 237. Gewöhnlich ladet man drei Bramanen zu diesem Festmahle ein, welche die drei Vorfahren repräsentiren, und also auch zuerst von den drei Reiskuchen essen, indem sie feierlich sprechen: „Möge diese Opfergabe den Vorfahren an= „genehm sein, damit sie ihren reichen Segen über die Nach= „kommen des Hauses ausgießen." Nachdem die drei Bramanen, als Stellvertreter der Ahnengeister, die Kuchen ge= kostet, so reichen sie dieselben dem Hausherrn, damit er auch davon esse. Letzterer beobachtet zuvörderst ein tiefes Stillschwei= gen, versunken in beschauliche Betrachtung; darauf wendet er sich gegen Mittag und nachdem er sich mit klarem Weih= wasser besprengt hat, liest er laut einzelne Stellen aus den heiligen Schriften vor; schließlich bittet er die Ahnengeister, „sie möchten die Zahl vortrefflicher Män= „ner in seiner Familie und Nachkommenschaft ver= „mehren, ihren Glauben kräftigen und ihren Wohlthätig= „keitssinn gegen alle Menschen steigern" (Siehe das dritte Buch der Gesetze des Manu, § 122, 123, 149, 213 bis 249, 279 u. s. w.). Ein Bramane, die heilige Binde auf seiner rechten Schulter tragend und die heiligen Fichten= zweige in den Händen haltend, muß den Manen, wäh= rend der ganzen Ceremonie, den Weihrauch dar= bringen.

Stirbt ein Glied der Familie, so werden ihm zu Ehren im Laufe des Trauerjahres fünfzehn Straddha's oder Todtenfeste gefeiert, damit seine Seele eine große Freude im Himmel empfinden möchte, wegen des guten An= denkens, das sie in ihrer Familie hinterlassen hat (Pauthier; Essai pag. 160 u. s. w.). Diese Straddha's werden durch einen großartigen Straddha am Jahrestage des

Todes beendigt. Dieses besondere Todtenfest am Jahrestage des Todes wird Sapindana genannt.

(Recherches asiatiques, vol. VII, p. 263, édit. in 8º der französischen Akademie.)

Dieses besondere Todtenfest am Jahrestage des Todes, hat sich noch in Frankreich bei dem christ-katholischen Cultus erhalten, in der bekannten »Messe du bout de l'an.« Während aller Straddha's ist eine strenge Enthaltsamkeit von sinnlichen Genüssen und Gelüsten aller Art stets geboten (Manu's Gesetze, III. § 250 und 275).

Das vierte Buch der Gesetze Manu's, § 247, sagt, daß es Pflicht gegen die Vorfahren sei, einen Sohn zur Welt zu bringen und zu erziehen, damit er die Todtenfeier (Straddha's) den Seelen der Vorfahren nach dem Ableben des Familien-Vaters darzubringen fortfahre.

Es ist hier nicht der Ort, die Cultus-Ceremonien der Manen der andern Völker des Althnms zu beschreiben, weil eine Geschichte der Cultus-Ceremonien nicht in unserm Plane liegt, und wir nur die Absicht haben, den Zusammenhang des Ahnen-Cultus mit dem Spiritualismus nachzuweisen.

Was China anbelangt, so beschränken wir uns darauf, zu sagen, daß in diesem Lande der Cultus der Ahnengeister wo möglich noch mehr Sitte ist, als in Indien. Die Nachkommen schreiben sogar in China das ganze Verdienst ihrer glorreichen Thaten dem Einfluß ihrer segenbringenden Vorfahren zu und glauben, dieselben dadurch zu adeln, während im Gegentheil in andern Ländern, der Ruf der großen Thaten der Vorfahren den Adel den Nachkommen verleiht.

Nach dem Lun-Yu (Kap. 2) ist die Verehrung und Achtung für die Eltern die erste Pflicht des Kindes; wenn diese sterben, so müssen die Kinder sie nach den vorgeschriebenen Riten beerdigen, und ihnen in der Folge Todtenopfer darbringen.

Die §§ 465 und 466 des „Buches der Belohnungen und Strafen" von einem Doktor aus der Tao-Schule, sprechen von der Geister-Erscheinung einer Mutter, um ihren Sohn zu ermahnen, doch ja ihr Grab zu besuchen und ihre Seelenmeßopfer regelmäßig darzubringen, widrigenfalls der Todtenrichter diese Vernachläßigung einer heiligen Kindes-Pflicht, strenge bestrafen würde. In unsern Tagen wäre es zu wünschen, daß bei der geringen Achtung vor den Gräbern, dergleichen Geister-Erscheinungen, von denen die neuern Spiritualisten so manche ähnliche Fälle erzählen könnten, noch öfter vorkommen möchten.

Laut § 481 des soeben erwähnten chinesischen Buches, erlaubt die Vorsehung den Seelen der Vorfahren während fünf Tagen im Jahre, in ihre ehemaligen Wohnungen zurückzukehren, um dort die Todtenopfer-Gaben entgegen zu nehmen.

Der Cultus der Manen und der Heroen oder der Geister berühmter Vorfahren bei den Griechen und Römern ist dem gebildeten Publikum bekannt, da die Meisterwerke dieser beiden Völker in Jedermanns Händen sind.

Wir citiren hier nur einen spiritualistischen Gedanken des berühmten Philo, welcher vielleicht weniger bekannt sein dürfte, zumal bei den christ-katholischen Vorurtheilen, für das Heil der Verstorbenen zu beten. Philo im Gegentheil behauptet, daß das Gebet der verstorbenen Vorfahren, welche fromme Leute gewesen, den Nachkommen sehr zu Statten kommen kann, weil, nach dem einstimmigen Zeugniß des Alterthums, die Seelen der Ahnen Fürbitte bei der Vorsehung einlegen, zu Gunsten ihrer noch auf Erden wallenden Nachkommen. (Philo, de execrat. 937. ed. Mang. II, 436.)

Man weiß übrigens, daß der Todten-Cultus weit über das Heidenthum hinaus, sich bis auf unsere Tage, zumal in Frankreich, erhalten hat. Nirgends wird bekanntlich das

Allerheiligen- und Todtenfest (1. und 2. November) so feierlich begangen als in Paris.

Die sogenannten Todten-Kapellen in den Friedhöfen und Kirchen, sind gleichfalls ein Ueberrest des ehemaligen Todten- und Heroen-Cultus.

Fünfzehntes Kapitel.

Die Schutzgeister nach den chinesischen Legenden.

Motto:
O sei getrost! Du lebst in Hoffnung nicht vergebens,
Es schweben Himmelsgeister schützend um dich her;
Sie führen dich in's Land des schönern, bessern Lebens!
D'rum glaube, hoffe, liebe, traure nimmermehr.
J. H. Stratil.

Die Lehre von den Schutzgeistern wird von den Legenden aller Völker des Alterthums als Wahrheit angenommen, und steht in innigem Zusammenhange mit dem Cultus der Verstorbenen.

Wir beschränken uns in diesem Kapitel auf China allein, wie wir im Vorhergehenden nur Indien berücksichtigt haben, um dieses Handbuch der positiven Pneumatologie nicht zu voluminös zu machen.

Nach den Chinesischen Traditionen ist das ganze Weltall nur Eine Familie. Der Himmel, die Erde, die Welt der reinen Geister, die Seelen der Todten und die Ordnung der gesammten Natur sind nur Theile Eines Einzigen Reiches, welches durch die ewige Vernunft des Schang-ti gegründet wurde und regiert wird.

Wie nun den Himmel nur ein einziger Gott regiert, so hat auch die Erde nur einen einzigen Regenten, den Sohn des Himmels und den Stellvertreter der Gottheit auf Erden, den Kaiser.

Die guten Geister stehen diesem Erd-Regenten (Kaiser) mit ihren wohlwollenden Rathschlägen hülfreich zur Seite; sie weihen ihn in die Kunst ein, seine Völker gut zu regieren; sie lehren ihm die Organisation der Gesellschaft, auf daß er Jeden auf den rechten Platz zu stellen wisse; durch die Erfüllung seiner Mission und seines Berufes kann sich der Mensch vervollkommnen, und durch die Tugend geadelt, sich so bis zur Gesellschaft der reinen Geister erheben, nachdem er seine irdische Hülle abgelegt hat.

Die Schutzgeister sind gewissermaßen die Adjutanten des Kaisers, der ohne ihren wirksamen Beistand schwerlich dazu gelangen würde, die Verbrecher zu bändigen und unschädlich zu machen. (Denkwürdigkeiten der Missionäre Bd. IX, p. 106.)

Nach den Sfé-Chou, oder den vier moralischen Büchern der Schüler des Confucius (I. Buch), Kap. 16) schweben die Geister in großer Anzahl in der Luft über uns und treiben die Menschen zu guten Werken an (Notes et Extraits des manuscrits de l'Académie française, Bd. X. p. 321).

Nach dem § 489 des Buches der Belohnungen und Strafen, wandern diese Geister (Schen) überall herum, weshalb Niemand sagen soll: „Die Nacht ist dunkel und Niemand wird wissen was ich thue."

Nach dem ersten Paragraphen des obgenannten Buches, äußern die guten oder bösen Handlungen der Menschen bald einen angenehmen, bald einen unangenehmen Einfluß auf die himmlischen Geister, welche nach der Natur der Handlungen, die Menschen belohnen oder bestrafen.

Nach dem § 512 dieses Buches, begleiten die guten Geister den Menschen, sobald er eine gute Absicht gefaßt, obgleich er das Gute noch nicht vollführt hat; wenn jedoch sein Herz etwas Böses nur beabsichtigt, obgleich er es noch nicht vollbracht hat, so **verlassen ihn die guten**

Geister sogleich und es treten an ihre Stelle die bösen Geister der Versuchung, um ihn zur bösen That zu verführen. Ein Mann, der sich wegen der Undankbarkeit eines Andern rächen und denselben tödten wollte, sah sich plötzlich von einer Schaar böser Geister umgeben; aber als er, entsetzt über diese finstern Gestalten, seinen Vorsatz aufgab, so umgab ihn alsobald eine Schaar guter Geister, um ihn in seiner guten Absicht zu bestärken.

Der § 516 desselben Buches sagt, daß der tugendhafte Mensch von den Geistern, nach Verlauf von drei Jahren belohnt, der Böse aber, wenn Tausend Tage verflossen sind, von ihnen bestraft wird, indem sie alsdann seine Besserung aufgeben.

Der § 485 sagt, daß die Geister zuweilen die Frauen und Kinder eines Mannes sterben lassen, um denselben für sein, mit Unrecht erworbenes Vermögen, zu bestrafen.

Nach dem § 345 gibt es Erscheinungen von Todten, um die Verbrecher zu entdecken, welche die Urheber ihres gewaltsamen und frühzeitigen Todes gewesen, so z. B. erscheint ein Schatzmeister, der im Schlafe erstickt worden, dem Gouverneur des Districts und erzählt ihm im Traume das abscheuliche Verbrechen, dessen Opfer er geworden. Der Geist bittet, ihn zu rächen, indem er ihm die Mittel anzeigt, die Verbrecher zu entdecken.

Nach den chinesischen Sagen waren die Geister-Erscheinungen sehr häufig in den ältesten Zeiten. Die guten Geister und Genien offenbarten sich oft in Träumen, um die weisen und tugendhaften Männer zu belehren. Es ist eine Gunst des Himmels, die Geister zu sehen und mit ihnen im innigen Verkehre zu leben. Deshalb klagt Confucius nach dem Lun-Yu (Bd. I, Kap. VII, § 5): „Wie sehr bin ich gesunken! Seit langer Zeit habe ich nicht Tscheou-Koung mehr im Traume gesehen!"

Fünfzehntes Kapitel. Die Schutzgeister nach den chinesischen Legenden. 173

Die bösen Geister entfernen sich von dem Tugendhaften, den die himmlischen Geister stets umgeben, ihn gegen böse Menschen vertheidigen und viel zum Erfolg seiner Unternehmungen beitragen, nach den §§ 124—129 des Buches der Belohnungen und Strafen.

Nach dem § 480 dieses interessanten Buches, sind die Menschen nicht allein von Geistern überall umgeben, sondern es gibt auch drei Geister im menschlichen Körper, die ihn mit der größten Aufmerksamkeit bewachen. Während des menschlichen Schlafes steigen diese Geister, die in den drei Hauptregionen des Körpers hausen, hinauf zum Himmelspalast, um dort über seine Gedanken und Handlungen Bericht abzustatten. Ueber diese drei Geister, steht der Geist des Hausheerdes, der die Kuppe der chinesischen Schutz-Geister-Theorie bildet; derselbe verzeichnet alle unsre Handlungen, und gibt einen genauen Bericht davon am letzten Tage des Mondes, im Himmel ab. Nach dem § 502 steht dieser Geist des Hausheerdes auch dem Leben des Menschen vor, der seiner Sorgfalt anvertraut ist, und zieht ihm, je nach den begangenen Sünden oder gar Verbrechen, hundert Tage, ja sogar bis zwölf Jahre, von seinem irdischen Leben ab, und wenn bei seinem Tode noch Verbrechen zu sühnen bleiben, geht das Unglück über auf seine Kinder und Kindes-Kinder, ganz dem Mosaischen Gesetze ähnlich, wo von der Heimsuchung der Sünde bis in's dritte oder vierte Glied der Nachkommenschaft die Rede ist, und langes Leben und Wohlergehen als Belohnung verheißen ist.

Der § 481 verbietet am ersten Tage des Mondes zu tanzen, weil am vorhergehenden Abend der Geist des Hausheerdes zum Himmel aufgestiegen ist, um dort die Verdienste und Fehler der Menschen zu berichten. Alle Hausbewohner müssen alsdann ihre Handlungen prüfen und doppelte Wachsamkeit über ihre Sünden ausüben, denn die Geister des Himmels sitzen zu Gerichte über sie, und die Vorsehung erlaubt während dieser Zeit den Seelen der Vorfahren in ihre ehemaligen Wohnungen zurückzukehren, um Todtenopfer zu empfangen von ihren Nachkommen.

Außer den Tagen des Neumondes, halten die **Geister des Himmels fünfmal jährlich Gericht über die Verbrechen und Fehltritte der Menschen im Allgemeinen**; diese Tage sind:

1. Der Neujahrstag nach der chinesischen Berechnung,
2. der fünfte Tag des fünften Monats,
3. der siebente Tag des siebenten Monats,
4. der erste Tag des zehnten Monats,
5. der dritte Tag des zwölften Monats.

Der § 491 sagt, daß man zu den **acht Jahres-Wechsel-Zeiten**, genannt Pa-Tsie (den vierten Februar, den einundzwanzigsten März, den sechsten Mai, den einundzwanzigsten Juni, den achten August, den dreiundzwanzigsten September, den achten November und den zweiundzwanzigsten Dezember) Niemand mit dem Tode bestrafen soll, weil Yn und Yang, die beiden großen Ur-Principe der Natur dann wechseln, und ein ähnlicher Wechsel auch im Menschen vorgeht. Die Götter allein können zu diesen Epochen ihre Urtheile über die Menschen fällen; dem Menschen aber ist es dann nicht gestattet, seinen Nächsten zu bestrafen, um nicht den Zorn des Himmels auf sich zu laden.

Die §§ 296 und 297 des Buches der Belohnungen und Strafen erzählen den **plötzlichen Tod eines Materialisten**, der erschreckt wurde durch die Erscheinung eines Geistes, welcher sich ihm zeigte, um ihn von der Wirklichkeit der übersinnlichen Welt zu überzeugen. Wir werden diesen interessanten Fall genauer im zwanzigsten Kapitel, betreffend die Unsterblichkeit der Seele, berichten.

Die chinesischen heiligen Bücher enthalten viele Geister-Erscheinungen; die Todten erscheinen nicht blos um Verbrechen zu entdecken, sondern auch um andere wichtige Geheimnisse den Ueberlebenden zu offenbaren.

Der unpartheische Leser weiß, daß die Weltgeschichte voll von Geister-Erscheinungen aller Art ist; auch der neue amerikanische Spiritualismus hat deren viele aufzuweisen, welche namentlich die Entdeckung von Verbrechen bezwecken. Das interessante Werk von Robert Dale Owen ist reich an solchen Beispielen. (Footfalls on the boundary of another world.)

―――――

Es ist bekannt, daß bei den Indern die Pitri's und Manen der Vorfahren, die Schutzgeister ihrer Nachkommen sind, von denen wir im vorhergehenden, vierzehnten Kapitel gesprochen haben.

In Indien waren besonders die Geister der Vorfahren, die Schutzgeister ihrer noch lebenden Nachkommen, während in China besondere Genien und Geister, wie der des Hausheerdes, mit dieser wichtigen Mission betraut waren.

Was die Perser betrifft, so nehmen diese sogar weibliche Schutzgeister (Feronës) an.

―――――

In Griechenland waren nicht blos die Dämonen, Genien, Nymphen, sondern auch die entleibten Seelen der Heroen und aller Vorfahren, die Schutzgeister der Sterblichen. Alle diese Geister bewohnen und vertheidigen ihre Schützlinge; sie beobachten deren gute und böse Handlungen, gleich den chinesischen Schutzgeistern.

Besonders waren die griechischen Dämonen das nothwendige Band und Mittelglied zwischen den Göttern und Menschen. Die Dämonen förderten die Wahrsagerkunst, und die Orakel verloren ihre Gabe, wenn sie von ihren Genien verlassen wurden.

Hesiod (op. et dies, 121 u. s. w.), Plutarch, Isis und Osiris (Ricard's Uebers. V, 344), Pythagoras (Diog. Laërt. VIII, 32), Pindar (Pyth. III, 109), Plato (Phaedon § 147, p. 389; Conviv. § 28, p. 72 edit. Bekker) und Empedocles (Plutarch, Isis und Osiris, Ricard II, 439), alle diese berühmten Männer glauben, daß die Genien oder Geister die Menschen beschützen. Pindar behauptet, daß jeder Mensch einen Genius oder Dämon hat. (Olymp. XIII, 105.) Empedocles glaubt sogar, daß der Mensch zwei Genien als Schutzgeister hat. (Plutarch, Uebers. von Ricard II, p. 433.) Pythagoras und seine Schule bildeten am Meisten die Lehre von den Schutzgeistern aus, welche ganz Griechenland einstimmig, d. h. blos mit Ausnahme der Epicuräer, annahm. (Plutarch, de placit. philos. I, 8.) Von dem weltbekannten socratischen Schutz-Dämon brauchen wir wohl kaum zu reden.

Pindar spricht von Dämonen, welche der Geburt des Menschen vorstehen (Zeugungs-Engel) (Olymp. XIII, 105). Bekanntlich stimmt der Kirchenvater Clemens von Alexandrien (Strom. I und III) mit dem heidnischen Dichter der Pythagoräischen Schule, vollkommen überein, und behauptet ausdrücklich, daß die Seele durch einen der Zeugungs-Engel in den Leib der Mutter eingeführt werde.

Uebrigens waren die Dämonen und Heroen nicht allein die individuellen Schutzengel der Menschen, sondern auch die Schutzpatrone ganzer Städte, Länder und sogar Völker. Die Genien, Heroen und Nymphen wachten über das Schicksal berühmter Städte, wie Sparta, Theben u. s. w. Alle diese Schutz-Patrone wurden angerufen als Schutz-Götter der Orte, deren Wohlergehen ihnen anvertraut waren; in Athen wurden sogar Pallas Athene (Minerva) und der mächtige Meeresgott Poseidon, als Patrone verehrt.

Im Allgemeinen traten die Genien und Heroen als Vermittler bei den mächtigern, oberen Göttern auf, wie die Orts-

Heiligen des Mittelalters und des jetzigen katholisch-romanischen Europa's. Man denke nur an den heiligen Januarius von Neapel und an die heilige Genoveva von Paris. Im ganzen Alterthum glaubte man, daß die übersinnlichen Wesen überall die Menschen und Völker umgaben, aufklärten und vor Gefahren schützten. (Pausanias II, Kap. 16, VIII, Kap. 13.)

Die Geister offenbarten sich auf mannigfache Weise den Menschen, bald durch Träume, bald durch objective Erscheinungen im wachen Zustande, ferner durch Orakel, durch Pythien und Sibyllen, und endlich auf eine noch materiellere Weise, in den Mysterien des Alterthums, wie z. B. die von Eleusis und Samothrake, an welche unsre neuen spiritualistischen Experimente sich anlehnen müssen.

Was nun die Römer betrifft, so sind ihre Laren und ihre Penaten, diese Haus-Schutz-Götter und -Geister allbekannt.

Dasselbe gilt von der Lehre der Bibel, betreffend die Schutz-Engel. Die Psalmen (XXXIV, V. 7 und CIII, V. 20 und 21) sprechen von den Engeln, welche die Frommen beschützen und sich um sie lagern, und welche den Willen der Vorsehung auf Erden vollstrecken.

Im Neuen Testament sagt der Hebräer-Brief, daß die Engel als Diener und Verwalter der Vorsehung auf die Erde gesandt werden, um für diejenigen zu sorgen, welche das Heil ererben sollen (Hebräer-Brief I, 14).

Jeder Christ kennt auch die Worte Christi, betreffend die Schutzengel der Kinder, die man nicht verachten soll, weil sie allezeit das Antlitz des ewigen Vaters schauen. (Matth. XVIII, V. 10.)

Sechszehntes Kapitel.

Die Inspiration und die Medien der Neuzeit.

Die Inspiration wurde nach der einstimmigen Meinung des ganzen Alterthums, dem Einflusse Gottes und der übersinnlichen Welt der Geister zugeschrieben. Die Bibel, Indien, China, Persien, Egypten, Griechenland und Rom, sind in dieser Beziehung Einer Ansicht. Die Inspiration ist, Pythagoras zufolge, eine Einflüsterung der Geister, die uns die Zukunft und verborgene Dinge enthüllen (Diog. Laërt. VIII, 32.). Die Sprache selbst ist nach diesem tiefen Denker (Pythagoras) ein Werk der Inspiration (Diog. Laërt. VIII, 20. Τοὺς δὲ λόγους ψυχῆς ἀνέμους εἶναι). Anaxagoras glaubt gleichfalls, daß die Inspiration das Werk der Geister und der Götter sei (Diog. Laërt. II, 6.).

Nach Plato ist die Inspiration die Quelle Alles dessen, was im Menschen schön und erhaben ist. Der Dichter könnte keine Verse machen, so wenig als der Prophet künftige Begebenheiten vorhersagen, wenn nicht Beide inspirirt wären. Sie müssen in einen höhern Zustand übergehen, indem ihr geistiger Horizont durch das übersinnliche Licht erleuchtet und erweitert wird.

(Plato, Phaedon, 244 und 264 Jo und Menon.)

Sogar die wahrhafte Philosophie ist nach Plato's Ansicht (Platos Phileb. 63) das Werk der Inspiration, wodurch der Mensch, vermittelst seines Selbstbewußtseins (συνείδησις, conscientia), in Verkehr mit der übersinnlichen Welt der unsichtbaren Principien tritt.

Nach Plutarch (Isis und Osiris, Ricard V, pag. 395.) geben Plato und Aristoteles diesem Theile der Philosophie den Namen der Epoptischen (d. h. der intuitiven); man gelangt nämlich durch die intellektuelle Anschauung und die tiefste Gedanken-Concentration bis zur Auffassung der rein geistigen Ursachen der Weltordnung, indem man sich über die Verwirrung der verschiedenen Ansichten und Meinungen, bis zur höchsten Vollkommenheit des reinen Denkens erhebt. Aber leider! ist dieser hohe Standpunkt der Philosophie, wie ein schnell leuchtender Blitz, der nur für einen Augenblick die Seele erhellt, und uns die Vollkommenheit des absoluten Wesens ahnen läßt.

Das deutsche Publikum kennt dieses Princip der intellektuellen Anschauung, welches der große Schelling am Anfange unseres Jahrhunderts aufstellen wollte, um gleichfalls zur Kenntniß des Absoluten zu gelangen, wiewohl dieser deutsche Philosoph die Natur des hohen Standpunktes der wahrhaft intellektuellen Contemplation nicht vollständig begriffen hat, und überdem von Hegel und den Meisten seiner Zeitgenossen mißverstanden worden ist.

Nach Homer kommt schon der Traum, und daher mit noch größerer Gewißheit die Inspiration vom Himmel her. In der That, während des Schlummers gelangt die, vom Einfluß der sinnlichen Außenwelt befreite Seele, bis in ein unbekanntes Land, das an die Geisterwelt grenzt.

Das Land der wahrhaft inspirirten Träume liegt am Ufer des Ocean's der Geisterwelt. Daher die griechischen Worte: θεόπνευστος, ἐμπνευστός und die lateinischen Ausdrücke: Inspiratio, spiritu divino instinctus (Livius V, 15.) afflatus numine, afflatus Dei (Cicero Arch. 8). Man vergleicht den Einfluß der übersinnlichen Wesen auf den

Menschen mit dem Hauche des thierischen Athemholens. Nach Cicero's Ansicht (de natura Deorum II, 66.) kommt von dem göttlichen Hauche alles geistige Leben her. Der wesentliche Charakter der Inspiration besteht in einer unwiderstehlichen Hingebung an eine fremde, objektive Macht, welche mit Gewalt das Individuum hinreißt.

Daher die griechischen und die lateinischen Ausdrücke: μανία, furor divinus, ὁρμῇ κατέχεσθαι, ἐκ θεοῦ φέρεσθαι, corripi, agitari Deo.

Die Bibel sagt ebenfalls (Ev. Mark. I, 12.): „Der Geist trieb Jesum nach der Wüste" (siehe auch Lukas IV, 1, wo gesagt wird, „daß Jesus durch die Kraft des Geistes in die Wüste geführt wurde" in der bekannten Versuchungsgeschichte).

Nach der Apostelgeschichte (XVIII, 3.) wurde Paulus durch den Geist getrieben, den Juden Zeugniß von Christo zu geben.

Die Inspiration reißt die Seele des Menschen gewaltsam hin; sie geräth unter die Gewalt eines objektiven, geheimnißvollen Einflusses; daher der passive Zustand des inspirirten Menschen, ein wesentlicher Zug der Inspiration, welchen auch die Bibel anerkennt; nach dem Ev. Matthäi X, 20, sagte Jesus zu seinen Aposteln: „Nicht Ihr seid es, welche sprechet, sondern es ist der Geist eures Vaters, „der in Euch spricht."

Markus (XIII, 11.) sagt gleichfalls dasselbe. Diese denkwürdige Stelle lautet folgendermaßen: „Jesus sagte zu den „Aposteln: „Wenn Ihr den Gerichten überantwortet werdet, so „habet keine Angst was Ihr sagen werdet, und denket nicht „darüber nach, sondern saget Alles, was Euch gegeben wird „in diesem Augenblicke zu sagen; denn Ihr seid es nicht, „die sprechen, sondern der heilige Geist."

Lukas XII, 12. sagt Christus zu den Jüngern: „Der heilige Geist wird euch zu derselbigen Stunde lehren, „was ihr sagen sollt."

Sechszehntes Kap. Die Inspiration und die Medien der Neuzeit.

Die Apostelgeschichte sagt XI, 28: „Agabus stand auf „und prophezeite durch den Geist eine große Hun„gersnoth die da kommen sollte in der Welt, und diese trat „wirklich ein unter Kaiser Claudius."

(S. auch Römerbrief VIII, 14, Apostelgeschichte XIX, 21, XX, 22. Psalm 143, 10.)

Wir citiren nur noch aus der zweiten Epistel Petri den 21. Vers des ersten Kapitels, wo es heißt: „Die Weissagung ist „**nicht durch den Willen der Menschen verliehen** „**worden**, sondern die heiligen Männer Gottes haben geredet, „**getrieben vom heiligen Geist**."

Die alten Griechen haben in gleicher Weise die passive Natur der Inspirirten charakterisirt.

Nach Homer's Iliade und Odyssee (Iliade XII, 228 und Odyssee I, 200, 201, 347; XV, 112; XXII, 346.) sind die Seher und Propheten die Repräsentanten Gottes (θεοπρόποι), sie dienen dem göttlichen Willen als passive Werkzeuge (μαντεύουσιν ὡς ἐνὶ θυμῷ ἀθάνατοι βάλλουσι).

Plato sagt im Dialoge von Jo und Menon, daß es nicht die Propheten, Seher und Dichter seien, die sprechen, sondern die Götter die durch sie reden (οὐχ οὗτοί εἰσιν οἱ ταῦτα λέγοντες). Deshalb gelten sie auch für Heilige und für Männer Gottes, weil sie nicht an das denken, was sie sagen.

Lucan, der berühmte Verfasser der Pharsalia, gibt uns eine detaillirte Beschreibung der unwiderstehlichen Macht der Inspiration der Pythien, wenn sie Orakelsprüche verkündeten. Wir citiren hier die Verse 71 bis 223 dieses Dichters:

„Als der Oberbefehl der Armee der Republik dem Pompejus „zuerkannt worden war, so befragte Appius das del„phische Orakel, ehe er einen ungewissen Kampf „einzugehen wagte. In einer gleichen Entfernung von „Sonnenuntergang und von der Morgenröthe, ragen die beiden „Gipfel des Parnassus hoch in die Lüfte empor. Dieser Berg

„ist Apollo und Bachus gleich lieb und werth und die thebani-
„schen Mänaden vereinigen deren Cultus in den, alle drei Mo-
„nate Statt findenden Festen, welche sie zu Delphi feiern."

„Welche Gottheit verbirgt sich an diesem Orte? — Welcher
„Gott, dem alle Mysterien der ewigen Welt und die Geheim-
„nisse der Zukunft offenbar sind, läßt sich zum Aufenthalt auf
„der Erde herab, und ist immer bereit, sich den Sterblichen zu
„entschleiern, und ihre Berührung zu ertragen, gleich wunder-
„bar und mächtig, ob er das Schicksal nur offenbart oder
„dasselbe durch sein Gebot entscheidet? — Wie dem auch sei,
„sobald der göttliche Hauch in den jungfräulichen Busen der
„Priesterin gedrungen ist, so erschüttert er ihn mit einem furcht-
„baren Getöse; er läßt den Mund der Prophetin mit Donner-
„worten erschallen, wie die glühende Flamme den sicilischen
„Krater durchbricht (Aetna) . . . . . ."

„Der Gott zeigt sich Allen zugänglich, und ver-
weigert Niemand seine Orakelsprüche; doch niemals macht Er sich zum Mitschuldigen menschlicher
Leidenschaften. Es ist nicht gestattet, in seinen Tempel zu treten, um dort mit leiser Stimme verbotene
Wünsche zu murmeln, denn, indem Er die feste und un-
wandelbare Ordnung der Geschicke verkündet, leiht Er kein
Ohr mehr den geheimen Einflüsterungen der Be-
fragenden. Das größte Unglück unseres Jahrhunderts ist,
diese wunderbare Gabe der Vorsehung verloren zu haben. Das
Delphische Orakel ist verstummt, seitdem die Könige die Zukunft fürchten, und die Götter nicht
mehr sprechen lassen wollen . . . . . So schlummerten
die Dreifüße seit langer Zeit in unbeweglicher Ruhe, als Appius
dieselbe zu stören kam, um das Wort der Entscheidung des
Bürgerkrieges zu hören . . . . . ."

„An den Ufern der kastalischen Quellen, in der tiefsten Tiefe
der einsamen Waldungen, lustwandelte fröhlich und furchtlos die
junge Phemonoe; der Oberpriester ergreift sie und bringt

sie mit Gewalt in's Heiligthum des Tempels. Die Priesterin erzittert und erbebt, und wagt kaum die furchtbare Schwelle zu überschreiten; vergeblich wendet sie jede List an, um Appius von seinem heißen Wunsche abzubringen, die Zukunft zu ergründen. Man durchschaut diese List, und das Entsetzen der Priesterin macht die Gegenwart des Gottes wahrscheinlich, die sie vergeblich ableugnet. Sie windet ihr Haar um die Stirne und heftet die weiße Binde mit einem phocischen Lorbeerkranze um ihre flatternden Locken. Noch aber zögert sie und wagt nicht vorwärts zu schreiten; es drängt der Priester sie in's Innere des Tempels. . . .

„Die Jungfrau eilt zum verhängnißvollen Dreifuß, stürzt sich in die Grotte und bleibt dort mit Widerstreben, den Gott in ihren Busen aufzunehmen, welchen ihr der unterirdische Hauch sendet, **dessen Kraft selbst Jahrhunderte nicht erschöpft haben**. Endlich ist Apollo Herr des Herzens seiner Priesterin . . . . ."

„Rasend und außer sich, läuft die Priesterin mit fliegenden Gewändern durch die Räume des Tempels, ihre Haare sträuben sich empor und die heilige Binde und der prophetische Lorbeer halten kaum die Locken. Sie wirft den Dreifuß um, der ihren ungestümen Lauf aufzuhalten droht; sie schäumt vor verzehrender Gluth. Dein glühender Hauch, o Gott der Orakel, liegt auf ihr!"

„Das Gemälde, das sich vor ihren Blicken entrollt, ist unendlich; die ganze Zukunft enthüllt sich mit Einem Male und die Begebenheiten streiten um das prophetische Wort. Der erste und letzte Tag des Weltall's, die Tiefe der Meere und der Sandkörner unermeßliche Zahl, Alles steht lebendig vor ihren Augen. Sie sagt dem Appius: „Du wirst den Gefahren dieses unheilvollen Krieges entrinnen, und allein wirst du Ruhe finden in einem üppigen Thale an Euböa's Küste . . . ."

„In blindem Eifer stößt die Pythia mit der Brust an die Pforte des Tempels, die ihrem Drängen nachgibt und sich öffnet. Die Priesterin entflieht, aber ihre prophetische Raserei ist noch nicht vorüber. Sie hat nicht Alles gesagt und der in ihrem Busen herrschende Gott begeistert sie noch immer. Er ist's, der ihre Augen so wild rollen macht und ihr diesen fremden Blick verleiht. Ihr Antlitz hat keinen ruhigen Ausdruck, Trotz und Furcht wechseln darin, flammende Röthe und Leichenblässe folgen sich auf ihren Wangen. Ihr von so viel Stürmen erschüttertes Herz beruhigt sich noch nicht, aber es erleichtert sich schon durch tiefe Seufzer, die dem dumpfen Brausen der Meereswogen gleichen, wenn der Nordsturm zu rasen aufgehört hat....."

„In ihrem Uebergange von dem göttlichen Lichte der Begeisterung, welches ihr die Zukunft offenbarte, zur irdischen Tageshelle, tritt plötzlich für sie ein Zeitraum der Dunkelheit ein. Apollo gießt Vergessenheit in ihr Herz, um ihr die Geheimnisse des Himmels zu entziehen. Die Wissenschaft der Zukunft entflieht dem Gedächtniß der Prophetin, und sie kehrt zum verhängnißvollen Dreifuß zurück. Als sie wieder zum Bewußtsein gekommen, stürzt die unglückliche Jungfrau ohnmächtig und ermattet zur Erde."

Man sieht, daß die griechischen Pythien wie unsere modernen Somnambülen und Exstatischen nur prophezeiten und Orakelsprüche verkündeten, wenn sie vom normalen in einen höhern Zustand der Begeisterung übergingen. Die Pythien vergaßen, wie unsre magnetischen oder künstlichen Somnambülen, was sie während ihres Hellsehens gesehen, gehört und gesagt hatten. Die Exstase der Pythia wurde gewöhnlich durch die künstlichen Mittel der Magie hervorgebracht; daher das Vergessen beim Erwachen, wie bei der Mehrzahl der magnetischen Somnambülen. Das Gegentheil tritt ein, wenn das Hellsehen ein spontanes ist. Die natürliche Exstatische und Idio-Somnambüle erinnert allmählig sich alles dessen, was ihr offenbart ist, während ihres höhern Zustandes der Begeisterung.

Diese Citate genügen, um zu beweisen, daß die Alten allein die wahre Natur der Begeisterung und der Exstase kannten, während unsre sogenannten modernen Philosophen, für welche die übersinnliche Welt ein todter Buchstabe ist, meinen, daß die Inspiration nur ein innerlicher, subjektiver Zustand sei. Unsre After-Philosophen ahnen nicht einmal die **objective Ursache** dieses erhabenen Zustandes. Die fluidistischen Magnetiseure sind in einem nicht minder großen Irrthum befangen; indem sie bemerkten, daß der Magnetismus oft zu den Phänomenen des somnambülen Hellsehens Anlaß gibt, so glaubten sie, daß dieser wunderbare Zustand nur eine **Erhitzung des Gehirns** sei, vermittelst des magnetischen Fluidums, dessen Wirklichkeit man niemals beweisen kann. Die Schüler Mesmer's hielten die Extase nur für eine **Gehirn-Exaltation**, welche durch den **Zufluß der vitalen Kräfte zweier Wesen in ein einziges Individuum**, hervorgerufen wird.

Die Mesmerianer bemerkten nicht, daß der Magnetismus nur ein einschläferndes Mittel ist, um die äußern Sinne zu betäuben und außer Wirksamkeit zu setzen, wie z. B. das Opium, der Aether (Chloroform) und der Soma-Trank der Inder und alle andern Mittel der Magie, um zum künstlichen Hellsehen zu gelangen. Im alten Egypten benutzte man zu diesem Zwecke die Ausdünstungen des Kyphi (ein aus verschiedenen Ingredienzen zusammengesetzter Wohlgeruch), welcher vorzüglich auf die Einbildungskraft, diesen Sitz der Traumwelt, wirkte. Diese Ausdünstungen waren nach **Plutarch** (Isis und Osiris, Ricard V, p. 399) nicht minder wirksam als die Töne der Lyra, durch welche die **Pythagoräer** sich in diesen Zustand höherer Begeisterung versetzten. Alle diese, die äußern Sinne einschläfernden Mittel können das **Hellsehen nicht hervorbringen**, sondern nur vorbereiten, indem sie die **Hindernisse beseitigen**, welche von dem Einflusse der materiellen Welt herrühren.

Diese Mittel setzen die äußern Sinne außer Wirksamkeit, und unterbrechen folglich den Verkehr der Seele mit dem All' der materiellen Erscheinungen. Die dergestalt isolirte und von dem Joche der materiellen Sinneseindrücke befreite Seele, wird nun fähig, den Einfluß der übersinnlichen Welt zu verspüren. Nichtsdestoweniger ist der Verkehr der Seele mit dieser höhern Welt sehr unvollkommen, bevor es einem unsichtbaren Genius gelingt, sich ihrer zu bemächtigen. Daher kommt die Verwirrung und Unordnung der Ideen in ihrer Reihenfolge in den unklaren Träumen, Noktambulismus und in den niedern Graden des nicht inspirirten Somnambulismus. Die Seele ist freilich schon über die gewöhnlichen Schranken des Raumes und der Zeit erhaben; sie erfreut sich bereits der wunderbaren Fähigkeiten, welche in der Tiefe ihrer Natur verborgen liegen, wie z. B. der Fernsicht, des Durchschauens der Gedanken anderer, mit ihr in Rapport stehenden Individuen, oder des Gedanken-Reflexes, und endlich der Vision durch dichte Körpermassen, wie Thüren und Mauern. Das Lesen im Finstern mit geschlossenen und verbundenen Augen gehört gleichfalls zu diesen merkwürdigen Fähigkeiten der sogenannten Nachtseite der Seele.

Trotzdem fehlt der Seele in diesen Uebergangs-Zuständen, der geistige Compaß, der Einfluß von oben, der allein sie wahrhaft beleben kann. Der weise Salomo hat diese Phase der Entwicklung der Fähigkeiten der menschlichen Seele, um zur wahren Inspiration zu gelangen, sehr treffend charakterisirt. Er sagt in den Sprüchen (XVI, V. 1): „Die Vorbereitung des Herzens gehört dem Menschen an, aber die Rede der Zunge kommt vom Ewigen her." In der That sind alle schönen Eigenschaften der Seele mehr oder minder unfruchtbar, so lange sie noch nicht wahrhaft inspirirt ist. Der Einfluß zweier Welten kreuzt sich noch, wegen der Wirkung der Einbildungskraft und des Gedächtnisses, in störender Weise, trotz jeder Isolirung, welche doch nie vollständig ist, so lange die Seele noch nicht durch den Tod von den Banden des Körpers befreit ist. Die chemischen und physischen Funktionen des Körpers und das Echo der materiellen Welt, hemmen die Seele in ihrem erhabenen Fluge zu den Regionen der übersinnlichen Sphären.

Sechszehntes Kap. Die Inspiration und die Medien der Neuzeit.

Alles nimmt indessen eine andere Gestalt an, wenn sich ein guter Genius der Seele bemächtigt. Süßer Friede erfüllt das bange Herz; das Gleichgewicht aller intellectuellen und moralischen Fähigkeiten ist wieder hergestellt. Die Seele legt die irdischen Täuschungen und Illusionen ab, und erhebt sich zur intellectuellen Anschauung der unsichtbaren Ursachen des Weltalls.

Uebrigens je intimer der Verkehr der menschlichen Seele mit der Geisterwelt wird, je dauernder dieser Rapport ist, desto mehr werden die Offenbarungen der Geister direkt und materiell. Der Körper des Sehers und des Extatischen beginnt sogar den Einfluß der übersinnlichen Welt zu empfinden und an den Phänomenen der Geister Theil zu nehmen. Die Geister-Erscheinungen werden von den verfeinerten äußern Sinnen, im Zustande normalen Wachens wahrgenommen. Diese Stufe des Sehers ist die höchste, welche der Mensch hier auf Erden erklimmen kann, denn er steht gleichsam mit einem Fuße schon auf der Leiter, die zum Jenseits führt und auf der die Engel und Schutz-Geister zu unsrer Erde hinabsteigen. Trotzdem verliert aber der wahrhaft begeisterte Seher nicht den Boden der niedern Realität, weil er sich mit dem andern Fuße auf die Erde stützt.

Nur wenigen Sterblichen ist ein solcher Grad der Vollendung verliehen. Große, angeborne geistige Anlagen, verbunden mit einem zarten Körperbau, eignen dazu am Meisten.

Ganz anderer Natur sind die sogenannten mechanischen Medien, welche nicht blos neuern Ursprungs sind, sondern die die alten ebenfalls gekannt haben. Homer's Jliade (XII, 228) spricht schon von denen, die blos passive Werkzeuge göttlichen Willens sind. Ein unsichtbarer Genius nimmt in diesem Falle blos Besitz vom Körper des Mediums oder der sensitiven Person, ohne mit deren Seele in Verkehr zu treten, ohne diese zu begeistern oder in einen höhern Zustand zu versetzen. Die Seele des Mediums behält ihre gewohnten Gedanken und ihre Alltags-Weise der Anschauung bei, so daß gleichsam zwei Geister, deren Gedanken ganz und gar von einander abweichen, vorübergehend denselben Körper beleben. Der objective übersinnliche Geist läßt in diesem Zustande eines maschinalen Mediums, dessen Seele volle Freiheit, weil er sie der Begeisterung für unfähig hält, und strebt folglich nur, sich des vernunftlosen Armes des Mediums zu bedienen, um seine Gedanken auszudrücken und mit denen auszutauschen, die ihn befragen. Diese mechanischen Medien, welche gewöhnlich Psychographen sind, bilden die niedrigste Klasse der Vermittler der übersinnlichen Welt mit der unsrigen, weil sie nur materielle, passive Werkzeuge nach dem Willen der Geister sind. Angeborne, geistige Anlagen bedarf ein mechanisch-materielles Medium nicht, wohl aber eine eigenthümliche, physische Sensitivität, welche nur in seltenen Fällen durch Krankheiten und Excesse vermehrt und entwickelt werden kann. Obwohl nun diese sogenannten mechanischen Medien sehr ordinäre Alltagsmenschen sind, in geistiger und moralischer Hinsicht, so bieten sie doch dem Anthropologen, Psychologen und Pneumatologen ein ganz besonderes Interesse dar, weil eben ihre geistige Mittelmäßigkeit deutlichere Beweise des objectiven Einflusses der Geisterwelt liefert, als bei den höher begabten, begeisterten Vermittlern Statt findet. Dies gilt namentlich im hohen Grade von den großen, rein materiellen Medien für objectiv-direkte Phänomene, wie z. B. die bekannten Amerikaner Hume, Squire, Foster und die Gebrüder Davenport nebst ihrem Schwager Fay.

Der bekannte Amerikanische Seher Andrew Jackson Davis theilt in seinem interessanten Werke «Inner life» (Inneres Leben) die Medien in zwei Hauptklassen: 1) die wahrhaft Begeisterten, mit glücklichen und hervorragenden geistigen Anlagen und Eigenschaften versehenen Medien. Der Verkehr mit der Geisterwelt bildet und entwickelt ungemein ihre subjective Denkweise, so daß einige von ihnen, wie z. B. Andrew Jackson Davis selbst, aus einem ganz unwissenden Schusterjungen zu einem kenntnißreichen Philosophen sich herangebildet haben; dasselbe gilt von dem inspirirten **Sprech-Medium** Emma Harding e u. A. m. 2) **Die materiellen, mechanischen Medien.** Diese bleiben, trotz der Größe ihrer materiellen Phänomene, falls sie **direkt objectiver Natur** sind, wie die der obengenannten Amerikaner, immer auf derselben ordinären, geistigen Bildungsstufe, weil sie keinen geistigen, sondern nur einen materiellen Verkehr mit der Geisterwelt haben. Nicht angeborne, eminente, geistige Anlagen haben sie befähigt, Medien zu werden, sondern eine eigenthümliche, angeborne physische Sensitivität. Dasselbe gilt auch von den rein mechanischen, psychographischen Medien, welche sich oft einbilden, **wenigstens mit halbem Bewußtsein** etwas geschrieben zu haben, welches bei Weitem ihren geistigen Horizont überragt.

Siebenzehntes Kapitel.

Ekstase der Inder.

Der Yoga-Sâstra von Patandjali enthält im vierten Kapitel eine Abhandlung über die Ekstase und die Magie. Dieses Buch ist reich an Belehrungen und Vorschriften, wie man die somnambülen Fähigkeiten entwickeln könne.

Der Brâhma-Soûtra (III, 2, § 1—4) handelt von den vier Zuständen der mit einem groben Körperstoff bekleideten Seele:

1. der Zustand des normalen Wachens;
2. der Zustand des Traumlebens;
3. der tiefe Schlaf;
4. die Ekstase.

Auch rechnet man hiezu noch die Ohnmacht und die Katalepsie, sowie den Scheintod, als Mittelstufen zwischen dem tiefen Schlafe und dem Tode, zur dritten Klasse gehörig.

Im Traumleben, welches eine Mittelstufe bildet zwischen dem Zustande des Wachens und des tiefen Schlafes, findet ein phantastischer Kreislauf von Begebenheiten, eine illusorische Schöpfung Statt, welche jedoch Zeugniß gibt von der Existenz einer selbstbewußten Seele.

Im tiefen Schlafe zieht sich die Seele zurück in's Innere der höchsten Seele oder vielmehr in ihre innersten Tiefen, vermittelst der Arterien des Pericardiums (in der Gegend der sogenannten Herzgrube.)

Siebenzehntes Kapitel. Ekstase der Inder.

Während des tiefen Schlafes ist die Seele vorübergehend vereinigt mit dem höchsten Wesen, an welches sie sich dauernd anschließt nach ihrer endlichen Befreiung vom Joche des Leibes durch den Tod. Diese Vereinigung der individuellen Seele mit der Gottheit ist keineswegs gleichbedeutend mit einem völligen Aufgehen in die Gottheit, oder mit einer Unterbrechung der Individualität; sie ist vielmehr ein rein beschaulicher Zustand der Seele, nach welchem die Heiligen schon hier auf Erden streben, durch die Ertödtung aller Selbstsucht und durch die Erwerbung der wahren Wissenschaft. Nur auf diesem Wege gelangt die Seele zu einem harmonischen Gleichgewichte zwischen der Subjectivität und der Objectivität; sie wird mit einem Worte Subjekt-Objekt.

Die Ekstase oder der Zustand des vollkommensten Seelenfriedens und der höchsten intellektuellen Anschauung (Anandâ oder Nirvanâ) ist die höchste Glückseligkeit, nach welcher Jeder strebt. In dieser Hinsicht stimmt der Djina (Gymnosophist) ebensowohl als der Buddhist mit dem orthodoxen Vedantisten überein.

Im höchsten Grade der Ekstase gelangt der Mensch zu der reinen intellektuellen Anschauung. Er kann das Schicksal vorhersehen, welches den Todten nach Maßgabe der Stufe ihrer Vollkommenheit in der andern Welt vorbehalten ist. Die künftige Vervollkommnung unseres Wesens, die allmählige Steigerung unserer geistigen Kräfte in einer Reihenfolge von Existenzen, zu welchen der irdische Zustand nur das Vorspiel bildet, wird durch den über das Diesseits hinausragenden Geist der Yogi's und Sanjasi's wahrgenommen und begriffen, ja sogar bewiesen.

Die Gesetze Manu's (Buch VI, § 73) sagen, daß der ekstatische Yogi durch seine intellektuelle Anschauung und abstrakte Gedankenconcentration, den Entwicklungsgang der Seele durch verschiedene Körper vom höchsten bis zum niedersten Grade zu beobachten vermag.

Die indischen Dichter schreiben in dem Ramayana und Mahabharata, einer großen Anzahl exstatischer Einsiedler die Fähigkeit zu, durch dichte Körper zu sehen, die Gedanken Anderer zu errathen, künftige Begebenheiten vorherzusagen u. s. w.

Der Brahma-Soûtra (Buch IV, Kap. 4) spricht von vielen magischen Künsten der Yogi's im Zustande der Exstase, und behauptet sogar, daß sie sich unsichtbar machen können? — Sie besitzen auch die Kraft der Doppelgängerei, sowie die Gabe, sich nach fernen Orten zu versetzen und sich dort, bewußt, sichtbar zu machen, während ihr Körper im kataleptischen Zustande ruht und nach der Rückkehr des Geistes wieder erwacht.

In Amerika und in Lappland hat man ähnliche Phänomene in unsern Tagen beobachtet.

Zu dieser Klasse von Phänomenen gehört auch das sonderbare Sichselbstsehen, sowie das sogenannte schottische zweite Gesicht (second sight).

Der Philosoph Kanada spricht von dem Wechsel und der Versetzung der Sinnes-Fähigkeiten, wie z. B. durch die Herzgrube zu sehen, oder vermittelst des Nabels oder einer Zehe zu hören, eine sonderbare Eigenschaft, welche die neueren Magnetiseure oft an ihren Somnambülen beobachtet haben. (Pauthier, essai sur la philosophie des Hindous, übersetzt aus dem Englischen des Colebrooke, p. 170 u. s. w.)

In neuester Zeit haben in Paris der Graf d'Ourches und der Baron du Potet diese außerordentlichen Leistungen der Yogi's auf dem Felde der Magic wieder aus der Vergessenheit durch ihre Experimente und Forschungen an's Tageslicht gezogen.

Sankara sagt im Atma-Bodha (Art. 40): „Derjenige, der die Natur des unsichtbaren Wesens begreift und die Idee der Endlichkeit verworfen hat, lebt glücklich im Aether des Urwesens, ohne seine Individualität zu verlieren."

Derselbe tiefe Denker fügt im Art. 41 desselben Buches hinzu: „Vertieft in der intellektuellen Anschauung des höchsten Wesens, gibt es für ihn keinen Unterschied mehr zwischen dem Wahrnehmer, der Wahrnehmung und den wahrgenommenen Objekten." Der reine Denker gelangt mit Einem Worte zur Einheit des Subjekts mit dem Objekt, daher das strahlende Antlitz des Exstatischen. Der Yogi nimmt durch das innere Auge seines Bewußtseins wahr, das jedes Ding geistiger Natur ist; in der That, der Geist ist das einzige Wesen, das wirklich existirt (Art. 47).

Nach allen Sekten und Schulen Indiens ist der Zweck des Menschen, die Seele von den irdischen Banden zu befreien, d. h. vom Joch der sinnlichen Lüste und der Selbstsucht, in moralischer und intellektueller Hinsicht zu erlösen, um dem ewigen Urwesen ähnlicher zu werden. Die Erlösung oder Befreiung geschieht durch Erfüllung der moralischen Pflichten des Menschen, durch Erlangung der Tugend, d. h. harmonischen Leitung der Organe durch die Seele, sowie durch die Concentration des Gedankens vermittelst der Wissenschaften und durch die intellektuelle Anschauung im exstatischen Zustande. Mit Einem Worte, die Wissenschaft und die Tugend befördern das Emporsteigen des Menschen zu den höheren Regionen.

Nach den Paragraphen 75 und 80—82 des sechsten Buches der Gesetze Manu's, welche die Pflichten und Lehren des frommen Einsiedler's enthalten, um im Erlösungswerke schon hier auf Erden fortzuschreiten, soll man:

1) keiner Creatur etwas zu Leide thun;
2) seine Leidenschaften und sinnlichen Gelüste beherrschen, und zwar in dem Grade, daß die sinnlichen Genüsse einem ganz gleichgültig werden. Diesen Zweck erreicht der Mensch durch eine tiefe Kenntniß des Uebels am Besten;

3) die frommen Pflichten, welche durch die Veda's vorgeschrieben, erfüllen;

4) endlich sich strengen Andachtsübungen und Kasteiungen unterziehen.

Die Wissenschaft ist entweder **geistig und innerlich** oder **zeitlich und äußerlich**. Die äußere und zeitliche Erkenntniß begreift das Studium der äußern Natur und der heiligen Schriften in sich; die innere, geistige Erkenntniß aber verleiht allein die **Kenntniß unseres Selbst**, indem man die Seele von der Materie unterscheidet, und so **allmählig ihre Befreiung vom Körper und von der Sinnenwelt** bewerkstelligt, denn nur durch die Wissenschaft der ewigen Principien aller Dinge gelangt man zur Wahrheit und zur Seligkeit im Anschauen Gottes.

Das Werk der Befreiung ist eine **allmählige Himmelfahrt der Seele**, vermöge ihres natürlichen Strebens, sich zu höheren Regionen empor zu schwingen, obwohl sie durch die körperlichen Bande an die Erde gefesselt bleibt, denn der Yogi selbst in der **höchsten Extase** gelangt nur zu einer **unvollständigen, beschränkten Befreiung oder Erlösung**. (Diese beschränkte Befreiung wird Moukti genannt nach den Bramanen, Brahma-Soutra IV, 4, § 7; Yoga-Siddha aber nach den Djina's oder den Gymnosophisten.)

Die durch das magische Verfahren der Yogi's in einen höhern, geistigen Zustand versetzte Seele, spricht nur das berühmte einsilbige Wort „Aum" (der mystische Name Gottes) aus, und **versenkt sich gänzlich in die Betrachtung des höchsten Wesens**.

Die praktischen Andachtsübungen der Yogi's sind **wunderlich**, wie in dem **Schamanismus** bei den Tartaren und Mongolen; sie halten ihren Athem an und drücken ihre Glieder wie eine Schildkröte zusammen, wahrscheinlich im kataleptischen Zustande. (Mann's Gesetze IV, § 24; Dubois, mœurs, institutions, etc. der indischen Völker, Bd. II, p. 271.)

Achtzehntes Kapitel.

Die Exstase bei den Chinesen und alten Persern.

Die Lehre der Inder, insofern dieselbe die Exstase und die mystische Vereinigung mit Gott betrifft, findet sich auch bei den Chinesen und bei den Sofis der Perser. (Tholuck, Sofismus. Berlin, 1821.)

Man bemerkt eine Aehnlichkeit mit den Ideen des Patandjali in der Tao-Schule, deren Stifter, der berühmte Laotseu, im Taoteking (Kap. 16) sagt, daß die Exstase und die vollkommene Gemüths- und Geistesruhe, ohne Mitwirkung der äußern Sinne und des Körpers, zur Vereinigung mit dem höchsten Wesen führe.

Es gibt nach ihm zwei Stufen der Exstase:

Die Erste nennt er die einfache Vereinigung mit Gott, welche darin besteht, alle Dinge in Gott zu schauen, und auf jede andere Macht, als auf die Gottes, zu verzichten.

Die zweite Stufe ist die Vereinigung der Vereinigung, welche, soweit die Erhaltung der Individualität der Seele es zuläßt, fast zur Identität mit Gott führt, indem man auf jede selbstische Absicht gänzlich Verzicht leistet, und sich ganz und gar dem Einflusse des Geistes Gottes hingibt. (Notizen und Auszüge orientalischer Manuscripte der französischen Akademie, Bd. X und XII, welche die beiden gelehrten Memoiren Sylvesters de Sacy enthalten.)

Die Sofis der Perser und die Derwische der Muselmänner haben eine große Analogie mit den Yogi's der Inder. Diese Aehnlichkeit beweist das hohe Alter ihrer Lehren.

Das Ziel, welches die Sofis, gleich allen Mystikern, zu erreichen streben, ist eine vollkommene Vereinigung mit Gott, oder vielmehr ein moralisches Aufgehen in die Gottheit. Man erreicht diesen Zweck nur, wenn man allmählig sich gewöhnt, auf alle sinnlichen Genüsse und Gelüste zu verzichten und namentlich seinen Eigenwillen vollständig zu brechen, so daß Alles, was zur materiellen Welt gehört, Einem vollständig gleichgültig wird. Wer nach dieser Vollkommenheit trachtet, kann nur dazu gelangen durch anhaltende beharrliche Anstrengungen. Es wird schon für einen großen Fortschritt erachtet, falls man von Zeit zu Zeit einen mehr oder minder vollkommenen Seelenfrieden genießt, und sich in diesem Zustande der Selbstvergessenheit dem übernatürlichen Lichte der Gottheit hingibt. Allerdings ist die intellectuelle Anschauung des höchsten Wesens doch nur für den Sterblichen wie ein Blitz, welchem alsbald eine neue Finsterniß nachfolgt; denn Gott hebt nur für einen Augenblick den Schleier der unsichtbaren Welt. Es gibt in dieser Vervollkommnung des geistigen Lebens eine Stufenreihe von Zuständen und Stationen, welche mit der vollkommenen Vereinigung mit Gott endigen. Die Sofis unterscheiden wie Laot-sen zwei Zustände in der Extase:

1) Die einfache Vereinigung, falls man Gott in allen Geschöpfen erblickt, d. h. das allgemeine Leben im besondern Einzelwesen;
2) Die vollkommene Vereinigung mit Gott, welche darin besteht, alle Einzelgeschöpfe in Gott leben und weben zu sehen.

Auf der ersten Stufe sieht man bloß das Allgemeine im Besonderen, auf der zweiten, höheren aber das Einzelne im Allgemeinen, wegen der vollkommenern Entwicklung und Gottähnlichkeit der Individualität. Die Sofis schildern ihre

Ekstasen und ihre Verzückungen über die ewige Liebe mit den üppigsten, wollüstigsten Farben. Der Sofismus lehrt vorzüglich die irdische Eitelkeit verachten, Werke der Frömmigkeit und Mildthätigkeit verrichten und in der Einsamkeit für Gott zu leben. Die Etymologie des Namens Sofi kommt von Souf (Wolle) her, weil sie sich mit Wolle bekleiden, und den Luxus und die Seide verachten. Die Anhänger dieser mystischen Sekte, an die sich auch die Mohamedanischen Derwische anschließen, behaupten, daß sie einen großen Vorzug vor allen Sterblichen durch die Entwicklung der ekstatischen Zustände haben, und verachten die Vorschriften aller positiven Religionen, und besonders die Ceremonien des officiellen Cultus. Daher sind sie bei den wahren Jüngern Mahomed's verhaßt; letztere behaupten, daß ihre übersinnlichen Gaben Teufelswerke seien. Die Sofis und Derwische bilden vorzüglich die Ekstase aus, durch die Bekämpfung aller sinnlichen Neigungen und Lüste; durch die Verzichtleistung auf den Gebrauch der äußeren Sinnes-Funktionen wächst, ihrer Meinung nach, die Macht des menschlichen Geistes in dem Grade, daß er wieder Bürger der Geisterwelt wird und Dinge schaut, welche kein gewöhnlicher Sterblicher zu sehen vermag. Die Concentration des Gedankens ist der Nahrung gleich, welche dem Körper Wachsthum verleiht. Der menschliche Geist nimmt so fortwährend an Weisheit zu; der Glaube verwandelt sich in Schauen, die Gefühle und Ahnungen in klares Wissen; die vagen Hypothesen und Theorien der Philosophie in eine positive, übersinnliche Erfahrungs-Wissenschaft. So nähert sich die menschliche Natur der Sphäre der Engel und jener Welt, wo kein Wechsel des Lichtes und der Finsterniß ist.

Die Sofis und Derwische sind im innigen Verkehr mit der Geisterwelt, und schauen viele Sphären, welche einen Theil jener Dinge ausmachen, deren Erkenntniß

Gott allein sich vorbehalten hat, und dem gewöhnlichen sterblichen Auge verschleiert. Diese Exstatischen sagen öfters die Zukunft voraus und nöthigen durch die Macht ihrer Magie andere niedriger gestellte Wesen, ihnen unbedingt zu gehorchen.

Das Wort Elyas bedeutet die höchste Stufe der Gedanken-Concentration und der exstatischen Verzückung in Gott, verbunden mit gänzlichem moralischen Aufgehen des Eigenwillens. Die Etymologie dieses Wortes kommt von dem Namen eines Individuums her, welches, den Sagen der Perser und Araber zufolge, so hoch in die Welt der Geister sich emporgeschwungen hatte, daß seine sinnliche und körperliche Natur sich allmählig ganz und gar vergeistigte. Die höchste Anstrengung in der Exstase vergeistigte dieses Individuum in dem Maße, daß er der Vergeistigung durch den Tod nicht mehr bedurfte. Jeder Anhänger der drei großen semitischen Religionen (der alt-testamentlichen, christlichen und mohamedanischen) wird wohl hier leicht die Erklärung der Sage von Elyas Himmelfahrt erkennen. (Noten und Auszüge orientalischer Manuscripte, Bd. X, Sylvester de Sach's Memoiren, p. 21, 78 u. 81).

Nach dem arabischen Buche der Definitionen von Djordani bezeichnet Insidaa (Bruch) den Zustand des Herabsinkens aus der höhern exstatischen, intellectuellen Anschauung des Zusammenhangs aller Dinge mit dem Ur-Wesen, in einen niederen Uebergangszustand, wo die Attribute von der Substanz sich zu lösen anfangen, gleichsam als eine vom Wesen getrennte Phänomenal-Welt.

Igma nennt man die anormale Ohnmacht und Katalepsie, die oft eine Folge der Verzückung ist. Daher die seltsame Idee der Neuern, namentlich Sprenger's, in seinem Werke „über das Leben und die Lehre des Mohamed" diesen großen semitischen Reformator, einen **hysterischen Propheten** zu nennen, ohne zu bedenken, daß eine experimentale Exstase, eine mit Wissen und Willen und folglich vollkommenem Selbstbewußtsein hervorgerufene Verzückung in die höhern, himmlischen Geister-Sphären, in einer großen Sensitivität wurzelt. Es liegt in der Natur der Sache, daß die große Gedanken-Concentration in der Exstase auch das Nerven-System sehr angreifen muß und folglich hysterisch-pathologische Zustände hervorrufen kann, weßhalb das weibliche Geschlecht oft mehr natürliche Anlagen zu der spontanen Exstase besitzt, als das männliche, namentlich in Europa, wo der Mensch weniger Tendenz hat zur contemplativen Beschaulichkeit, als im Orient. Daher die große Anzahl der Pythien, Sibyllen und Orakelpriesterinnen in Europa.

Allerdings erreichen gewöhnlich nur Männer die höchste Stufe der selbstbewußten, exstatischen Gedanken-Concentration und Verzückung in den sogenannten dritten Himmel, vermittelst der intellektuellen Anschauung der ewigen Ursachen der Dinge, wie nicht bloß die religiösen und socialen Gesetzgeber und Reformatoren, sondern auch die mystischen Theosophen und Weltweisen, von Pythagoras an bis St. Martin, Schelling und Baader.

Neunzehntes Kapitel.

Von der menschlichen Seele.

Motto:

Daran erkenn' ich den gelehrten Herrn:
Was ihr nicht tastet, steht euch meilenfern;
Was ihr nicht faßt, das fehlt euch ganz und gar;
Was ihr nicht rechnet, glaubt ihr: sei nicht wahr!
Was ihr nicht wägt, hat für euch kein Gewicht,
Was ihr nicht münzt, das, meint ihr, gelte nicht!

Göthe's Faust.

Der gebildete Leser wird vielleicht erstaunt sein, daß wir erst jetzt von der menschlichen Seele sprechen, nachdem wir schon die bedeutendsten Phänomene derselben, d. h. die Inspiration, das Hellsehen und die intellectuelle Anschauung in der Ekstase, behandelt haben.

Wir hoffen indessen, daß der aufmerksame Leser den von uns eingeschlagenen Weg nicht auffallend finden wird, wenn er erwägt, daß wir auf dem nüchternen Boden einer positiven Erfahrungs-Psychologie stehen, und als consequente Empiriker von den einzelnen Phänomenen, zumal von den bedeutendsten, wie die oben erwähnten, der sogenannten Nachtseite der Seele angehörigen, erst auf die wahre Natur der Seele zurückgehen können. Wie die anormalen pathologischen Erscheinungen vorzüglich die wahre Beschaffenheit der physiologischen Funktionen der verschiedenen Organe unseres Körpers an's helle

Tageslicht bringen, so auch müssen die extraordinären Erscheinungen der höhern geistigen Zustände der Seele erst die wahre Beschaffenheit derselben offenbaren. Wie die Pathologie für die Physiologie von der höchsten Wichtigkeit ist, um wie viel mehr müssen nicht die sogenannten magischen Zustände der Seele für die Psychologie von unberechenbarer Wichtigkeit sein. Der Magnetismus, namentlich das magnetische Hellsehen, spielt in dem Gebiete der Psychologie dieselbe Rolle, wie die physikalischen und chemischen Experimente im Gebiete der Naturwissenschaft und besonders wie die physiologischen Experimente mit lebenden Thieren auf dem Felde der Physiologie. In der That, die Physiologie wäre noch in der Kindheit, wenn nicht der berühmte Magendie und Andere zuerst diese, allerdings die Thiere quälende Methode des Experimentirens eingeführt hätten! — So wird auch das Studium der Psychologie bloß ein vager Hypothesen-Kram bleiben, wenn man nicht den experimentalen Weg des Magnetismus und Somnambulismus einschlägt.

In Deutschland kann man in dieser Hinsicht nicht genug die Verdienste des Herrn Professor Perty in Bern rühmen. Derselbe hat zuerst in seinen Schriften die hohe Bedeutung der magischen Erscheinungen der Seele und der magnetischen Experimente für das Studium einer wirklichen, positiven Psychologie anerkannt, und überdem die Deutschen mit den bedeutendsten spiritualistischen Phänomenen Amerika's, England's und Frankreich's bekannt gemacht. Wir folgen in diesem Handbuche der positiven Pneumatologie seinem Beispiele, und dehnen nur insofern den Horizont dieser Wissenschaft aus, als wir die, durch die Experimente der letzten zwanzig Jahre constatirten Phänomene der Seele, mit ähnlichen Thatsachen aus dem Arsenal der Weltgeschichte, vorzüglich des indischen, chinesischen und griechischen Alterthums bereichern.

Nach der Lehre der Sankhya-Karika (Art. 17 und 18), dieses bekannten ältesten dualistischen Systems der Inder, muß eine leitende Intelligenz existiren, wie jeder Wagen seinen Führer hat. **Die leitende Intelligenz der Materie ist aber die Seele.** Das Streben des Menschen nach rationaler Abstraction, seine Tendenz vom Besondern zum Allgemeinen sich zu erheben, und das einzelne systematisch zu ordnen, beweist die Existenz einer vernünftigen Seele.

Gotama, der Stifter des Systems Nyaya, sagt, daß **die Seele dasjenige Objekt der Wissenschaft sei, welches vor allen andern Gegenständen bewiesen werden muß.** Ein Werkzeug setzt einen Werkmeister voraus. Ohne einen solchen Werkmeister können wir mittelst der Augen, welche die Werkzeuge der Sehkraft sind, nicht sehen. **Die Naturgesetze, als oberster letzter Grund, erklären nichts.** Man muß vielmehr auf den Willen eines Wesens, eines Ich's, der diese Gesetze angeordnet hat, **nothwendigerweise zurückgehen.**

Gotama und Kapyla behaupten übrigens, daß man die **individuelle Seele von der höchsten Seele unterscheiden müsse.** Die Mehrheit der Seelen wird bewiesen durch die verschiedenen Zustände jedes Wesens, ferner durch die mannigfachen Beschäftigungen und verschiedenen Geschicke jedes Einzelwesens. Die Individualität wurzelt nicht allein im Körper, sondern vorzüglich in der Seele (Sankhya-Karika Art. 18.).

Die Emanation der individuellen Seele aus dem Schooße Brahma's, ist nach der orthodoxen Vedanta-Schule weder eine Geburt, noch eine ursprüngliche Erzeugung oder Schöpfung. Die individuellen Seelen, diese unsterblichen und ewigen Theilchen der Weltseele, werden mit den unzähligen Feuerfunken verglichen, die aus einem flammenden Heerde emporfliegen. Diese Funken gehen aus dem Central-Heerd hervor, und kehren wieder dahin zurück, weil sie von derselben Natur sind.

Die Gesetze Manu's (B. XII, § 15.) sagen, daß aus der Substanz der Weltseele unaufhörlich zahllose Lebens-Principien hervorgehen, welche das Leben, d. h. die Erregung und Bewegung, den materiellen Objekten verleihen. Die individuelle Seele ist also ein Theil des höchsten Wesens, wie der Funke ein Theil des Feuers ist. Die Beziehung der individuellen Seele zur Weltseele ist ähnlich der eines Theils zum Ganzen. Die individuelle Seele, obgleich weit beschränkter als die Weltseele, ist doch dem wahren Wesen nach von derselben Beschaffenheit. Uebrigens empfindet das höchste Wesen, von dem die individuelle Seele nur ein geringes Theilchen bildet, keineswegs die Mühen und Leiden, welche diese den Gesetzen der Sympathie gemäß, während ihrer Vereinigung mit dem Körper zu erdulden hat. Wie das Bild der Sonne, das sich im Wasser spiegelt, je nach den Wellenschlägen, bald heller, bald dunkler strahlt, ohne auf die andern Spiegelbilder der Wassermasse, noch die Sonnenscheibe selbst im mindesten einen Einfluß auszuüben, so gehen auch die Leiden eines Individuums an einem andern Einzelwesen, sowie am höchsten Wesen selbst, spurlos vorüber.

Uebrigens, obwohl die Veda's die individuellen Seelen mit Feuerfunken vergleichen, welche einem flammenden Heerde entschlüpfen, so ist doch die individuelle Seele, nach ihrer Erklärung, ewig und unerschaffen (Rig-Veda 8, 4, 17; Brahma-Soûtra II, § 17.).

Sankara-Atscharya sagt auch im Atma-Bodha (Art. 13—20.), daß der Geist allein lebendig und ewig ist und Alles belebt.

Die Seele ist nach Kapyla (Santhya-Karika Art. 33.) rein geistig, individuell, ewig und unveränderlich.

In Griechenland behaupten Thales, Pythagoras und Plato, daß die Seele eine unkörperliche, intelligente Substanz sei, welche in sich selbst das Princip ihrer Bewegung enthält (Plutarch, de placit. philos. lib. IV, cap. 2 und 3.).

Nach Pythagoras (Diog. Laërt. VIII, 28.) ist die Seele aus göttlichem Aether gebildet, oder vielmehr eine Emanation der allgemeinen Intelligenz. Cicero, de Senectute, sagt gleichfalls: «Audiebam Pythagoram, Pythagoreosque nunquam «dubitasse, quin ex universali mente divina delibatos ani-«mos haberemus.»

Pythagoras definirt den Begriff der Seele als eine Zahl, die sich durch sich selbst bewegt. Er nimmt die Zahl für die Vernunft, weil die Einheit nach ihm das Bild der Gottheit ist. Pythagoras erkannte also die rein-geistige Natur der Seele an. Aristoteles Auslegung der Lehre des Pythagoras (Aristoteles: de anima lib. I, cap. 4.) stimmt vollkommen mit der Erklärung Cicero's in dieser Hinsicht überein (Cicero's Acad. I, Cap. 9.).

Plato sagt: die Seele sei eine intelligente Substanz, welche sich selbst, und zwar nach den Verhältnissen einer harmonischen Zahl bewege (Plutarch, de placit. philos. lib. IV, cap. 2.).

Nach Heraclit ist die Seele des Menschen nur ein Feuerfunken, der dem flammenden Central-Heerde entschlüpft ist; die Seele würde untergehen und verlöschen, wenn sie nicht fortwährend ihre Nahrung von dem Universal-Feuer empfinge, von welchem letzteren ihr immerfort neue Feuerstrahlen zufließen.

Maximus Tyrius (dissert. 25, 27 und 28.) sagt, daß die Seele einem sichern Felsen mitten in den Wogen des Oceans gleiche; ihre Unsterblichkeit ist das Resultat der unveränderlichen Natur ihrer Principien und ihrer Eindrücke von der Außenwelt.

Zwanzigstes Kapitel.

Unsterblichkeit, Ewigkeit und Präexistenz der Seele.

Die Lehre von der Unsterblichkeit der Seele ist nicht blos uralt, sondern der Glaube an diese Unsterblichkeit ist sogar in das Herz der wildesten Völker gegraben durch die Hand der Vorsehung.

Nach Loskiel's Geschichte der Missionen pag. 48 behaupten die Indianer Nordamerika's, daß sie nicht für immer und ewig sterben können, da ja sogar der Same, trotz seines Verwesens in der Erde, zu neuem Leben erwache. Dasselbe gilt von den Grönländern nach Krantz (Geschichte von Grönland).

Dixon in seinem interessanten Werke „New-America" (Bd. I, Chap. VII, Indian life, S. 71—76) wundert sich naiverweise über den Spiritualismus der, von den Neuern mit dem Namen Naturvölker gebrandmarkten, ursprünglichen Stämme der rothen Race Amerika's. Herr Dixon behauptet sogar, daß der Geister- und Unsterblichkeits-Glaube der Indianer die Urquelle des neuern Spiritualismus sei. In der That steht Herr Dixon der Wahrheit näher als alle neuern Historiker, Alterthumsforscher, Reisebeschreiber und Philosophen, welche von der irrigen Ansicht ausgehen, daß die Ur-Religionen Natur-Religionen gewesen, während die Thatsachen deutlich beweisen, daß die Ur-Religionen von dem Geiste des erhabensten Spiritualismus beseelt waren, und keinesweges unsere materiell-mechanische Auffassung der Natur kannten, daher Schiller in seinen „Göttern Griechenlands" mit Recht über den modernen, seelenlosen Materialismus klagt.

Nach der Lehre der alten, im Urzustande gebliebenen rothen Häute, ist die ganze Natur von zahllosen Geistern belebt; die Geister stehen nicht allein den Naturphänomenen vor, sondern umschweben überall als **Schutz-Genien** die Menschen, deren **unsterbliche Seelen** sie nach dem Tode in die **Eilande der Seeligen** führen. Der Monotheismus ist nicht abstrakt, denn der **Große Geist** (Gott) ist der Präsident eines großen, **himmlischen Pairshofes**, bestehend aus den obersten Geistern des Weltall's, wie einst Micha und Hiob sie versammelt sahen um Jehovah und gleich den **chinesischen Himmelshöfen**, dem indischen Brahmaloca, und dem griechisch-römischen Olymp. Ueberall finden wir **denselben Spiritualismus**, verbunden mit einem durch Polytheismus gedämpften Monotheismus, mag man nun seine Blicke auf die, von den Neuern thörichter Weise genannten uralten **Naturvölker** oder auf die Culturvölker des Alterthums richten. Nirgends trifft der unpartheiische Forscher und Beobachter den Materialismus und Naturalismus an; denn sogar den **Fetisch-Anbetern** zufolge, ist die Natur überall von der Geisterwelt belebt und gelenkt. Die Natur ist blos ein **Symbol** der Geister; nur die äußere Hülle und Daseinsform der unsichtbaren höhern Welt der reinen Geister. Daher sind auch die **ethischen und moralischen Begriffe die reinsten in den uralten, religiösen Traditionen**, und keineswegs, wie die Neuern irrigerweise behaupten, aus der Anschauung der äußern Natur später entsprossen. Dixon erzählt eine sehr schöne Sage der rothen Indianer, betreffend ihren felsenfesten Glauben an die Fortdauer der Seele und an die Realität der Geisterwelt, die uns fortwährend umgibt, und sich durch Träume, Visionen und andere Zustände der sogenannten magischen Nachtseite des Seelenlebens, kund gibt:

„Ein junger Jäger, der seine sehr geliebte Braut am Hochzeits=
tage durch den Tod verloren hatte, kannte nur eine Freude auf die=
ser Welt, d. h. an ihrem Grabeshügel in Trauer versunken, zu sitzen,
und sich nach der geliebten Seele zu sehnen; er spannte den Bogen
nicht mehr für das Wild, und sein Ohr war taub für das Kriegs=
geschrei seines Stammes; sein Auge schaute stets nach dem Gei=
sterlande, in das seine Geliebte vorangegangen, und von dem
ihm alte Seher erzählt hatten, daß es weit hin läge, dem schönen
Süden zu, am Ufer eines friedlichen, stillen Ocean's, unter einem
nie getrübten Himmels=Aether. Eines Tages ergriff ihn die heiße
Sehnsucht mehr als jemals, und obgleich die Bäume voll Schnee
waren und die Erde hart gefroren, beschloß er sich aufzumachen,
um die Inseln der Seeligen aufzusuchen, um wo möglich
die Verlorene dort zu finden. Er begann also seine lange Reise,
die ihn weit, weit hinweg längs Hügeln, Seen und Wäldern
führte, die er gewohnt war, auch in seinem Vaterlande zu sehen.
Doch nach und nach schwand der Schnee, die gefrornen Bäume
bedeckten sich mit einem lieblichen Grün, die Erde mit Blüthen
und Blumen, die Gebüsche belebten sich mit lieblichen Sing=
vögeln und der bisherige rauhe Weg leitete ihn in ein reizendes
Thal, in welchem ein Indianer=Zelt ihm heimathlich entgegen
lächelte. Ein alter Mann mit schneeweißen Locken, empfing ihn
freundlich, indem er sagte: „Ich wußte wohl, daß du kämest,
deine verlorene Geliebte zu suchen; sie war hier, und
blieb auch eine Weile bei uns, aber jetzt ist sie weiter gezogen
zu den Inseln der Seeligen." Als der Jäger sich in der
Hütte von seiner weiten Reise erholt hatte, zeigte ihm der alte
Mann einen Meerbusen und gegenüber das Land der See=
ligen. „Ich lebe auf der Grenze dieses schönen Landes, sagte
er zu dem Reisenden, du aber steige in dieses bereitliegende
Boot, nachdem du deinen Reisesack, deinen Hund und sogar
deinen Körper bei mir abgelegt hast, denn nur entleibte
Geister trägt dieses Boot." Der Jäger, entzückt über diese
Aussicht zu seiner Geliebten zu gelangen, fühlte sich plötzlich

frei von seinem lästigen Körper, und hatte das Gefühl eines Vogels, der sich in die Luft schwingt. Feld und Wald, Thal und Hügel, See und Bucht waren noch dieselben, allein seine Augen waren neu geworden, so daß die ganze Natur ihm lebendig erschien, lichtvoll und mit süßen Tönen erfüllt. Die Luft war milder, die Wiese grüner, als sie seinen frühern irdischen Sinnen je vorgekommen. Die Vögel sangen ihm mit verständlichen Lauten zu, und die Thiere des Waldes kamen schmeichelnd an ihn heran. Keine Kreatur floh ihn schüchtern, wie das Wild unserer Erde, denn nie war Blut vergossen durch einen Jäger im Geister-Lande. Er kam gleitend und schwebend weiter, eher als gehend, denn keine Anstrengung ist hier mehr nöthig. Endlich kam er zu einem spiegelhellen See, in dessen Mitte eine liebliche Insel lag. Ein kleiner Kahn lag am Ufer und die Ruder bereit zum schiffen darin. Indem unser Jäger in die Gondel stieg, ward er wie im Traume gewahr, daß dicht an seiner Seite, ein andrer kleiner Kahn ruderte, in welchem, bleich aber lieblicher als jemals, seine Braut schiffte. Beide stießen zusammen vom Ufer ab und ihre Ruder schlugen die Wellen harmonisch und gleichzeitig mit den seinigen. Die seeligste Freude strömte in des Jäger's Herz, als sie so zusammen ihren Weg nach der Insel der Seeligen verfolgten, doch bald ergriff ihn Furcht und Schauder, denn Felsen und Riffe ohne Zahl thürmten sich vor ihnen auf, und die klaren Wellen zeigten die Gebeine vieler Tausenden von Ertrunkenen. Da seine Kräfte stark waren, fürchtete er nicht für sich selbst, aber Schauder ergriff ihn für die Geliebte; doch als sie den Klippen näher kamen und die Brandung schäumend sie umgab, fanden Beide, daß ihre Boote die Wellen gleich einem Nebel durchschnitten, und nie aus dem harmonischen Takte kamen, während um sie herum viele Kähne Schiffbruch litten, und die meisten leck und schadhaft wurden. Nur die Boote der kleinen Kinder glitten gleich Vögeln heimwärts; die Kähne, welche Jünglinge und Mädchen trugen, kämpften bald mit den Wellen, bald mit den

Zwanzigstes Kap. Unsterblichkeit, Ewigkeit u. Präexistenz der Seele.

Sandbänken und Riffen; ältere Männer mit Sturm und Gewitter, mit einem Wort, jeder mit seinen vergangenen Sünden und Missethaten; denn unser Brautpaar bemerkte, daß Ruhe oder Sturm nicht an dem stillen Geister-See lag, sondern im Zustande jeder einzelnen Seele, die da schiffte. Endlich landeten beide, und schlüpften aus ihren Booten an's Ufer des goldenen Eilandes. Welch' ein erhabener Wechsel von dieser kalten häßlichen Erde, zu jenem reizenden Aufenthalte, wo keine Gräber mehr zu finden waren, und nimmer Kriegsgeschrei gehört ward, wo keine Wolken die Harmonie der Temperatur störten und keine Nebel jemals die Sonne verdunkelten. Niemals hatte man dort Eis gesehen; niemals war dort Blut vergossen; Hunger und Durst ward von den Bewohnern nie gefühlt, denn die Luft selbst war ihre Speise und ihr Trank; ihre Füße wurden nie müde und ihre Stirne nie erhitzt, und was das Schönste war, Niemand fühlte je Trauer um Verlorne, denn der Tod war nicht mehr in diesem gesegneten Eilande. Gern wäre der Jäger dort für immer geblieben, vereinigt mit seiner geliebten Braut, allein ein großer Geist, der Herr des Lebens genannt, kam und sprach mit einer Stimme wie leichtes Abendsäuseln zu ihm: „Kehre zurück in dein Land, denn deine Zeit ist noch nicht gekommen; kehre zurück zu deinem Volksstamme und erfülle getreulich die Pflichten eines Mannes; wenn du sie erfüllt hast, so wirst du mit dem Geiste, den du lieb hast, hier vereinigt werden; sie ist angenommen und wird stets hier weilen, ebenso jung und glücklich, als damals, da Ich sie rief aus dem Lande des Kummers und der Kälte." Als die Stimme aufhörte zu reden, erwachte der Jäger plötzlich und fand sich wieder am Grabeshügel der Geliebten, denn, o weh! es war nur ein köstliches Traumgesicht gewesen. Aber diese Vision im Traume ist, nach der Ansicht dieser primitiven Völker, ebenso real und objektiv-wirklich, als die Ereignisse des Taglebens." (Dixon: New-America Bd. I, S. 71—76, Chap. VII, Indian life. Tauchnitz.)

14

Mit dem Glauben an die Unsterblichkeit der Seele, hängt die Gespensterfurcht, welche ebenso allgemein über den ganzen Erdboden verbreitet ist, innig zusammen. Die Gespensterfurcht ist in sofern besonders wichtig, als sie zugleich auch die objektive Realität der Erscheinungen und Wirkungen der Geisterwelt beweist. Bekanntlich wurzelt noch heut' zu Tage die Gespensterfurcht, besonders in den untern Schichten des Volkes, die durch die moderne Aufklärung noch nicht zum materialistischen Naturalismus bekehrt oder vielmehr verkehrt worden sind.

Wenn wir nun von den, im primitiven Zustande verharrenden Naturvölkern, zu den Culturvölkern des Alterthums übergehen, so wird es sich zeigen, daß die alten Legenden und heiligen Bücher nicht blos die Lehre von der Unsterblichkeit der Seele enthalten, sondern auch die Ewigkeit, die Präexistenz und verschiedene Entwicklungsstufen der Seele in gleichem Maße annehmen.

Von den verschiedenen Entwicklungsstufen der Seele, welche der Volksglaube in verschiedene Verleiblichungen und sogar in die Wiederverkörperung der Seele auf demselben Planeten verwandelt und verflacht hat aus Mißverständniß, als wenn kein Fortschritt in rein-geistigen Zuständen möglich wäre, werden wir im vierundzwanzigsten Kapitel dieses Buches reden, und beschränken uns hier nur auf die Ideen der Alten, betreffend die Unsterblichkeit, Ewigkeit und Präexistenz der menschlichen Seele.

Nach den Veda's (Rig-Veda 8, 14) ist die Seele nicht bloß unsterblich, sondern auch ewig und unerschaffen, daher sind die Panscharatras und die Bhagawatas, Ketzer in den Augen der orthodoxen Schule, weil sie behaupten, daß die individuelle Seele erschaffen ist und noch wird, bei jeder neuen Geburt; nun ist aber nach den Veda's die Seele, wenn sie nicht ewig ist, auch nicht unsterblich (siehe Brahma-Soûtra II, § 17).

Die Sankhya-Schule (Sankhya-Karika Art. 18 u. 33) und Sankara-Atscharya, der Verfasser des Atma-Bodha (13—20) nehmen gleichfalls die Ewigkeit der individuellen Seelen an. (Pauthier, Versuche über die Philosophie der Hindus, nach dem Englischen des berühmten Colebrooke, pag. 131 u. s. w.)

Der Artikel 18 vom Sankhya-Karika sagt, daß die individuellen Seelen ohne sinnlich wahrnehmbare Eigenschaften sind; sie sind nicht zusammengesetzter Natur und durchdringen Alles; sie sind auch ohne Wandel und Wechsel, **ewig, ohne Ursache und unsichtbar** u. s. w.

Nach den alten **Sofis** stehen die realen Substanzen, wie die Geister und Seelen, nur hinsichtlich der **Wahrheit** Gott nach, nicht aber in Bezug auf die **Zeit; denn sie sind ewig sowohl was die Vergangenheit, als auch was die Zukunft betrifft.** (Anquetil-Duperron, Zend-Avesta, Bd. III, 384 u. folg.)

Alle diese ewigen und unsterblichen Seelen waren vor dem Sündenfalle völlig rein und schuldlos. (Anquetil-Duperron III, 189 u. 214.)

Nach den Ansichten der alten **Perser**, kommt die Seele des Menschen vom Himmel, wenn sich der Körper im Mutterleibe gebildet hat und siedelt sich daselbst an. (Anquetil III, 384.)

Die Ideen der **Chinesen**, insofern sie die **Unsterblichkeit der Seele** und die verschiedenen Phasen der Abbüßung betreffen, sind vorzüglich durch die Tao-Schule entwickelt. (Memoiren der Missionäre über China, Bd. XV, 250 u. folg.)

Nach dem **Buche der Belohnungen und Strafen** von einem Doctor aus der Tao-Schule verfaßt, und von Julien in's Französische übersetzt, Paris 1835 (Art. 296 u. 297), haben alle Weisen und alle Heiligen an die Unsterblichkeit der Seele und an die Existenz der Geisterwelt, sowie an die Erscheinungen der Todten geglaubt. Der Paragraph 466 dieses Buches spricht von der Erscheinung einer verstorbenen Mutter, welche ihrem

Sohne bittere Vorwürfe macht über die Vernachlässigung ihrer Gruft und der Todtenopfer für sie.

Die Art. 296 u. 297 dieses Buches sprechen von einer fürchterlichen Bestrafung eines Materialisten durch einen Geist, der ihm in sicht- und fühlbarer Menschengestalt erschien. Diese Artikel lauten:

„Ein Mann, Namens Tscheu, welcher unter der Dynastie der Tsin lebte, schrieb eine Abhandlung über die Nicht-Existenz der Geister. Eines Tages kam ein Fremder zu ihm zum Besuch und brachte das Gespräch auf die Geister. Tscheu behauptete, daß dieselben nicht existirten. Darauf erwiederte ihm der Fremde mit furchtbarer Stimme: Alle Weisen und Heiligen haben an die Wirklichkeit der Geisterwelt geglaubt; Sie sind der Einzige, der es wagt, die Realität der Geister zu läugnen. Nun denn! Ich bin ein Geist! — Und bei diesen Worten verwandelte sich seine Gestalt in die eines wüthenden Hundes, der auf den Materialisten loszustürzen schien. Tscheu erstarrte vor Schrecken und starb bald darauf."

Man kennt den Gebrauch, der namentlich in Amerika ziemlich allgemein geworden ist, daß zwei Freunde mit einander abmachen, daß derjenige von ihnen, der zuerst stirbt, dem Ueberlebenden zu erscheinen oder sich auf irgend eine Art ihm fühlbar zu machen verspricht. Dieses Versprechen findet auch in England, Frankreich und sogar in Deutschland statt. Man lese hierüber Kerners Magikon, die Blätter aus Prevorst u. s. w. Dem Verfasser selbst sind solche Beispiele aus eigener Erfahrung bekannt. Mehrere Freunde sind ihm in ihrer Todesnacht erschienen; andere etwas später, nach einigen Wochen, ja Monaten, als man bereits glaubte, daß sie ihr Versprechen nicht halten würden oder könnten; einige haben sogar direkte Schriften als Andenken hinterlassen, und ihre Handschrift ist von ihren eigenen Kindern und Anverwandten, ja sogar durch die Ortsbehörden als vollkommen identisch constatirt worden. Einige

Zwanzigstes Kap. Unsterblichkeit, Ewigkeit u. Präexistenz der Seele. 213

dieser Beispiele folgen in den Facsimile's der direkten Geisterschriften.

Nach den heiligen Traditionen China's greifen die Geister fortwährend in die menschlichen Geschicke ein, und helfen sogar dem Kaiser durch ihre wohlwollenden Rathschläge, wovon wir ausführlicher in dem Kapitel über die Schutzgeister gesprochen haben.

Was nun die Idee der Präexistenz der Seele betrifft, so ist sie eine nothwendige Folge der von den Chinesen angenommenen Metempsychose, nach dem Art. 136 des Buches der Belohnungen und Strafen. Auch Confucius behauptet, daß die Geister vor der materiellen Welt existirt haben. Die Geister sind es, welche das wahre und unsichtbare Wesen ausmachen, von Allem was besteht. (Memoiren der Missionäre über China, Bd. III, pag. 65 u. 66.)

Die Bibel setzt überall die Unsterblichkeit der Seele voraus, ohne diese Grundwahrheit, welche der Schöpfer selbst mit unauslöschlichen Zügen in das menschliche Herz gegraben hat, besonders zu lehren. Die heilige Schrift betrachtet denjenigen als Narren, welcher nicht an die Unsterblichkeit der Seele glaubt. Die Ueberzeugung von der Unsterblichkeit der Seele galt damals für eine Wahrheit, die kein vernünftiger Mensch bestreiten konnte noch wollte, weil ja alle Religionen auf dieser Grundwahrheit beruhen.

Wir citiren hier in dieser Hinsicht aus dem dritten Kapitel der Weisheit Salomonis die ersten neun Verse:

1) „Die Seelen der Gerechten sind in der Hand Gottes und keine Qual wird sie berühren."
2) „Die Thoren aber waren der Ansicht, daß sie stürben, und ihr Ableben schien voll Angst zu sein."
3) „Und es schien bei ihrem Hinscheiden aus unsrer Mitte, daß sie verloren wären, aber sie genießen eines seeligen Friedens."

4) „Und wenn sie auch in den Augen der Menschen viel Qual erduldet haben, so war doch ihre Hoffnung voll Unsterblichkeit."

5) „Und weil sie leicht gezüchtigt worden, so werden sie viele Güter erlangen, weil Gott sie geprüft und seiner würdig befunden hat."

6) „Er hat sie geprüft, wie Gold im Schmelzofen und hat sie empfangen wie ein Brandopfer, und Er wird sie gnädig anschauen, wenn es Zeit sein wird."

7) „Sie werden leuchten und überall herumfliegen wie Leucht-funken im Schilfe."

In der That, haben die reinen Geister eine gewisse All-gegenwart, wie Salomo richtig in diesem Verse bemerkt. Die neuesten Erfahrungen beweisen, daß je vollkommener ein Geist, desto leichter kann er sich auch überall manifestiren.

8) „Sie werden die Nationen richten, und die Völker be-herrschen, und ihr Herr wird immerdar regieren."

9) „Diejenigen, welche auf Ihn ihr Vertrauen gesetzt, werden die Wahrheit vernehmen und die Getreuen werden in seiner Liebe bleiben und mit ihm wohnen, denn die Gnade und Barmherzigkeit ist für Seine Heiligen und er sorgt für Seine Auserwählten."

Man sieht, daß die Materialisten nach der Ansicht Salomo's, Narren und Blödsinnige sind.

Die Inder stimmen mit Salomo überein, indem sie behaup-ten, daß der Atheismus und Materialismus Beweise der gröb-sten Unwissenheit sind (Tamas). (Manu's Gesetze XII, Art. 33)

Der vierzigste Artikel desselben XII. Buches sagt, daß die in der Finsterniß des Materialismus versunkenen Seelen, bis zum Zustand der Thierwelt herabgewürdigt sind.

Wir wollen nun fortfahren, andere Bibelstellen, betreffend die Unsterblichkeit der Seele, zu citiren oder mindestens zu bezeichnen. Hiob sagt in dem 26. und 27. Verse des XIX. Kapitels seines Buches: „Und wenn nach dieser Zeit meine Haut verweset ist,

Zwanzigstes Kap. Unsterblichkeit, Ewigkeit u. Präexistenz der Seele. 215

so werde ich Gott in der Leiblichkeit sehen; ich selbst werde Ihn sehen, und meine Augen werden Ihn schauen, **und nicht ein Anderer.**"

Das vierte Buch Esra (Kap. VII, 14 und 32) sagt auch: So nun die, so jetzt leben in diesem ängstlichen und eiteln Leben, nicht hinwandern, so werden sie **nicht können die Güter empfangen, so beigelegt sein;** denn die Erde wird wieder geben, welche darinnen schlafen, und der Staub diejenigen, so in der Stille wohnen, und **die Gräber werden wieder geben die Seelen,** welche ihnen anbefohlen sind.

Nach Jesaias XXVI, 19, lautet es: „Deine Todten werden leben, ja sogar mein todter Körper wird leben; sie werden auferstehen. Erwachet und freuet Euch mit Triumphgesängen, Ihr Bewohner des Staubes; denn Dein Thau ist wie der Thau des Grases, und die Erde wird die Verstorbenen wieder herausgeben aus ihrem Schooße."

Andere Stellen des Jesaias, wie z. B. Kap. V, 14 u. XIV, 9 u. s. w. sprechen ebenfalls **von der Existenz der Seelen nach dem Tode,** und namentlich von dem Empfange, den Assur und alle Assyrischen Könige dem Nebukadnezar im Scheol, der niedersten Stufe des Jenseits, bereiten. Die Könige heben sich von ihren Thronsesseln, um den großen König spottend zu begrüßen, weil er jetzt, gleich ihnen, alle Macht über die Erde eingebüßt hat; sie sagen zu ihm V. 16—20, daß er, weil **er sein Land verderbet und sein Volk erschlagen habe,** noch sehen müsse, daß er wie ein verachteter Zweig von seinem Grabe verworfen würde, während sie mit Ehren lägen, ein Jeglicher in seinem Hause."

Daniel im 12. Kap. V. 2, sagt: „Und Viele von denen, welche schlafen im Schooße der Erde, werden aufwachen, die Einen für ein **lange währendes glückliches Leben,** die Andern für ein schmachvolles und unglückliches."

Wir übersetzen diese Stelle nicht mit dem Worte: ewiges Leben, wie die Theologen bisher irrthümlich es angenommen hatten, und so der biblischen Offenbarung die harte und absurde Lehre der Ewigkeit der sogenannten Höllenstrafen aufgebürdet hatten.

Das griechische Wort (αἰών) Aeon bedeutet eine sehr lange Frist oder Epoche, während welcher ein bestimmter großer Engelfürst unsre Erde beherrscht, nach der Lehre der Cabbalisten. Nach Ablauf dieser Frist kommt ein anderer Engelfürst an die Regierung, daher auch die Bibel bekanntlich von mehrern Ewigkeiten spricht, indem sie sagt: von einer Ewigkeit zur andern oder wie Luther übersetzt hat: „Von Ewigkeit zu Ewigkeit." Das Wort Aeon heißt nur immer seiend oder immerwährend im bildlichen Sinne, wie man etwa sagt: „ich warte ewig auf dich" im gewöhnlichen Leben selbst; namentlich brauchten auch die Dichter des Alterthums diese bildliche Sprache sehr oft.

Von der biblischen Lehre der Wieder-Bringung aller Dinge, welche gänzlich der Ewigkeit der Höllenstrafen widerspricht, brauchen wir wohl hier nicht Erwähnung zu thun. Der Vorwurf, den die Gegner der biblischen Offenbarung derselben machen, in Bezug auf die Lehre der Ewigkeit der Höllenstrafen, ist unbegründet und trifft nur die christlichen Bekenntniß-Lehren, welche leider diese thörichte Lehre aufgenommen haben, seit dem Nicäischen Concil bis auf unsre Tage.

Was nun die Präexistenz der Seele und die Ewigkeit des menschlichen Geistes anbelangt, so sind die Bibelstellen, die darauf anspielen, ziemlich vager Natur. Das alte Gesetz, sowohl als Christus, wie aus dem LXXXII. Psalm, V. 6 und aus dem Evangelium Johannes, Kap. X, V. 34, deutlich hervorgeht — behaupten: „daß die Menschen Götter sind."

Der Psalm 77 drückt sich in den Versen 5, 6 und 7 folgendermaßen über die Präexistenz der Seele aus: „Ich dachte an die ehemaligen Tage und Jahre vergangener Jahrhunderte. Ich erinnerte mich meines Nachtliedes; ich dachte in meinem Gemüthe darüber nach), und mein Geist forschte eifrig, indem ich sagte: Hat der Herr mich für immer verworfen? Und werde ich niemals mehr Ihm gefallen?"

Der Prediger Salomonis sagt auch: „Bevor der Staub wieder zur Erde zurückkehrt, wie er früher darin war, und der Geist zu Gott heimkehrt, der ihn gegeben hat." (Prediger Salomonis, Kap. 12, V. 7.)

Der Prophet Jesaias ist noch klarer, indem er Kap. 57, V. 16, sagt: „**Der Geist bekleidet sich durch den Willen Gottes, und Gott ist es, der die Seelen gemacht hat.**"

Der Unterschied zwischen Geist und Seele ist hier deutlich ausgesprochen. Die Ewigkeit des Geistes geht zuvörderst aus diesem Verse hervor. Gott bekleidet den ewigen Geist bloß mit einem Körper, und schafft so die Seele, welche nur das Resultat der Vereinigung des unerschaffenen Geistes mit der Materie ist. Der Geist wird bloß zur Seele durch die Vereinigung mit dem Körper.

Der Hebräerbrief (Kap. IV, V. 12) nennt ebenfalls den Geist, zum Unterschiede von der Seele, die von der Materie getrennte Seele, die Seele dagegen den mit der Materie bekleideten Geist und knüpft an diesen anthropologischen und psychologischen Unterschied der Seele vom Geiste auch eine moralische Unterscheidung Beider. Diese Epistel behauptet, daß der Geist, oder die von der Materie getrennte Seele, fähiger ist, der moralischen Vollkommenheit sich zu nähern, als die Seele, oder der mit dem Körper bekleidete Geist. Daher der lebhafte Wunsch des heiligen Paulus (Römerbrief VII, V. 24) vom Körper befreit zu werden. Der Apostel stimmt hinsichtlich dieser Sehnsucht, vom irdischen Leibe erlöst zu werden, nicht nur mit dem Verfasser des Buches der Weisheit (Kap. IX, V. 15), sondern auch mit allen Legenden des Orients, sowie mit den berühmtesten Denkern Indiens und Griechenlands, überein.

Der Prophet Jeremias (Kap. I, V. 5) scheint ebenfalls von der Präexistenz der Seele zu sprechen, wenn er sagt: „Ehe Ich dich bildete im Mutterleibe, kannte Ich dich! und ehe du aus ihrem Schooße kamst, habe Ich dich geheiligt, und dich zum Propheten für die Völker erwählt!"

Origenes, der die Idee der Präexistenz der Seele annimmt (de princip. lib. III, pag. 144 u. 145), glaubt, zufolge des obgenannten Spruches des Jeremias und nach den Stellen der Bibel, die auf Johannes den Täufer Bezug haben, (wie z. B. der Prophet Maleachi III, V. 1; Lukas I, 13—15, und Ev. Joh. I, 6 u. s. w.), daß es Geister gibt, die eine Tendenz zum Guten oder zum Bösen schon vor ihrer Geburt haben. Das Buch der Weisheit (Kap. VIII, V. 19 u. 20) bestätigt die Idee des Origenes. Die Verse lauten: „Ich war ein gutgeborenes Kind, und eine gute Seele wurde mir zu Theil! oder vielmehr, weil ich gut war, bin ich in einen fleckenlosen Körper gekommen!"

Diese Sprüche des Buches der Weisheit stimmen mit den Anschauungen des großen Pythagoras überein, welcher sagt, daß der Körper der eigenthümlichen Natur der individuellen Seele (Diogenes Laërtius VIII) angepaßt werde. Dasselbe gilt auch von den Veda's und dem Buche Waischyka des Philosophen Kanaba. (Art. 22 u. 23.)

Der erste Spruch des dritten Kapitels des Propheten Maleachi hat vorzüglich Anlaß gegeben zu der Lehre von der Präexistenz der Seele, nach Origenes Ansicht (Comment, in Joan, II, 24).

Dieser berühmte Spruch lautet: „Siehe, ich will meinen Boten senden, und er wird den Weg vor mir bereiten, und gleich darauf wird der Herr, den ihr suchet, in seinen Tempel treten; der Engel des Bundes, nach dem ihr Euch sehnet."

Merkwürdig sind auch die Bibelstellen, welche auf Esau und Jakob Bezug haben, wie z. B. Maleachi (I, V. 2 u. 3; und Römerbrief Kap. 9, V. 11—13).

Die Sprüche des Propheten Maleachi lauten: „Ich habe Euch geliebt, sagt der Ewige, Ihr aber sagtet, warum hast du uns geliebt?" „War Esau nicht der Bruder Jakob's? erwiederte der Ewige." Nun aber habe ich Jakob geliebt und Esau gehaßt, und habe sein Gebirge öde gemacht, und sein Erbtheil den Drachen der Wüste als Beute hingeworfen."

Paulus im neunten Kapitel des Römerbriefes (V. 11—13) bestätigt die Worte des Propheten Maleachi, indem er sagt: „Denn bevor noch die Kinder geboren waren, und weder Gutes noch Böses gethan hatten, wurde der Rebekka gesagt: der Größere wird dem Kleinern unterworfen sein, damit Gottes freie Wahl verwirklicht würde, ohne Rücksicht auf das Verdienst beider Kinder." Deshalb steht geschrieben: „Ich habe Jakob geliebet und Esau gehasset.""

Des Verfassers Meinung nach, beziehen sich diese Stellen vielleicht weniger auf die Präexistenz der Seele, als auf die Allwissenheit Gottes, welche die angebornen Naturanlagen beider Kinder voraussah, die allerdings sehr von einander abweichen und so ein verschiedenes irdisches Schicksal für Beide bedingen mußten.

In Griechenland haben alle berühmten Männer, seit Orpheus und Homer bis auf den Plato, die Lehre von der Unsterblichkeit der Seele als wahr angenommen. Wir citiren daher nicht die zahlreichen Stellen, die Unsterblichkeit der Seele betreffend, welche man in den Meisterwerken der griechischen Literatur und Philosophie findet, und verweisen den gebildeten Leser auf diese unsterblichen Werke des klassischen Alterthums selbst, welche, wenigstens in Uebersetzungen, in Jedermanns Händen sind.

Seit Plato bis auf Proclus nahmen noch die meisten Denker diese erhabene Lehre an. Es ist ein von allen Geschichtsforschern wohl constatirtes Factum, daß blos die Cyrenaiker und Epicuräer an der Unsterblichkeit der Seele zweifelten. Bekanntlich wurde noch in spätern Zeiten auf den Kopf des Diagoras von Melos, eines materialistischen Philosophen, von den Athenern ein Preis ausgesetzt. (Siehe darüber Plutarch, de placit. philosoph. lib. I, cap. 6.)

Nach Euripides (Suppl. V. 534) steigt die Seele in den Himmel und der Körper bleibt in der Erde. Demgemäß lautet eine griechische Grabschrift: „Die Erde birgt in ihrem Schooße diesen Körper, welcher einst dem Plato gehörte, aber seine Seele genießt eines friedlichen und ewigen Lebens, welches den Seeligen vorbehalten ist." (Jacobs, Antholog. graec. Bd. I, pag. 324.)

Eine in Ephesus aufgefundene Grabschrift legt dem Todten selbst folgende Worte in den Mund: ναίω δ' ἡρώων ἱερὸν δόμον οὐκ ἀχέροντος. (Ich wohne in der heiligen Sphäre der Heroen-seelen, nicht aber in der Hölle.)

Die Seele, die von den Banden des Körpers entfesselt ist, stieg, nach der Ansicht der Griechen, in die himmlischen Sphären empor, um dort eines unsterblichen, glückseligen Lebens zu genießen, was sie folglich den Göttern ähnlich machte, deren Vorrecht diese Art und Weise des Lebens bildet.

Phocylides (Sent. edit. Sylb. pag. 97) sagt: „Du wirst aufhören sterblich zu sein, wenn Du nach Zurücklassung Deines Körpers in das freie Reich des Aethers gelangst; dann wirst Du ein wirklicher Gott sein." — Weiter ruft derselbe Autor aus: „Nachdem wir unsere Hülle hienieden zurückgelassen haben, werden wir Götter sein, weil unvergängliche Seelen in uns wohnen."

Wenn übrigens, in Betreff der Unsterblichkeit der Seele, in den Ansichten der Griechen eine fast vollkommene Uebereinstimmung herrscht, so ist dies nicht der Fall, hinsichtlich der Lehre der Präexistenz und der Ewigkeit der Seelen, sowie der Seelenwanderung.

Pythagoras nimmt die Präexistenz der Seelen an, weil seine Lehre mehrerer Verleiblichungen nothwendig die Präexistenz der individuellen Seelen voraussetzt.

Pythagoras glaubt auch an die Empörung der ewigen Geister in den himmlischen Sphären, denn Diogenes Laërtius sagt (Diog. Laërt. VIII, 31), daß, nach Pythagoras, das göttliche Urtheil die Seelen, zur Strafe ihrer Sünden, in irdische Körper verbannt.

Plato nimmt gleichfalls die Lehre von der Ewigkeit der individuellen Seelen an. Er sagt (Timäus 90): „Die Seele ist eine göttliche und ewige Idee; die Zahl dieser ewigen Seelen bleibt immer dieselbe. (Republik Plato's X, 611. Phaedon 72 u. s. w.)

Die Seele hat weder Anfang noch Ende; sie hat, diesem berühmten Denker zufolge, einen himmlischen und göttlichen Ursprung. Die Seele hat vor ihrer Incarnation ein übersinnliches und ewiges Leben geführt; die Seele ist folglich älter als der Körper, daher steht ihr das Recht zu, den Körper zu beherrschen. (Timäus, 34. Plutarch, von dem Ursprung der Seele. Ricard's Ueberf. Bd. V, pag. 3—10 u. s. w.)

Nach Plato's Ansicht (Timäus 41) ist Alles, was wir in diesem Leben erfahren, nur eine Rückerinnerung dessen, was wir in einer andern Phase unserer Existenz gesehen haben.

Plato sagt ferner, indem er die Präexistenz der Seele andeutet, daß Alles, was vollkommen und vortrefflich ist, lange oder immer vor der Schöpfung minder vollkommener Wesen bestanden hat (Plato de leg. X, 896.). Deßhalb sagt auch Aristoteles (Physik IV, 2 und 3), daß die unsichtbaren Wesen lange vor der materiellen Welt existirt haben.

Die Stoiker erkennen die Ewigkeit der individuellen Seelen nicht an. Nach ihren Ansichten leben die Seelen so lange, bis Himmel und Erde in Flammen aufgehen, denn sie glaubten, daß alle Dinge zu ihrem Ursprunge und zu den ersten Elementen, aus denen sie entstanden, zurückkehren; und daß die Seelen auf's Neue in Gott und mit Gott, von dem sie ausgegangen, vereinigt würden.

Cicero sagt (Quæst. I. Tusc.): «Stoïci diu mansuros animos ajunt; semper negant.»

Plutarch sagt (de placit. philosoph. lib. IV, cap. 7): „Daß nach den Ansichten einiger Stoiker die Seelen der Unwissenden und Schwachen, nachdem sie ihren Körper verlassen, sich mit den irdischen Substanzen vermischen, aber die vollkommenen Seelen der Weisen und Gelehrten dauern individuell fort bis zur End-Katastrophe des allgemeinen Weltbrandes."

Einundzwanzigstes Kapitel.

Der ätherische Körper.

Motto:
Drum hab' ich mich der Magie ergeben....
Daß ich erkenne, was die Welt
Im Innersten zusammenhält.

Göthe's Faust.

Nach dem philosophischen System der Sankhya-Schule (Sankhya-Karika, Art. 33) ist die individuelle geistige und ewige Seele (Puruscha) das wahre Ich des Menschen. Diese geistige Seele ist die persönliche Grundlage der niedern Fähigkeiten, Leidenschaften und Triebe der Seele, oder des Egoismus (Ahankara), welcher die Veranlassung zur Sünde wird. Man kann die Beziehungen des Puruscha zur Ahankara dem Ling und Huen der Chinesen vergleichen.

Die Ahankara erzeugt die fünf ätherischen Elemente der Geisterwelt. Diese fünf subtilen Elemente sind fühlbar für die reinen Geister oder Wesen einer höheren Ordnung, aber für die groben Sinne des Menschen nicht wahrnehmbar. Der ätherische Körper des Geistes besteht aus diesen fünf subtilen Elementen, welche die ätherische Ur-Materie bilden; nach der Trennung vom Körper durch den Tod werden die Seelen der Menschen mit dieser ätherischen Materie bekleidet. (Gesetze des Manu, XII, §§ 16 und 21.)

Nach der orthodoxen Vedanta-Schule, welche hierin mit der Sankhya-Philosophie übereinstimmt, enthält dieser ätherische Körper den **inneren Sinn** oder die **intellektuelle Grundlage der äußeren Sinne** (Manas), sowie der **vitalen Kräfte** (Pranas und Apanas).

Diese Lebensfunctionen wirken nur unter der Leitung von **fünf Arbeits-Geistern**, welche der Verdauung, dem Athem u. s. w. vorstehen. Diese **fünf** göttlichen Geister wohnen im Herzen, in den Lungen, im Schlunde, Nabel und den Eingeweiden; sie stehen der Seele bei in ihrer Herrschaft über den Körper, deßhalb nennt man sie **Arbeits-** oder **Verwaltungs-Geister**. Die Leiden und Freuden der Seele des Menschen aber berühren sie nicht. (Brahma-Soûtra, II, 38; Sankhya-Karika, Art. 20 u. s. w.)

Der **ätherische Körper**, verbunden mit den obgenannten **fünf** Geistern der Lebensfunktionen und der **innere Sinn** (Manas, Sensorium generale) sind die Träger der Sinnlichkeit der Seele. Der ätherische Körper, obwohl ohne Intelligenz und Selbstbewußtsein, spiegelt doch die Intelligenz ab wegen seiner innigen Verbindung mit der Seele. Sankara-Atscharya sagt sogar im Atma-Bodha (Art. 24), daß die Triebe, Gelüste und Leidenschaften **nicht Eigenschaften des Geistes** sind, denn man empfindet sie nur im gewöhnlichen **Tag-Leben**, aber nicht im **tiefen Schlaf**, noch in der **Extase**, Zustände, die er für **höher hält**, wie alle Weisen des Alterthums. Sobald die gewöhnliche irdische Verstandesthätigkeit aufhört, und sich in's Innere zurückzieht, so verschwinden alle Gelüste, weßhalb Sankara-Atscharya sie, als echter Idealist, bloß für Illusionen hält.

Die **Sankhya-Schule** aber behauptet, daß die Seele Schmerz empfindet bis zu ihrer einstigen Trennung vom ätherischen Körper, diesem Sitz der Gefühle und Leidenschaften. (Sankhya-Karika, Art. 55.)

Einundzwanzigstes Kapitel. Der ätherische Körper.

Dieser Zustand der Trennung der Seele vom ätherischen Körper ist der der endlichen Vollendung und Befreiung von allen Verleiblichungen. Es ist bekannt, daß nach Manu's Gesetzen (XII, § 51) und zufolge des Systems der Sankhya-Schule das Ur-Wesen oder das große geistige Princip aller Dinge, drei wesentliche Eigenschaften besitzt, welche wieder die drei vorzüglichsten Stufenordnungen von den mehr oder minder vollkommenen Einzelwesen bilden. Diese drei wesentlichen Grundeigenschaften müssen sich ebenfalls in der Seele des Menschen vorfinden, wie in allen Einzelwesen. Diese Eigenschaften bedingen drei analoge Zustände der geistigen und moralischen Vollkommenheit der Seele des Menschen, je mehr sie sich theilweise oder ganz von der Materie trennt; auch der ätherische Körper und die subtilen Elemente gehören bekanntlich noch zur Materie. (Sankhya-Karika, Art. 20 u. s. w.)

Die drei Stufen der Vervollkommnung der Seele sind:

1) Der vollkommenste Zustand der Seele, welcher ihr ursprünglicher war, vor dem Sündenfalle und das glorreiche Ende ihrer Wanderungen durch die Leiblichkeit sein wird, wenn sie einst vom Joche der Materie vollständig befreit ist; dieser Zustand ist der der reinen Intelligenz und des von jeder Materie befreiten Geistes.

2) Der Zustand der mit einem subtilen, ätherischen Körper bekleideten Seele. Dieser ätherische Körper enthält für unsere groben Sinne nicht wahrnehmbare Elemente. (Pauthier, essais sur la philosophie des Hindous, nach Colebrooke, p. 132 u. s. w.)

3) Der Zustand der mit einem groben, irdischen Körper bekleideten Seele. (Sankhya-Karika, Art. 20.)

Uebrigens werden wir später im 24. Kapitel „über die Zustände der Seele nach dem Tode" sehen, daß sogar nach den

Indern es eine große Zahl von Zwischenzuständen der Seele gibt. Die Locas oder Himmel sind unzählig und den individuellen Fähigkeiten der Seelen angepaßt.

Der Exstatische sieht schon hier auf Erden, nach dem Yoga-Sastra von Patandjali, gewisse Emanationen der ätherischen Materie, gleich einer Flamme über dem Docht der brennenden Lampe, über dem Haupt der Heiligen schweben, welche man dem Glorienscheine der Heiligen der katholischen Kirchen der Christenheit vergleichen könnte. Diese leuchtende Flamme hat in unsern Tagen, zur Theorie der Mesmerianer, betreffend das magnetische Fluidum, und zu Reichenbach's Hypothese über die Od-Flamme Anlaß gegeben. Bekanntlich vermögen exstatische Seher, hellsehende Somnambüle und sensitive Personen überhaupt, diese leuchtende ätherische Materie zu sehen. Nach Colebrooke (Transact. of the asiat. Societ., p. 30 und 31) ist der ätherische Körper eine leuchtende Emanation der Seele und der reinen Geister. Vermittelst dieser leuchtenden Hülle können sich die Geister der Verstorbenen den Sehern und Somnambülen sichtbar machen.

Die Inder nehmen auch an, daß es eine Nahrung und ein Getränk für die mit der ätherischen Hülle bekleideten Geister gibt. Diese Amrita der Inder kann man auch mit der Ambrosia der Griechen und dem himmlischen Manna der Israeliten vergleichen (Exodus XVI.). Diese Nahrung der Engel enthält nach dem Buche der Weisheit (XVI, 20 und 21) die Quintessenz des seligsten Genusses in sich, und ist dem Geschmacke aller Seeligen angepaßt.

Nach den Traditionen der Inder ist der Mond der Behälter der Amrita, und die Sonne füllt den Mond damit an, während der vierzehn Tage des Zunehmens. Die Götter und Ahnengeister genießen die Amrita während des Vollmondes. Die Deva's und die Asoura's stritten um die Amrita, die den Erstern zugesprochen wurde. Der Ursprung der

Einundzwanzigstes Kapitel. Der ätherische Körper.

Amrita wird im 45. Kapitel des ersten Buches der Ramâyana erzählt.

Die Idee des ätherischen Körpers, welcher aus subtilen Elementen und dem Nervenfluidum der irdischen Hülle zusammengesetzt ist, reicht bis in die ältesten Zeiten hinauf. Nach den alten Rabbinern (Mennasseh XI, 6 u. s. w.) bekleidet sich die Seele mit diesem ätherischen Körper, wenn die süße Gewohnheit sie zur Erde hinabzieht, zu jenen Orten, die sie im irdischen Leben geliebt hat.

Die Chinesen nehmen eine intelligente Seele (Ling) und eine leidenschaftliche, niedere Seele (Huen) an. Je mehr die Seele sich von ihren Instinkten und Leidenschaften frei macht, desto vollkommener und glücklicher ist sie und gelangt so zum Zustande der reinen Geister. Trotzdem müssen sogar die Geister der seeligen Todten sich mit dieser Instinktseele bekleiden, wenn sie den Menschen sichtbar erscheinen wollen, obwohl sie selbst alle Materie abgestreift und ihre Wohnung im Himmel haben.

Im Allgemeinen haben die heiligen Traditionen und alle Denker, welche mehrere Seelen im Menschen annehmen, die untergeordneten Fähigkeiten der Seele mit dem ätherischen Körper verwechselt, dessen sich der entleibte Geist bedient, um sich sichtbar den groben irdischen Sinnen der Menschen zu offenbaren.

Nach der Lehre der letzten Kabbalisten gibt es drei Seelen im Menschen:
1) Die fluidistische Lebenskraft, welche beim Körper bis zur vollständigen Verwesung verbleibt (nephesch).
2) Die wirkliche Seele (ruasch), deren Heimath das untere Paradies ist.
3) Der Geist (neschamah), der zu Gott zurückkehrt. (Mennasseh, de resurrectione, lib. XI, Kap. 6.)

Die Grönländer, nach Kranz's Geschichte von Grönland glauben, daß der Mensch zwei Seelen hat:

1) Den **Hauch**, welcher den Körper belebt und das Leben unterhält (die Seele als Lebensprincip).

2) Den **Schatten**, der sich im Traume schon vom Körper löst und nach dem Tode sich gänzlich von ihm trennt, als **unsterblicher Geist**.

Nach Delaborde nehmen alle nordamerikanischen Wilden im Allgemeinen mehrere Geister in demselben Körper an. Die Bewohner von Kanada glauben, daß **eine** Seele nach dem Tode beim Körper verbleibt und als Gespenst erscheint, während die **andere** zur rein geistigen Sphäre hinaufsteigt.

Nach **Pythagoras** hat die Seele **drei wesentliche Eigenschaften**, die Intelligenz, (νοῦς) das Gefühl (φρήν) und den Instinct (θυμός). Man kann diese drei wesentlichen Attribute der Seele nach Pythagoras (Diogenes Laërtius VIII) mit den **drei Daseins-Formen** des Kapyla, des Stifters der Sankhya-Schule vergleichen. Der **Geist** und die **höhern Gefühle** offenbaren sich durch das Gehirn, und die Leidenschaften durch das Herz. Nach Cicero (Tusc. I.) hatte Plato dieselbe Ansicht. Eresistratus sagt, daß die **intelligente Seele** sich vorzüglich im **vordern und obern Theile des Gehirnschädels** manifestire (Plutarch, de placit. philos. lib. IV, Kap. 5.).

Nach **Maximus Tyrius** (Sermo 26.) nahmen Pythagoras, Plato und Proclus einen **ätherischen Körper** an und glaubten, daß **alle Geister und Götter** sich damit nach Belieben bekleideten, um den Sterblichen zu erscheinen. Homer und andere Dichter sprechen sogar von Verwundungen der Götter im trojanischen Kriege. Homer nennt den **ätherischen Körper**, vermittelst dessen die Seelen der Verstorbenen den Lebenden sichtbar erscheinen (εἴδωλον). Nach dem fünften Buch der Iliade (V. 857 u. s. w.) ist dieser ätherische Körper der Unsterblichen unvergänglich und unverweslich.

Der Zahn der Zeit hat keine Macht über diese subtile Materie (ἀθάνατος, ἄφθιτος). Die Blüthe der Jugend verläßt nie

Einundzwanzigstes Kapitel. Der ätherische Körper.

das Antlitz der Unsterblichen, und wenn auch ihre Gestalt menschlich ist, so übertrifft doch die Natur des ätherischen Körpers an Vollkommenheit die chemischen Elemente des irdischen Leibes (Iliade XIV, 353); eine himmlische Substanz ersetzt das Blut (ἐχώρ), und Ambrosia nährt dieses feine Fluidum, den Nervenäther der Götter. Die Griechen nehmen wie die Inder und Israeliten himmlische Speise und Getränke an (Ambrosia und Nektar Odyssee V, 95.). In den Augen des Volkes und der Dichter mußte der ätherische Körper der Götter und Geister auch Nahrung zu sich nehmen. Nahrung ist die nothwendige Grundlage jeder, wenn auch noch so feinen Materie.

Aristoteles (Phys. IV, 2 und 3.) sogar sagt, daß die unsichtbaren Wesen ebenso substantiell sind, als die sichtbaren. Die unsichtbaren Wesen haben sehr subtile, ätherische Körper. Dasselbe gilt von den Stoikern, nach Diogenes Laërtius (VII, 56. πᾶν γὰρ τὸ ποιοῦν σῶμα ἔστι).

Epikur sagt, daß die Götter eine menschliche Gestalt haben, aber die Vernunft allein kann sie wahrnehmen, wegen der Zartheit ihrer Elemente. (Plutarch, de placit. philos. lib. I, Kap. 7.)

Sogar Lucrez, den unsre neuen Sophisten, die Hrn. Renan, Strauß, Feuerbach und Consorten, für den Heerführer einer gesunden, materialistischen Natur-Philosophie halten, stimmt in dieser Beziehung mit dem gläubigen und spiritualistischen Virgil überein. (Aeneide VI, 654.) Lucrez sagt nämlich ausdrücklich (Lucrez I, 121), daß die Geistererscheinungen und die Gespenster des Traumlebens den Griechen und Römern die Idee eines ätherischen Körpers der Geister der Verstorbenen und der Götter eingeflößt haben.

Es ist eine, sogar von unsern modernen Gelehrten anerkannte Thatsache, daß die größten Männer Griechenland's und Rom's die objective Realität der Geistererscheinungen annahmen; sie glaubten, daß die Götter und die Geister der Verstorbenen fortfahren Theil zu nehmen an dem Schicksal der Sterblichen, daß sie in ihre Geschicke direkt eingreifen und ihnen in menschlicher Gestalt sichtbar und fühlbar erscheinen können. Man glaubte noch zu den Zeiten des Lysander (Plutarch's Lysander, edit. Reiske § 26, pag. 56 und 57.) an fleischliche Vermischungen der Geister und der Menschen, wie man einst daran geglaubt, im heroischen Zeitalter der Semele und des Bachus, sowie der Jungfrau Europa. Man glaubte allgemein an die fortwährende Einmischung der Götter und Genien in die Geschicke der Menschheit.

Nach der Ansicht des Pythagoras kündigen die Geister und Genien den Menschen verborgene und zukünftige Dinge an (Diogenes Laërtius VIII, 32.).

Der Verfasser der Epinomis (Epinomis, § 8, op. Platon. oper. edit. Bekker, pag. 29.) sagt, daß die übersinnlichen Wesen sich uns offenbaren, sowohl durch Träume, als auch Geister-Erscheinungen im wachen Zustande, sowie durch vernehmbare Stimmen und prophetische Worte. Kranke sowohl als Gesunde sehen und hören die Geister, welche oft auch in der Todesstunde den Kranken beistehen und sie abholen kommen, um sie in eine höhere geistige Sphäre zu geleiten. Das Gespenst, welches Dion erschien (Plutarch's Dion, § 55, p. 342, edit. Reiske), glich einer Erynnis; dieser Geist war in ein langes Gewand gehüllt, wie man im Theater die Erynnien vorstellte, und fegte mit der Schleppe desselben den Boden des Hauses, nach der Weise dieser Rachegöttinnen.

Der Geist des berühmten spartanischen Generals Pausanias erschien lange Zeit, bis zum Anfang des peloponnesischen Krieges, wie Thucydides und der Geograph Pausanias berichten, als Gespenst in Sparta. Das delphische Orakel gebot den Lacedämoniern, um Pausanias Geist zu sühnen, ihm zu Ehren zwei eherne Bildsäulen in der sogenannten persischen Halle zu Sparta aufzustellen. Der gebildete Leser kennt auch das berühmte Phantom, das dem jüngeren Brutus vor der Schlacht von Philippi erschien und ihm sein tragisches Ende voraussagte. Nach einigen Sagen des Alterthums war dieses Gespenst der Geist des von ihm gemordeten Julius Cäsar.

Die berühmtesten Kirchenväter, wie Origenes (in prolog. περὶ ἀρχῶν), Tertullian (lib. de carne, cap. 6.), Lactantius (lib. II, cap. 15.) und Augustin (de divin. et daemon. cap. 3 und 5.) nehmen gleichfalls den ätherischen Körper an, welcher mit der Lehre von der Auferstehung des Fleisches und der allendlichen Umwandlung der Leiber der Lebenden, bei der Wiederkunft Christi im Zusammenhange zu stehen scheint. Die zahlreichen Engel- und Geistererscheinungen in der Bibel mußten nothwendig zur Annahme eines ätherischen Körpers der übersinnlichen Wesen führen. Origenes sagt (Fragment. de resurrect., edit. Paris, op. I, pag. 35.), daß die Seele nach dem Tode mit einem ätherischen Leibe bekleidet wird, welcher ihrem irdischen Körper ähnlich ist, und den sie bis zur endlichen Auferstehung des Fleisches behält. Derselbe Doktor der ersten Kirche behauptet (Origenes. op. I, pag. 194.), daß die Geister sich mit einer ätherischen Hülle bekleiden, wenn sie den Menschen erscheinen wollen. Man muß über diesen interessanten Gegenstand auch die Dogmatik des Gennadius von Marseille (Kap. 11, 12 und 13) lesen; bekanntlich verachten aber die skeptischen und materialistischen Theologen unsrer Tage diese Studien, die sie für absurde Hirngespinnste ausgeben.

Die Geister nehmen, um zu erscheinen, mannigfaltige Gestalten an, der orthodoxen Vedanta-Schule zufolge (Yoga-Sastra. Pauthier, Versuch über die indische Philosophie, pag. 140, nach Colebrooke.).

Nach der Bibel erscheinen die guten Geister, wie Moses und Elias, in leuchtender Glorie (Luc. IX, 31. Apocalypse I, 16.); sie theilen sogar den Heiligen, Sehern und Extatischen, denen sie erscheinen, von ihrem Glanze mit. So leuchtete Christi Antlitz bei der Verklärung nach Luk. IV, 29. So leuchtete ganz vorzüglich Mosis Antlitz, während er mit dem Engel des

Herrn sprach (Exodus XXXIV, 29, 30). Die Kinder Israel, ja nicht einmal Aaron, wagten sich dann Mose zu nahen, noch sein, von Heiligenschein umflossenes Antlitz anzuschauen; die zweite Epistel an die Korinther bestätigt diese Erzählung des Exodus (Kap. III, B. 7 und 13.).

Die Apostelgeschichte (VI, 15.) spricht von dem engelgleichen, leuchtenden Angesicht des Stephanus.

Die Inder sprechen von verschiedenen Graden des Heiligenschein's, bei den sogenannten Sonnen= und Mond=Kindern unter den Yogi's und den heiligen Verzückten (Sanjasi's).

Die heiligen Seher des Mittelalters sprechen auch von diesem Glanze. Dasselbe gilt von unsern heutigen Exstatischen und Sehern, deren leuchtendes Angesicht den himmlischen Glanz der guten Geister abspiegelt, die sich ihren verfeinerten, ätherischen Sinnen sichtbar offenbaren.

Zweiundzwanzigstes Kapitel.

Der irdische Körper.

Die Geburt ist die Vereinigung der Seele mit den grobkörperlichen, irdischen Organen. Die Seele ist und bleibt, trotz der Geburt, **unveränderlich**, ihrem wahren Wesen nach) (Sankhya-Karika, art. 18). Die fünf subtilen Elemente des ätherischen Körpers bilden die **fünf irdischen Sinne** (Sankhya-Karika, art. 30—40.). Vorzüglich ist der **Manas**, (sensorium generale) der **innere Sinn**, die Wurzel der äußern Sinne (Sankhya-Karika, art. 60).

Auch nach der **Vedanta=Schule** sind die subtilen Elemente des ätherischen Körpers, die Keime des irdischen Leibes. (Brahma-Soûtra II, § 8 u. folg.)

Die Seele, welche nach der **indischen, populären Lehre der Seelenwanderung** auf diese Erde zurückkehrt, um einen neuen Leib zu beleben, verläßt die dunstigen Regionen der Mondscheibe, wohin die Geister sich unmittelbar nach dem Tode begeben, um sich auf die Erde herabzuschwingen mitten durch Nebel und Wolkengebilde; sie gelangt allmählig durch den Regen in die Pflanzenwelt und aus dieser durch die Nahrung in thierische Körper, und so endlich zum menschlichen Embryo (Brahma-Soûtra III, 1. §§ 4, 5 u. 6.).

Diese Herz und Geist erhebende Popular=Lehre der Inder ist in unsern Tagen in der **plattesten und abgeschmacktesten**

Nach den alten persischen Sagen (Anquetil III, 189 u. 214) kommt der Geist des Menschen vom Himmel, sobald der Embryo im Mutterleibe ausgebildet ist.

Nach den Legenden der Griechen und Römer mußten alle Seelen, welche nach dem Rathschluß der Vorsehung sich hier auf Erden verkörpern sollten, zuvörderst vom Lethestrom trinken, um die glückliche Vorzeit des Seelenlebens im Himmel zu vergessen. Die gebildete Welt kennt die berühmten Verse des sechsten Buches der Aeneide Virgil's, von denen wir einige Strophen hier citiren:

> Tum pater Anchises: animae quibus altera fato
> Corpora debentur Lethaei ad fluminis undam
> Securos latices et longa oblivia potant.

Weiter sagt derselbe Dichter:

> Has omnes, ubi mille rotam volvere per annos,
> Lethaeum ad fluvium Deus evocat agmine magno,
> Scilicet immemores supera ut convexa revisant,
> Rursus et incipiant in corpora velle reverti.

Plato sagt im Phädon und im Timäus (44), daß alle Seelen, welche sich auf dieser Erde verleiblichen, zuvörderst auf eine eigenthümliche Weise berauscht würden, und daß dieser Rausch das Vergessen der vergangenen glücklichen Tage des Seelenlebens in ihnen hervorbrächte.

Pindar behauptet (Olymp. XIII, 105), daß es unsichtbare Engel der Geburt gäbe, d. h. Genien, welche der Geburt der Menschen vorstehen.

Nach Philo steigen unaufhörlich Seelen vom Himmel auf die Erde herab, durch den Wunsch herabgezogen, sich zu verleiblichen. Andere Seelen steigen auf derselben Leiter zum Himmel herauf, um von Neuem wieder hinabzusteigen (Philo. quod a Deo mittant somn. 568 edit. Mang. I, 641.).

Zweiundzwanzigstes Kapitel. Der irdische Körper.

Diese Ideen Philo's erinnern an die berühmte **Jakobs-leiter** in der Genesis (XXVIII, 12), auf der die Engel Gottes herauf und herabsteigen. Diese Leiter stand auf Erden und rührte mit der Spitze an den Himmel.

Man lese auch die Kapitel des Matthäus und Lucas über die Geburt Jesu, eingedenk der bekannten Worte Christi, (Matth. XXIII, 9) „Ihr sollt Niemand Vater heißen auf Erden, denn Einer ist euer Vater, der im Himmel ist."

Diese Worte Christi zeigen deutlich die **Wirklichkeit der Abkunft des menschlichen Geistes aus Gott** an.

Nach Clemens von Alexandrien werden die **Seelen der Menschen durch Geburtsengel in den Leib der Mutter gebracht** (Strom. I und III.).

Der heilige **Thomas von Aquino** (I, p. 9 art. I.) sagt, daß Gott der Seele, welche wegen Abbüßung ihrer vorzeitigen Sünden sich hier auf Erden verleiblichen muß, die Rückerinnerung an die urzeitliche Glückseeligkeit genommen, um die Strenge des Exil's dem gefallenen Geist zu mildern.

Die **Sagen aller Völker des Alterthums** behaupten, daß die Seelen in die irdischen Körper gehüllt werden, wegen Abbüßung ihrer Sünden. Die **Chaldäer, die Egypter und Pythagoras' Schule** haben diese alte Legende, von einem vorzeitlichen Sündenfalle angenommen (Diogenes Laërtius VIII, 31.).

Der göttliche Urtheilsspruch legt der Seele als **Strafe** die **irdische Verleiblichung** auf.

Nach den Volkslehren der Inder büßt Jeder die Sünden, welche er in einem **früheren Leben** begangen, in einem **späteren** ab. Die Veda's behaupten, daß die Gedanken und Neigungen, von denen ein Mensch im Augenblick seines Todes beseelt gewesen, die **Natur und Stufe** seiner **späteren Lebensphase** bestimmen (Brahma-Soûtra I. Lektüre cap. 2, § 1 u. s. w.).

Man sieht, daß die Indische Lehre der Seelenwanderung wenigstens einen Fortschritt und innigern Zusammenhang zwischen einer Phase der Existenz derselben Seele und einer folgenden annimmt, weil die Natur der Seele immer dieselbe bleibt in den verschiedenen Verleiblichungen, während Allan Kardek und die Spiriten einen tugendhaften Menschen in einer spätern Phase seiner Verleiblichung zu einem Verbrecher umstempeln und vice versa, um nur der absurden, in Frankreich so beliebten Gleichheitstheorie zu fröhnen. Wie anders die Inder! So sagt der berühmte Philosoph Kanada, daß der Körper eines Individuums immer das Resultat der eigenthümlichen Beschaffenheit seiner Seele sei, die allein sein wahres Ich ist (Vaysischyka, art. 22 u. 23.).

Der große Pythagoras stimmt in dieser Hinsicht mit Kanada vollständig überein, indem er behauptet, daß der Körper der eigenthümlichen Natur jeder Seele angepaßt ist und ihren besonderen Bedürfnissen entspricht. Jede Seele hat eine eigenthümliche, unvergängliche Beschaffenheit, die sie als ein besonderes Ich von einem andern Ich unterscheidet, und die wahre Grundlage ihrer Individualität bildet. Plato (Phädon 61) und Cicero (de senectute, 20) haben die Ideen des Pythagoras adoptirt. In unsern Tagen ist es das große Verdienst des unsterblichen Schleiermacher gewesen, das Princip der Eigenthümlichkeit mitten in den pantheistischen Tendenzen der deutschen Philosophie, wieder rehabilitirt zu haben.

Die Ideen des Alterthums, betreffend die Eitelkeit und Nichtigkeit des irdischen Lebens, kommen vorzüglich von der Ansicht her, daß die Seelen der Abbüßung wegen, sich hier auf Erden verleiblichen müssen. Die Leiblichkeit gilt für eine Strafe Gottes; die Seele ist im Leibe gleichsam gefangen und fühlt sich daher unglücklich in ihrer materiellen Hülle; sie seufzt fortwährend nach Entkleidung dieser groben Materie, sie ist gelähmt in ihrem erhabenen Fluge und ihr Wissensdurst kann hier auf Erden nie gestillt werden.

Zweiundzwanzigstes Kapitel. Der irdische Körper.

Der berühmte Gotama, Stifter des philosophischen Nyaya-Systems (Gotama I, 1—8) sagt, daß die Seele, so lange sie unter dem Joche des irdischen Körpers seufzt, unter der Herrschaft böser Leidenschaften stehe, welche sie verhindern, zur wahren Weisheit zu gelangen; sobald sie aber die irdischen Bande abgestreift hat, kann sie vermittelst der Kenntniß der ewigen Principien zu den höhern, rein geistigen Sphären sich hinaufschwingen.

Sankara sagt im Atma-Bodha (art. 26), daß die mit dem irdischen Körper bekleidete Seele nicht das wahre Wesen der Dinge erkennen könne und fortwährend in einer Illusion lebe; blos ein Yogi vermag vermittelst der Extase und der Gedankenconcentration zu einer, wenn auch unvollkommenen intellectuellen Anschauung der ewigen Principien, schon hier auf Erden zu gelangen (Yoga-Sastra von Patandjali, Kap. IV, Brahma-Soûtra IV, 4, § 7.).

Manu's Gesetze (VI, § 18) sagen daher: „Gleichwie ein Baum das Ufer verläßt, wenn der Strom ihn fortreißt, wie ein Vogel den Bauer nach Belieben verläßt, so wird derjenige, der den irdischen Leib aus Naturnothwendigkeit oder aus freien Stücken verläßt, von einem schrecklichen Ungeheuer befreit sein."

Nach der Secte der Essenier sind die Seelen in den Leibern wie in einem Gefängniß eingeschlossen; daher ihre große Freude, wenn sie von diesem Joche befreit sind. Die Bibel alten und neuen Testaments stimmt mit diesen Ansichten der Essenier überein. Der Prediger Salomonis (I, 14) sagt: „Ich habe Alles unter der Sonne gesehen und betrachtet, und siehe da, Alles ist nichtig und eitel!"

Die Weisheit Salomonis (IX, 15) sagt auch: „Daß der Leib, welcher vergänglich ist, die Seele beschwert, und daß diese irdische Hülle den Geist mit Sorgen erfüllt und niederdrückt!"

In der Epistel an die Römer (VII, 24) ruft Paulus schmerzvoll aus: „Ich Elender, wer wird mich erlösen von diesem Leibe des Todes!" —

Im achten Kapitel desselben Briefes sagt er noch (V. 20—22): „Die Kreaturen sind der Eitelkeit unterworfen, nicht aus ihrem Willen, sondern um dessentwillen, der sie unterworfen hat; sie warten aber der Hoffnung, sage ich, befreit zu werden von der Knechtschaft der Verwesung, um zu leben in der Freiheit des Ruhmes der Kinder Gottes. Denn wir wissen, daß alle Kreatur seufzt und in Nöthen ist und nicht sie allein, sondern auch wir, die wir die Erstlinge des Geistes sind; wir, sage ich, seufzen in der Erwartung der Kindschaft Gottes, d. h. der Erlösung von diesem Leibe des Todes."

Plutarch sagt am Ende seiner Abhandlung über Isis und Osiris (Ricard's Uebersetz. V, pag. 396), daß die menschlichen Seelen, so lange sie mit ihren Leibern verbunden, und den Leidenschaften unterworfen sind, nur auf unvollkommene Weise am göttlichen Leben Theil nehmen können. Die Idee, die ihrer Intelligenz die Philosophie vom wahren Seelenleben gibt, gleicht nur einem dunklen Traumbilde, aber sobald die Seele des Menschen von den irdischen Banden gelöst und in den Hades, diesen reinen und heiligen Wohnort der Seeligen gelangt ist, so wird Gott ihr König und Haupt, ihr Ein und Alles. In dieser erhabenen Sphäre heftet die Seele ihren Blick fortwährend auf den Ewigen allein. An diesem Ort, wo kein Wechsel des Lichtes und der Finsterniß ist, wo man keinem Wandel, keiner Veränderung ausgesetzt ist, betrachtet die Seele fortwährend die unendliche Vollkommenheit und Schönheit der ewigen Urbilder des Weltall's und kann sich nicht sätttigen an ihrem Anblick; je mehr sie schaut, desto mehr erwacht in ihr unersättlicher Wissensdurst.

Dreiundzwanzigstes Kapitel.

Der Tod.

Der Tod ist nach den Lehren der **Sankhya-Schule der Juder**, die Trennung der Seele vom Leibe, ihre Befreiung vom irdischen Joche und die Ablösung vom materiellen Organismus; keineswegs aber das Aufhören des Lebens, weil die Seele unvergänglicher und göttlicher Natur ist (Sankhya-Karika, Art. 18.).

Nach der Ansicht des **Diogenes** ist der Tod nur ein Wechsel des Aufenthalts, indem sich die Seele vom Körper trennt. Zu diesem Wohnungswechsel muß man sich schon während des irdischen Lebens durch die intellectuelle Anschauung der ewigen Principien, vorbereiten; so allein gelangt man zu einer allmähligen, ruhigen und sanften Scheidung von Seele und Leib.

Nach den **heiligen Traditionen der alten Perser** (Anquetil III, 384) leitet die Seele den Körper, während des irdischen Lebens; aber nach dem Tode verläßt sie ihre Behausung, die in Staub verwandelt wird, und kehrt in die höhere Sphäre der unsichtbaren Wesen zurück.

Die **Bibel** sagt: Der Tod sei nur ein Schlaf. Der Engel des Ewigen (Deuteronom XXXI, 16) spricht zu Mose: „Siehe, Du wirst zu Deinen Vätern schlafen gehn und zu ihnen versammelt werden."

Paulus spricht auch vom Tode als einem Schlaf (1. Corinth. XV, 18 und 51.).

Nach Christus, dem Fürsten des Lebens, ist der Tod auch nur ein Schlaf. Alle Christen kennen das Zauberwort: „Lazarus unser Freund schläft; aber ich gehe hin, um ihn aufzuwecken." Daher konnte auch Paulus freudig ausrufen: „Tod, wo ist Dein Stachel, Hölle, wo ist Dein Sieg?" — (1 Corinth. XV, 55.)

Das zweite Kapitel der vierten Lektüre des Brahma-Soûtra (§ 1—8) enthält die Lehre von der Himmelfahrt der Seele aus diesem irdischen Leibe des Todes. Zuerst hört die Wirkung der äußern Sinne auf; die Sprache schwindet und das Leben zieht sich in den innern Sinn zurück. Allmählig hört die Thätigkeit aller, zum Leben nothwendigen Organe auf. Die Lebenskraft und sogar die Funktionen des innern Sinnes (Manas) ziehen sich in's Innerste der lebendigen Seele zurück, welche keinen Verkehr mit der Außenwelt mehr hat. Im Augenblicke des Todeskampfes versammeln sich alle Lebenskräfte um ihren Herrscher, die Seele, wie die Diener eines Königs bei seiner Abreise sich um ihn nochmals schaaren. Die Seele ihrerseits zieht den subtilen Nervenäther aus dem groben Körper heraus, welcher letztere alsbald kalt wird, nachdem die Lebenskräfte, welche er aus dem Nervenäther gezogen, ihn verlassen haben. Die Seele bekleidet sich nun mit diesem subtilen und leuchtenden Nervenäther-Körper, welcher einst das Samenkorn des groben irdischen Körpers gewesen. Die Seele bleibt mit dieser ätherischen Ur-Materie vereinigt bis zur Auflösung des materiellen All's der Erscheinungen. Die Seele des weisen und tugendhaften Menschen zieht sich aus dem Herzen durch die Souschumna während des Todesschlummers in's Gehirn, oben am Scheitel und verläßt auf diese Weise den Körper, indem sie bei ihrem Heraustreten aus dem Scheitel das Antlitz des Sterbenden mit leuchtender Glorie verklärt und gleich einer Lichtflamme über dem Kopfe eine Weile schwebt. Die Extatischen, Seher und Yogi's können allein diese Flamme sehen, während die Umgebung nur die Verklärung des Antlitzes des Sterbenden wahrnimmt. Diese Indische Beschreibung des Heraustretens der Seele aus dem irdischen Körper, im Augenblick des Todes, stimmt mit den Erfahrungen der neuern spiritualistischen Seher Amerika's und auch mit den Beobachtungen des Verfassers und seiner Schwester, genau überein. Der harmonische Philosoph Amerika's, Andrew Jackson Davis, dessen Werke von Hrn. C. G. Wittig in's Deutsche übersetzt worden, hat vorzüglich interessante Beobachtungen über diesen wichtigen Gegenstand veröffentlicht, namentlich in seiner Auto=Biographie, „dem Zauberstabe" (Breslau und Leipzig, 1867.).

Nach den Sagen der Inder verläßt indessen die Seele eines unwissenden oder lasterhaften Menschen den Körper beim Tode, nicht durch den Scheitel, sondern geht als gröbere, dunkle Masse, wie der Rauch, durch andere weniger edle Theile des Körpers heraus. Die Exstatischen sehen dann keine leuchtende Flamme über dem Scheitel schweben; die ätherische Materie erscheint gröber, schattenähnlicher und hat keinen verklärten Glanz. Nachdem nun die Seele eine kleine Weile bei dem Körper verblieben und sich der überlebenden Umgebung gewöhnlich vergeblich zu manifestiren gesucht hat, erhebt sie sich in die Lüfte, nach Andrew Jackson Davis der Centrifugalkraft sich hingebend, nach den Indern den Strahlen der Sonne folgend, und von den Schutzgeistern begleitet. Die Seele tritt die große Reise in's Jenseits an, in Begleitung dieser sympatischen Geister, und nach den Indischen Sagen, unter der Leitung der Götter, welche die verschiedenen Sphären beherrschen, die sie durchfliegen muß, um zu dem ihr bestimmten Aufenthalte zu gelangen. Diese Regionen sind Ruhepunkte, oder vielmehr genußreiche Himmelsstationen, die die Seele nach einander besuchen muß (Brahma=Soûtra, IV, Kap. 3, §§ 4, 5 und 6.).

Der Weg führt, den Indischen Legenden gemäß, durch die Gegenden der Beherrscher der Jahreszeiten, ferner gelangt

16

die Seele von Wolken und Winden getragen, zur Region des Blitzes, und dann in den Wohnort des Varouna, Königs der himmlischen Gewässer; hier verbleiben die weniger vollkommenen Seelen oder die sogenannten Mittelgeister, welche den Indern zufolge sich wieder auf Erden verkörpern müssen; die Formen dieser Geister sind **dunstig**, wenn sie den Menschen erscheinen, wegen der wässerigen Sphäre Varouna's (Brahma-Soûtra, II.).

Nach den Indischen Sagen, besuchen auch diese Seelen, mit Erlaubniß der Götter vollkommenere Sphären, wie z. B. **die der seeligen Vorfahren (Pitri's) im Monde**, als diejenige Varouna's ist, die sie gleichsam zur Erde zurückführen soll. So gelangt auch, der Bibel zufolge, naiver Weise, ein ungebetener Gast in den sogenannten Hochzeitssaal, obwohl er ihn wieder verlassen muß, weil er noch nicht **reif für diese hohe Sphäre** ist, und noch kein leuchtend-ätherisches Hochzeits-kleid vertragen kann. Der Genuß des Wiedersehens **geliebter Vorangegangener** ist den Seelen, nach allen Sagen des Alterthums und den Erfahrungen der neuern Seher gestattet, selbst wenn sie wieder in niedere Sphären zurückkehren müssen, um sich allmählig zu vervollkommnen.

Die Seelen der Heiligen, die schon hier auf Erden zur intellectuellen Anschauung der vollkommenen ewigen Principien gelangt sind und auch ihr Leben diesen **reinen Ideen** gemäß eingerichtet haben, steigen weiter hinauf in die höhern Sphären Indra's, ja selbst Brahma's, wie wir es aus dem folgenden Kapitel ersehen werden.

Die Seelen der Lasterhaften und Unwissenden aber sinken in die Sphäre Yama's, des Weltrichters herab.

Nach den **Legenden der alten Perser** (Anquetil III, 585) verbleiben die Seelen bis zum vierten Tage nach dem Tode beim Körper, und zwar an **drei Orten**:

1) wo der Mensch gestorben;
2) wo der Leichnam hingethan ist, (Zadmary);

Dreiundzwanzigstes Kapitel. Der Tod.

3) in der Kesche des Dadjah, d. h. an dem Ort, wo man den Körper am dritten Tage hinlegt, um ihn durch die Sonnenstrahlen dörren zu lassen.

Am vierten Tage geht aber die Seele, nachdem sie vergeblich gehofft, sich mit dem Körper wieder zu verbinden, nach der Brücke Tschinevad, wo Mithra und Rachnerast (Rache ohne Rast?) sie befragen und ihre Handlungen auf die richterliche Wage legen. Die Gerechten gehen frohlockend über die Brücke Tschinevad, in die seeligen Sphären Ormuzd's und der sechs andern Amschaspands (Anquetil, III, 78.).

Die Ungerechten gehen in die Sphären der Sühne, genannt Hamestan.

Die Gerechten werden auf ihrer Himmelfahrt von den Ized's, den Schutzengeln, begleitet nach dem Behescht, dem seeligen Wohnort von Ormuzd und den sechs andern Amschaspands.

Diodor von Sicilien sagt (I, 51), daß die alten Egypter glaubten, die Seele würde bis zur vollständigen Verwesung ihrer sterblichen Hülle, um dieselbe schweben. Bekanntlich glaubte das ganze Alterthum, daß ein geheimnißvolles Band zwischen der Seele und dem Leichnam lange Zeit verbliebe.

Die alten Kabbalisten und Rabbiner stimmten in dieser Hinsicht vollkommen mit den Indern, Persern, Egyptern, Griechen und Römern überein.

Vierundzwanzigstes Kapitel.

Zustände der Seele nach dem Tode.

Nach den Veda's, denen das Sankhya-System beipflichtet, gibt es vierzehn Stufen von Seelenzuständen, um zur Vollkommenheit und endlichen Befreiung von der Materie zu gelangen. Sieben Sphären sind höher als die irdisch-menschliche, die achte ist der Zustand des Menschen auf Erden, und die sechs letzten stehen niedriger als der Mensch. Diese Sphären gehören zu den drei Welten, welche den drei vorzüglichsten Eigenschaften der Seele entsprechen. Wir haben schon gesehen, daß die drei wesentlichen Eigenschaften der Seele aus den drei nothwendigen Grund-Beschaffenheiten jedes Dasein's bestehen. Diese drei Grund-Eigenschaften der Seele sind:

1) die moralische sowohl als intellektuelle Vollkommenheit;
2) die von Leidenschaften und Gelüsten getrübten Zustände der Seele;
3) die Schlechtigkeit und Unwissenheit (Tamas). Der Atheismus und Materialismus sind Kennzeichen der Unwissenheit und moralischen Dunkelheit (Gesetze Manu's XII, §§ 24, 26 u. s. w., ferner § 41 bis 51. Sankhya-Karika Art. 3.).

Die erste Welt, d. h. die der Vollkommenheit ist der glückseelige Zustand der heiligen Seelen nach dem Ende

Vierundzwanzigstes Kap. Zustände der Seele nach dem Tode.

ihrer irdischen Laufbahn. Diese Seelen sind reine Geister geworden, nachdem sie alle Leiblichkeit, selbst die ätherische, abgestreift. Sie schauen in die Tiefen der Gottheit, und werden dort das **Ur-Leben aller Wesen** gewahr, d. h. sie sehen die **Ur-Seele in allen Einzel-Wesen** leben und weben, und alle Einzel-Wesen nach der Ur-Seele hinaufstreben (Manu's Gesetze XII, § 90.).

Die Seelen der Heiligen schreiten rasch durch die Region des Varouna, durch Indra-lôca, Agni-lôca, und selbst durch Brahma-lôca, weil nach Badari und den Commentatoren der Soûtra's sowie nach Djina, dem Stifter der Sekte der Gymnosophisten, Brahma **nicht das höchste Wesen**, sondern nur ein Ausfluß (Emanation) des schöpferischen Willens ist (eine im **goldenen Welt-Ei umschlossene Weltseele**). Sie gelangen endlich zur Aloka-Kâsa, jenem höchsten Orte der Vollkommenheit, von welchem die Seele nicht mehr zurückkommen will, weil sie, vertieft im Anschauen der Gottheit und der ewigen Principien alles Daseins die höchste Seeligkeit genießt.

Aloka-Kâsa ist über alle Welten (lôca's) erhaben; das Wort Akasa bedeutet, daß es eine Sphäre ist, von der man nicht mehr zurückkommen will.

Die übrigen sechs Sphären der Seeligkeit, wie z. B. Varouna-lôca, Agni-lôca, Indra-lôca und sogar Brahma-lôca, sind nicht Zustände vollendeter Seeligkeit; bloß der Philosoph Djaimini behauptet, daß Brahma-lôca schon ein Zustand vollkommenster Glückseeligkeit ist, weil seinen Lehren zufolge, Brahma selbst das höchste Urwesen ist, und **nicht** die emanirte Weltseele des schöpferischen Willens. In diesen Orten der weniger vollkommenen Seeligkeit genießen übrigens die Geister eines so glücklichen Lebens, daß jeder Geist glaubt, **seine Sphäre** sei die vollkommenste, weil alle seine Wünsche in vollstem Maaße befriedigt werden. Uebrigens weicht der Zustand **jedes Geistes, selbst auf derselben Stufe der Seeligkeit**, bedeutend von der einer andern Seele ab, denn Alles ist individuell und den Wünschen jedes Einzel-Wesens entsprechend. Das Schicksal jeder Seele ist vorzüglich bestimmt durch ihre Gedankenrichtung im Todes-Augenblicke (Brahma-Soûtra I, Kap. 2, § 1. Manu's Gesetze XII, § 23.).

Jede Stufe der Seeligkeit hängt ab von dem höhern oder geringern Grade der Tugend und Gerechtigkeit; nach der erhabenen Moral der Inder, stirbt Jeder noch mehr seiner Werke, als seines Glaubens, seelig. Die moralische und intellektuelle Vollkommenheit der Seele in den Zuständen des Jenseits, hängt vorzüglich von der Stufe ihrer Entwicklung in ihrer irdischen Laufbahn ab. Das Wissen und die Weisheit spielt eine so große Rolle in der indischen Seelenlehre, daß sie die Unwissenheit auf eine Stufe mit den gröbsten Lastern legt. Der Atheismus und Materialismus gelten nach ihrer Lehre für das beste Anzeichen grober Unwissenheit; daher auch die unglücklichen Sphären der Inder, welche unter der Herrschaft des Yama, des Weltrichters, stehen, von Materialisten und Verbrechern bewohnt sind. Uebrigens gibt es keine Ewigkeit der Höllenstrafen bei den Indern, denn nach einer langen Reihe von Jahren harter Gewissensbisse, im Hades der Inder, kehren die unglücklichen Geister wieder zurück auf die Erde, um dort auch körperlich ihre begangenen Sünden abzubüßen (Manu's Gesetze XII, Art. 22.).

Die unglücklichen Geister der niedersten Stufe, Atam Tappes (Abgrund der Finsterniß) genannt, verkörpern sich in Thier-Leibern. Der Mensch, der vorzüglich Verbrechen begangen, die aus Sinnenlust und Habsucht entstanden, wird zur Muschel oder zum Schaalthier, das sich kaum bewegen kann; er verkörpert sich in der niedersten Klasse des Thierreich's; für Wort-Sünden und Verläumdungen wird er, zur Strafe, zum Raub-Vogel oder wilden Thier; für Gedanken-Sünden und geringere Vergehen, bekleidet er sich wohl mit menschlicher Gestalt, wird aber in der niedersten und unwissendsten Klasse der Gesellschaft geboren, und führt ein mühseliges Leben hier auf Erden (Manu's Gesetze XII, §§ 9, 75—80.).

Roger: Offne Thür zur Kenntniß des verborgenen Heidenthums, von La Grue in's Franz. übers. Amsterdam bei Johann Schipper. 1671. Bd. II, Kap. 21.).

Es gibt auch sogenannte Mittelgeister nach den Indern (Roger II, Kap. 21) die in der Atmosphäre unserer Erde schweben und den Menschen oft erscheinen. Diese Geister sind im Allgemeinen gute, wenn auch noch unvollkommene Seelen, die weder zum Bösen noch zum Guten viel Kraft angewandt haben; sie müssen sich ebenfalls von Neuem verleiblichen und werden in höheren socialen Verhältnissen wieder geboren, als die bösen Geister (Brahma-Soûtra III, Kap. I, §§ 4—6.).

Nach der Lehre der Chinesen hängt der Zustand der Seele nach dem Tode, von der Stufe der Vollkommenheit ab, welche der Mensch im irdischen Leben erreicht hat. Wenn die Vernunft im Menschen vorgeherrscht hat, so gelangt die Seele in seelige Geistersphären, wo sie eines Glückes genießt, welches ihrem Verdienst entspricht. Die Glückseligkeit jeder Seele ist eine rein individuelle und weicht von der jeder andern ab.

Die Glückseligkeit besteht in der Befriedigung aller Wünsche, die Wünsche aber sind bei jedem Individuum verschieden; daher die unendliche Mannigfaltigkeit der Himmel der seeligen Geister. Trotzdem unterscheidet das Buch der Belohnungen und der Strafen (Art. 136), zwei Haupt-Klassen von seeligen Geistern (Sien, Engel):

1) Die Unsterblichen des Himmels, welche bei der obersten Gottheit (Schang-ti) auf der höchsten Stufe der Seeligkeit ein ewiges Leben führen, und in die unermeßlichen Tiefen des Weltall's schauen.

2) Die Unsterblichen der Erde, welche in den glück-

seeligen Zwischen-Zuständen sich befinden, und an Weisheit fortwährend wachsen.

Man muß dreizehnhundert gute Handlungen verrichtet haben auf dieser Erde, um ein Unsterblicher des Himmels zu werden; dreihundert solcher guten Werke genügen, um die Stufe eines Unsterblichen der Erde zu erklimmen.

Der Mensch, welcher unter der Herrschaft der sinnlichen Leidenschaften gestanden, während seines Lebens auf Erden (Huen), wird ein in der Atmosphäre der Erde schwebender Geist (Luftgeist), der weder glücklich noch unglücklich ist; allerdings bedauert ein solcher Geist die irdischen Genüsse, die er entbehrt, aber weil er in einer geistigen Sphäre lebt und nicht mehr grobe, irdische Bedürfnisse hat, so richtet er allmählig seine Gedanken auf die schönen, wahren und vollkommenen Principien der Geisterwelt. Diese Luftgeister (Schen) leisten den Menschen große Dienste, mit denen sie in Verkehr treten, weil sie dieselben vor dem Joche der sinnlichen Lüste warnen, und die bösen Leidenschaften im menschlichen Herzen bekämpfen; die Reue treibt diese Geister an, den Menschen gute Rathschläge zu geben und die im irdischen Leben versäumten guten Werke auf diese Weise nachzuholen. Die Lage dieser Schen ist um so glücklicher, je mehr sie den Stolz und die Eigenliebe überwunden haben. Die Schen bekämpfen auch die bösen Geister, Kuci genannt, und hindern deren Einfluß auf die Menschen. Nach der Idee der Chinesen vergeistigt und veredelt der Tod auch schlechtere Menschen, weil mit der irdischen Hülle bereits die sinnlichen Leidenschaften der Habsucht und Wollust von ihnen abgestreift werden. Es bleiben nur noch geistigere Fehler und Mängel bei den Verstorbenen nach, wie z. B. Stolz, Ehrgeiz und Eigenliebe, Sucht besser und vollkommener zu erscheinen, als sie sind. Die Menschen, welche Verbrechen begangen haben, sind der Seelenwanderung unterworfen, den chinesischen Sagen zufolge. Die gröbsten Verbrecher müssen eine von den drei unglücklichen Laufbahnen einschlagen, welche man San=tou nennt:

1) Ein Lastthier auf dieser Erde zu sein, in ihrer neuen Verleiblichung; ungerechte, ungetreue, bestechliche Beamte werden Postpferde.
2) Im Jenseits von Gewissensbissen gleich der Gluth eines Feuerheerdes, geplagt zu werden.
3) Ein Kuei oder böser Geist zu werden. Es gibt indessen nach den chinesischen Legenden ebensowenig eine Ewigkeit der Höllenstrafen, wie nach den Indischen (Buch der Belohnungen und Strafen, übers. von Julien § 136.).

Vergeblich haben unwissende Dominikaner und Jesuiten eine schreckliche Beschreibung der Gefängnisse der bösen Geister aus den chinesischen Sagen zu schöpfen gesucht, um diese der katholischen Hölle zu nähern (Memoiren der Missionäre Bd. XV, pag. 250.).

Die Chinesen kennen keine Hölle, sondern nur ein zeitweiliges Fegfeuer, welches jedoch weit geistigerer Natur ist, als das grobsinnliche katholische Purgatorium, wo man, merkwürdiger Weise, im Dunkeln brennt?!

Die alten Perser nehmen Sühnungs=Sphären an, aber verwerfen die Idee einer ewigen Hölle. Der Hamestan ist der Hades der Perser. Die Geister, die reinern Herzens sind und deren Intelligenz Fortschritte gemacht im Erdenleben, steigen rascher hinauf zum Himmelreich, durch eine große Anzahl mehr oder weniger glückseeliger Zwischenzustände (Anquetil III, 585.).

Von dem Amenthes der alten Egypter haben wir schon im neunten Kapitel gesprochen, und nachgewiesen, wie sehr sie das reingeistige Leben im Jenseits, der Rückkehr auf diese Erde vorzogen. Die Metempsychose war nur für sehr untergeordnete Seelen bestimmt, zur Abbüßung ihrer Sünden.

Das gebildete Publikum weiß, daß Griechenland und Rom die Ideen der Egypter, betreffend die Zustände nach dem Tode und auch die Vulgar-Lehre der Seelenwanderung angenommen haben. Die weisesten Männer Griechenlands, wie z. B. Lykurg, Solon, Thales, Pythagoras und Plato bereisten Egypten und besprachen sich mit den dortigen Priestern. Solon soll von Sonchis aus Saïs, und Pythagoras von Enuphis aus Heliopolis unterrichtet worden sein. Pythagoras war vorzüglich voll Bewunderung für diese Priester, denen er übrigens dieselben Gefühle einflößte. Pythagoras ahmte die räthselhafte, mystische Sprache der egyptischen Priester nach. Er verhüllte seine Lehren mit dem Schleier der Allegorie (Plutarch, Isis und Osiris, Ricard V, pag. 328.).

Das künftige Leben der Seele war nach den Ideen des gesammten Alterthums die Heiligung und Fortsetzung des irdischen Daseins. Gott ließ kein Verbrechen ungestraft, keine Tugend unbelohnt. So war auch die Idee der Seelenwanderung nur eine besondere Weise der Abbüßung für gewisse, sehr irdisch-gesinnte Seelen, ähnlich dem biblischen Hades und dem katholischen Purgatorium, obgleich beide nur jenseitige Zustände bezeichnen; übrigens war die Lehre vom Hades dem ganzen Menschengeschlechte bekannt, wie Sextus Empiricus richtig bemerkt (Contradict. lib. IX, 66.).

In der That, die Mythologien, die Dichter und Denker aller Völker, nehmen einen rein geistigen Ort der Sühne und Belohnung an, und es würde uns zu weit führen, alle Stellen der Klassiker Griechenlands und Roms hier zu citiren; wir verweisen vorzüglich den Leser auf die Schriften des göttlichen Plato, dieses ausgezeichneten Mannes, dessen Stern nur erbleichen wird, wenn die Menschheit ausgerottet werden, oder in eine dumpfe Thierheit versinken sollte.

(Gorg. 526; de Rep. II, 303. X, 608; Crat. 54 u. 403; de Leg. XI, 959; Phaedon 108.)

Es gab im **Hades** eine große Anzahl mehr oder minder glücklicher oder unglücklicher Sphären und individueller Zustände. **Homer** (Iliade V, 395, XXIII, 72; Odyssee XI. 57.) theilt den Hades in zwei große **Welt-Sphären**, das **Elysium** und den **Tartarus**. Das **Elysium** (ἠλύσιον πεδίον, Elysäisches Feld) ist der **Odyssee** zufolge (XI, 57) ein Aufenthaltsort, wo die Gerechten in Frieden ein glückseeliges Leben führen; milde Zephyr-Düfte und ein ewig heiterer Himmel, nebst der schönsten, üppigsten Natur im Frühlingsschmucke, verschönern diese Sphäre der seeligen Geister.

Die **schöne Sphäre der Hyperboräer**, die **glückseeligen Eilande** und der **Garten der Hesperiden** gehören zum Elysium; unter dem Elysium ist der **Tartarus**, der **Aufenthalt der Verbrecher**; in diesen Strafort sind auch die Titanen hinabgeschleudert, wegen ihres Trotzes. Uebrigens ist die bei Weitem **größte Zahl der Seelen**, welche in diesem Leben weder Gutes noch Böses gethan, in den **luftigen Regionen unsrer Erde**. Diese **Luftgeister der Griechen** erinnern an die **Schen's der Chinesen** und steigen allmählig in höhere, glücklichere Sphären der Geisterwelt hinauf. Virgil's bekannter Vers:

«Aliae panduntur inanes suspensae ad ventos» ist eine Anspielung auf diese **Luftgeister**. **Pindar** (Olymp. II, 56.), **Plato** (Phaedon, § 69, p. 248, edit. Becker) und **Sallust** (de diis et mundo Kap. 19) sprechen gleichfalls von diesen Geistern.

Ueber die Seelenwanderung und Reincarnation der unvollkommenen Seelen finden wir namentlich bei den Dichtern eine ziemlich reiche Ausbeute. Der Sage nach, soll die Seele des großen Pythagoras sich viermal auf dieser Erde verkörpert haben, ehe sie den Gipfel des pythagoräischen Geistes erreichte. Pythagoras selbst soll sich erinnert haben, viermal früher auf Erden gelebt zu haben, denn die Alten trennten das Vermögen der Rückerinnerung nie von der Unsterblichkeit der

Seele, welche für sie keine Bedeutung ohne die Gabe der Erinnerung hatte; daher sagt Plutarch mit Recht: (Plutarch, Isis und Osiris, Ricard V, p. 319.) „Wenn man von der Unsterblichkeit das Selbst-Bewußtsein und die Rückerinnerung trennt, so gibt es kein unsterbliches Leben mehr, sondern nur eine lange Zeitdauer, denn das Glück des ewigen Lebens besteht vorzüglich darin, aus dem reichen Erfahrungs- und Gedankenschatze zu schöpfen."

Pythagoras soll nun zuerst Aethalides, ein Sohn des Merkur, gewesen sein; Merkur hatte ihm versprochen, das volle Andenken des frühern leiblichen Lebens in einer neuen Verleiblichung auf dieser Erde, zu behalten; später war er ein Fischer auf der Insel Delos, Namens Pyrrhus. Während seiner dritten Incarnation war er Euphorbus, der berühmte Vertheidiger Troja's, der im Kampfe gegen Menelaos erlag; während der vierten Incarnation war Pythagoras Hermotimus gewesen und zum fünften Male erschien er auf Erden als der berühmte Weise von Samos. Als Pythagoras nun Delphi besuchte, soll er den Schild, den er als Euphorbus im trojanischen Kriege gebraucht, dort erkannt haben; Menelaos hatte nämlich diesen Schild, nach der Eroberung von Troja, in Delphi der Minerva geweiht. Aulus Gellius (lib. IV, Kap. 11.) sagt: «Pythagoras clypeum Euphorbi olim Delphis consecratum recognovit, et suum dixit, et de signis vulgo ignotis probavit.» Nähere Auskunft über diese merkwürdige Hellseherkraft des großen Pythagoras findet man in Diogenes Laërtius (VIII. 8 u. s. w.), Philostratus (de vita Apollonii lib. I, cap. I.), Maximus Tyrius (Dissertat. XXVIII, ed. Dav. p. 288.), Ovid (Metamorph. lib. XV, v. 160.), Horaz (carm. lib. I, od. 28, ad Archytam.) und in Cicero (de officiis, lib. I).

Plato glaubte gleichfalls an die Metempsychose: er behauptete, daß die Seele durch mehrmalige Verleiblichungen zum himmlischen Wohnort des ewigen Friedens gelangen würde, nach

Abbüßung ihrer Sünden (Timaeus 42, 90 u. f. w., Phaedon, 34).

Pindar (Olymp. Od. II.) sagt, daß nach der Lehre des Pythagoras, die Seele zum Genusse der ewigen Glückseligkeit bei den Göttern, erst nach dreimaliger irdischer Verkörperung wegen Abbüßung ihrer Sünden gelangen könne.

Philo behauptet, daß die Seelen fortwährend vom Himmel zur Erde herabsteigen, und wieder hinauf. Die vom irdischen Körper befreiten Seelen bewohnen die Atmosphäre der Erde. Einige verkörpern sich von Neuem, Andere aber von vollkommenerer und höherer Natur, verachten die Verleiblichung (Philo, quod a Deo mittant somn. 568; edit. Mang. I, 641.).

Nach den Volkssagen wurde Orpheus in einen Schwan verwandelt, Ajax, Telamon's Sohn, nach Schiller Griechenlands Krone, in einen Löwen und Agamemnon in einen Adler.

Die römischen Volkssagen waren nur Nachbildungen der griechischen. Alle gebildeten Leser kennen folgende Verse Ovids, (Metamorph. lib. XV.) betreffend die Seelenwanderung:

«Morte carent animae, semperque priore relicta
Sede, novis domibus vivunt, habitantque receptae.
Omnia mutantur, nihil interit, errat, et illinc
Huc venit, hinc illuc, et quoslibet occupat, artus,
Spiritus eque feris humana in corpora transit,
Inque feras noster, nec tempore deperit ullo.»

Horaz (lib. II, carm. 20), Tibull (lib. IV.) und das sechste Buch der Aeneide Virgil's enthalten auch Ideen über die Metempsychose.

Die Geten haben auch die Lehre von mehreren Verleiblichungen der Seele angenommen. (Diodor von Sicilien fünftes Buch.) Auch bei allen indo-germanischen Stämmen findet man Spuren der Seelenwanderungslehre (Caesar. de bello gallico. lib. VI.).

Nach den **Druiden** bekleidet sich die Seele mit einem neuen Körper nicht auf dieser Erde, sondern in einer andern höhern Welt (Lucan, Pharsal. lib. I, v. 454 u. s. w.).

Die Druiden hatten folglich eine geistreichere Lehre über die Fortentwicklung der Seele, als die neue französische Schule der Spiriten Allan Kardek's, welche nur eine tautologische Rückkehr auf diese Erde annimmt.

Auch bei den Israeliten, namentlich in der Secte der Pharisäer, glaubte man an die Seelenwanderung. Einige Rabbiner behaupteten sogar, daß die Seele ihren Kreislauf mit dem Mineralreiche anfange und durch das Pflanzen- und Thierreich fortsetze bis zur Verkörperung im Menschengeschlecht. (Josephus Antiq. Iud. lib. XVIII, Kap. 2.) Josephus selbst glaubte, daß die weniger vollkommenen Seelen sich wieder verleiblichen würden, weil ihre Tendenzen irdischer, sinnlicher Natur seien.

Man kann nicht läugnen, daß die Seelenwanderungs-Ideen mit der Lehre von der Auferstehung des Fleisches verwandt sind; beide sind grob-sinnliche Auffassungen von der Sühne oder Abbüßung der Sünden. Auch scheint bei den Israeliten die be= rühmte Jakobsleiter (Genesis XXVIII, 12) Anlaß zur Metempsychose gegeben zu haben. Uebrigens ist die Seelenwanderung, im Sinne des Alterthums, eine Art von Prüfung, ähnlich den geistigen Mittelzuständen im Hades, den das gesammte Alterthum annahm. Nur durch den Hades konnten die Seelen zur ewigen Glückseligkeit im Anschauen Gottes gelangen.

Nach **Pindar** (Olymp. II, 56.) führen die Seelen der Heroen, der frommen tugendhaften Vorfahren, in den schöneren Regionen des Hades, obwohl noch in Uebergangszuständen sich befindend, schon ein den Göttern ähnliches Gedankenleben.

Nach **Petrus** (erster Brief, Kap. III. 19.) ging Christus nach seinem Tode, den Geistern zu predigen in das Gefängniß, einen der Bibel zufolge, sehr unglücklichen Ort des Hades, wie Jesaias (XLII, 7.) und aus dem berühmten Kapitel XIV, in dem derselbe Prophet den Wohnort der Tyrannen be=

schreibt, deutlich hervorgeht. Die Sphären, welche der reiche Mann und Lazarus bewohnten, nach Christi Parabeln, sowie das, dem guten Schächer versprochene Paradies, sind ebenfalls Zwischenzustände der Seelen (Luc. XVI, 19—31. XXIII, 43.).

Die **unvollständige Seeligkeit der guten Geister in den Mittelzuständen**, geht deutlich aus dem **Hebräerbriefe** (XI, 39, 40) und aus der Apokalypse (VI, 9—11) hervor. Wir setzen diese Stellen hierher und beginnen mit dem Vers aus dem Hebräerbriefe.

Der Apostel spricht von den Heiligen des alten Bundes und sagt: „Obgleich sie alle voll Glauben gewesen, so haben sie doch nicht die Erfüllung der Verheißung gesehen; denn Gott hat uns eines Besseren versehen, auf daß sie nicht ohne uns zur Vollendung gelangen."

Die obgenannten Verse des sechsten Kapitels der Offenbarung Johannis sind nicht weniger deutlich in dieser Hinsicht und lauten: „Als er aber das fünfte Siegel geöffnet, sah ich unter dem Altar die Seelen derer, welche um des Wortes Gottes willen getödtet waren, und für das Zeugniß ihres Glaubens gelitten hatten. Und sie riefen mit lauter Stimme und sprachen: Bis wann, o Herr, der Du heilig und wahrhaftig bist, wirst Du richten und unser Blut rächen an denen die auf der Erde wohnen? Und es wurden ihnen weiße Kleider gegeben, und gesagt, daß sie noch ein wenig ruhen sollten, bis die Zahl ihrer Gefährten und Brüder, die wie sie den Tod erleiden sollten, vollzählig sei."

Ehe wir dieses Kapitel über die Zustände der Seele nach dem Tode beendigen, müssen wir noch einige Worte über den **Unterschied der Lehre der mehrmaligen Verleiblichungen im menschlichen Körper und der Wanderungen der menschlichen Seelen durch Thierleiber**, sagen. Diese letzte Ansicht, so seltsam sie uns dünkt, hat im Alterthum doch viele Anhänger gezählt, vorzüglich bei den Indern, Egyptern und Chinesen. Viele religiöse Traditionen sprechen den Thieren Keime menschlichen Verstandes zu. Die Thiere sprechen, ihnen zufolge, mit menschlicher Stimme vernehmliche Worte, um die Menschen vor bringenden Gefahren zu warnen, oder sie aus der Noth zu retten, wie Bileam's Esel, (Numerus XXII, 27—34. 2. Ep. Petri II, 16.) und die intelligenten Raben, die Elias in der Wüste nährten (1 Könige XVII, 4 u. 6.), sowie der bekannte Elephant des indischen Königs Porus, welcher demselben anrieth, sich mit Alexander dem Großen zu vergleichen (Plutarch), über die Namen der Flüsse und Berge, Ricard V, p. 401.).

Die capitolinischen Gänse und die heiligen Hühner sowie die Wissenschaft der Auguren scheinen ebenfalls gewisse Spuren der Intelligenz bei den Thieren anzudeuten. Im Alterthum schienen viele Männer zu glauben, daß die Thiere wie die Menschen durch unsichtbare Wesen der übersinnlichen Welt inspirirt werden könnten, was eine nothwendige Aehnlichkeit der Thierseelen mit denen der Menschen voraussetzt und vielleicht auf die unsterbliche Natur der Thierseelen hindeutet, obwohl die Individualität bei den Thieren weniger entwickelt ist als bei den Menschen. Leider sind alle Fragen, betreffend die Unsterblichkeit und das wahre Wesen der Thierseelen, in ein tiefes Dunkel gehüllt. Der Prophet Jesaias (Kap. XLII, 20.) und der Apostel Paulus (Römerbrief VIII, 21.) nehmen eine Unsterblichkeit der Thierseelen an, indem sie von dem Seufzen der Kreatur nach der Erlösung oder Befreiung von der Materie sprechen. Die Erfahrungen und Forschungen des amerikanischen Spiritualismus der Neuzeit haben über diesen Gegenstand kein Licht verbreitet, und er bleibt immer noch, wie Schubert in seiner „Geschichte der Seele" und Justinus Kerner in seinen „Blättern aus Prevorst" mit Recht bemerken, das finsterste Gebiet der Seelenkunde.

Fünfundzwanzigstes Kapitel.

Eschatologie oder Vollendung der Seele.

Die Fortentwicklung der Seele ist eine unendliche. Der Fortschritt hat keine Grenzen, sondern ist ein fortwährendes Emporsteigen von einer Sphäre der Vollkommenheit zur andern; folglich kann von einer allendlichen Vollendung im eigentlichen Sinne des Wortes nicht die Rede sein, aber trotzdem haben die meisten religiösen Traditionen gewisse höhere Zustände der Seele, von denen der Mensch kaum eine dunkle Ahnung hier auf Erden hat, als Ideale absoluter Vollkommenheit bezeichnet.

Bei den Indern besteht die Vollkommenheit der menschlichen Seele in einer absoluten Befreiung von den sinnlichen und selbstischen Gelüsten der Materie. (Mokscha oder Moukti, nach allen alt-indischen Schulen und Nirwana nach dem Buddhismus.)

Nach den Indern gibt es drei Grade der Erlösung von der Materie; der erste, unvollkommenste Grad kann schon hier auf Erden von den exstatischen Yogi's erreicht werden. Durch die intellectuelle Anschauung der ewigen Principien des Weltall's und durch die Abbüßung der Sünden und Ertödtung aller Gelüste, gelangt man schon hier auf Erden zu einem heiligen, seeligen Lebenswandel (Sankhya-Karika Art. 20. Sankara-Atscharya's, Atma-Bodha § 2.).

Die Art. 104 und 125 des zwölften Buches der Gesetze Manu's sagen, daß der Mensch, welcher den Urgeist des Weltall's in allen Kreaturen erblickt und alle mit gleicher Liebe und Sanftmuth behandelt, sich schon hier auf Erden mit Gott innig vereinigt. Aber diese Befreiung von den materiellen Gelüsten ist doch nur ein unvollkommenes Stückwerk hier auf Erden, und einen höhern Grad der Vollkommenheit kann die Seele nur erreichen in Folge des Abstreifens der irdischen Materie durch den Tod, im Jenseits. Diese zweite Stufe der Vollkommenheit ist der Zustand der blos mit einem ätherischen Körper bekleideten Seele, welche den Rang der Deva's oder niedern Götter erreicht. Jedoch ist diese zweite Stufe der Vollkommenheit sogar in den seeligen Lôca's, wie Agni-Lôca, Judra-Lôca und Brahma-Lôca, noch immer durch manche Schlacken getrübt, weil die Seele mit den subtilen Elementen der ätherischen Materie noch immer verbunden und folglich noch nicht von dem Einflusse geistiger Begierden wie z. B. des Stolzes, gänzlich entledigt ist (Brahma-Soûtra, IV, 4. § 7.).

Die dritte, vollkommenste Stufe ist die der absoluten Befreiung von jeder Materie, auch der ätherischen (Bibihâ Moukti.).

Die Seele wird auf dieser höchsten Stufe zu einem reinen Geist; nachdem sie den subtilen Keim der Materie abgestreift, wird sie mit rein göttlichen Eigenschaften versehen, ohne jedoch, wie die Soûtra's meinen, die Fülle der Tiefe Gottes zu erreichen. Die menschliche Seele entwickelt sich zu einem unendlichen, reinen Gedankenwesen. Der mit den transcendenten Eigenschaften Gottes begabte Geist des Menschen schaut in die Tiefen der ewigen Principien des Weltall's (Sankhya-Karika, Art. 68. Pauthier, essai sur la philosophie des Hindous nach Colebrooke, p. 140 u. s. w.).

Die allendliche Erlösung der menschlichen Seele von jedem materiellen, zur Selbstsucht sich hinneigenden Einfluß, gilt in den Augen aller indischen Schulen und religiösen Sekten für die höchste Glückseeligkeit, für den vollkommensten Zustand, den der menschliche Geist zu erreichen vermag. Der orthodoxe Veda-Schüler, die dualistischen Systeme Kapyla's und Gotama's, die Gymnosophisten und Buddhisten betrachten diesen vollendeten Zustand der Seele als den Endzweck der Verwandlungen und Entwickelungsstufen der Seele, um zum Zustande eines reinen Geistes zu gelangen (Manu's Gesetze XII, § 90.). Die nunmehr von jeder Verwandlung erlöste Seele vereinigt sich mit der Gottheit, aber diese Vereinigung ist kein Rücktritt in Gottes Wesen, sondern nur ein intimes, moralisches Band mit der Gottheit. Die Seele behält ihre Individualität und Eigenthümlichkeit (Gotama I, 1—8.). Die orthodoxe Vedanta-Schule sowohl als alle dualistischen Systeme Indiens, behaupten, daß die Individualität der Seele ewig und unvergänglich ist, denn wenn die Seele aus der Gottheit hervorginge, um wieder zu ihr zurückzukehren, so gäbe es weder eine Belohnung, noch eine Sühne, ja nicht einmal eine andere Welt reiner Geister (Rig-Veda 8, 4, 17; Brahma-Soûtra II, § 17; Atma-Bodha, § 13—20; Sankhya-Karika, 18 und 33.).

Blos die Pantscharatras und die Bhagavatas huldigen dem Pantheismus unter den alten Schulen Indiens, indem sie behaupten, daß die Seele von der Gottheit ausgehe und wieder in sie zurückkehre. Daher passiren diese Sekten für heterodoxe Schulen, welche die Moral und die jenseitige Welt unsterblicher, ewiger und individueller Geister läugnen; alle Schulen Indiens, mit Ausnahme der ebengenannten Sekten, nehmen nur eine moralische Einigung des menschlichen Geistes, in dem glückseeligsten Zustande der Vollendung, mit der Gottheit an, ähnlich dem Verhältnisse Jesu Christi mit dem ewigen Vater nach dem Evang. Johannis (Evang. Johannis X, 30—36 und XVII, 21—23.).

Der rationale, vorurtheilsfreie Christ weiß, daß in diesen beiden Kapiteln des Evangeliums Johannis von keiner Wesenseinheit oder Identität Christi mit Gott, sondern bloß von einer moralischen Einigung oder einem innigen, moralischen Bande die Rede ist. Seit dem Concil von Nicäa hat man leider dieses innige, moralische Band, welches Jesum als einen geheiligten Abgesandten Gottes an den Ewigen knüpfte, mit einer wirklichen Weseneinheit verwechselt; seit dieser Zeit ist die Christenheit in die Abgötterei des Tritheismus oder der Trinität von drei Personen gleichen Ranges der Gottheit versunken, ohne zu ahnen, daß diese sogenannte Dreieinigkeit eine absurde Verhunzung des Dekalog's ist (Exodus XX, 3.).

Die Mokscha der Inder und die Nirvâna der Buddhisten ist folglich keine pantheistische Rückkehr zu Gott oder gar eine Absorption in Gottes Wesen, sondern ein rein individueller Zustand eines vollkommenen Geistes, welcher, nachdem er alle sinnlichen, selbstsüchtigen Gelüste abgestreift und von jedem materiellen Einflusse erlöst ist, seine höchste Seeligkeit findet in der intellektuellen Anschauung der unermeßlichen Tiefe der Gottheit und der ewigen Grundprincipien des Weltall's. Die plastische Beschaulichkeit des extatischen Sehers kann nur in einzelnen Momenten der höchsten Verzückung eine dunkle Ahnung von jenem Seelenfrieden geben, welchen die vollkommen erlöste Seele empfindet, in der seeligen, wonnevollen Betrachtung der Welt der Archityne. Es scheint uns also eben so ungerecht zu sein, den indischen Schulen und den Buddhisten einen allendlichen Ausgang in den Theopantismus vorzuwerfen, als dem Apostel Paulus nach dem 15. Cap. der ersten Epistel an die Korinther, wo es im 28. Vers heißt: „Wenn aber alle Dinge „ihm unterthänig sein werden, so wird der Sohn selbst unter„worfen dem, der ihm alle Dinge untergeben hat, auf daß „Gott sei Alles in Allem."

Der Ausdruck „Gott ist Alles in Allem" ist keineswegs ein pantheistischer Gedanke; die Auflösung der Christokratie in die Theokratie bedeutet keineswegs eine allendliche Versenkung oder Absorption aller Einzelwesen in das Wesen der Gottheit.

Fünfundzwanzigstes Kap. Eschatologie oder Vollendung der Seele.

Das Individuum muß nicht seine individuelle Natur und Eigenthümlichkeit, sondern nur seinen selbstsüchtigen Egoismus Gott opfern, um zur moralischen Heiligung und zur intellektuellen Vollkommenheit zu gelangen. Die Gesetze Manu's (B. XII, § 91.) verlangen nur eine moralische Läuterung der Seele von allen selbstischen Gelüsten, eine Verklärung der Seele in einen reinen Geist, damit sie Gott in allen Wesen und alle Wesen in Gott schauen und mit gleicher Liebe umfangen könne.

Die alten Perser nehmen die Lehre von der allendlichen Erlösung aller Menschenseelen und die Wiederbringung aller Dinge an. Die Brücke Tschinevad wird für Alle geöffnet bei der allgemeinen Auferstehung und der Wiederherstellung des glückseeligen Urzustandes (Anquetil III, p. 586 u. s. w.).

Theopompus sagt, daß nach der Lehre der Magier, nach Verlauf von dreitausend Jahren die Menschen von Ahriman's bösem Einfluß befreit, in den himmlischen Regionen, ein glückseeliges Leben für immer führen werden (Plutarch, Isis und Osiris, Ricard V, p. 365).

Die Ideen der Perser über die Wiederbringung aller Dinge, stimmen mit denen der Bibel alten und neuen Testaments vollkommen überein; das Gleiche gilt vom Koran.

Daniel im siebenten Kapitel und Paulus im fünfzehnten Kapitel des ersten Korintherbriefes sprechen vorzüglich von der vollständigen Wiederherstellung der ursprünglichen Theokratie und dem Ende der Christokratie. Im 13., 14. und 22. Vers des siebenten Kapitels sagt Daniel: „Siehe, hier ist des Menschen „Sohn, der auf den Wolken des Himmels gekommen; und er „kam bis zum Alten der Tage, der ihm das Reich gab, bis Er, „der Alte der Tage selbst gekommen, und bis das Gericht den „Heiligen des Herrn übergeben und bis die Zeit gekommen, „daß die Heiligen das Reich erhielten."

Der heilige Petrus (II. Epist. Kap. III, 7.) glaubt an eine Endkatastrophe der sichtbaren Welt durch das Feuer, wie Heratlit und die Stoiker bei den Griechen. Die Welt ist durch den Vulkanismus entstanden und geht auch durch dasselbe Element unter.

Ueber die Wiederherstellung aller Dinge und die Erschaffung neuer Himmel und einer neuen Erde enthält die Bibel alten und neuen Testaments viele Stellen, von denen wir nur einige hier citiren:

Jesaias (LXV, 17.) sagt: „Siehe, ich werde neue Himmel „schaffen und eine neue Erde; und man wird nicht mehr des „Vergangenen gedenken, und sich ihrer nicht mehr erinnern."

Die Offenbarung Johannis in ihren letzten Kapiteln ist voll von der Beschreibung dieses neuen Himmels und dieser neuen Erde.

Der heilige Petrus spricht ebenfalls im dritten Kapitel seiner zweiten Epistel (V. 13.) von einem neuen Himmel und einer neuen Erde, wo die Gerechtigkeit wohnen wird.

Jesaias sagt (Kap. LX, 19 und 20.) über die Seeligkeit des neuen Zions: „Du wirst keine Sonne zur Tagesleuchte haben, „noch wird der Mond dich bescheinen; sondern der Ewige wird „dein ewig leuchtendes Licht sein, und dein Gott wird dein „Ruhm sein immer und ewiglich. Deine Sonne wird nicht „mehr untergehen, und dein Mond nicht mehr wechseln; sondern „der Ewige wird deine Leuchte sein, und die Tage der Trauer „werden vergangen sein."

Die Offenbarung Johannis sagt über den Zustand der Heiligen im neuen Jerusalem (Kap. XXII, 4 und 5): „Sie werden „das Antlitz des Ewigen schauen, und Sein Name wird auf „ihren Stirnen geschrieben sein; und es wird keine Nacht mehr „sein, und man wird nicht bedürfen der Sonne noch des Lichts „der Lampe; denn der Herr ihr Gott wird sie erleuchten, und „sie werden regieren von Ewigkeit zu Ewigkeit."

Der heilige Paulus sagt (1 Korinth. II, 9.): „Diese Dinge „aber hat kein Auge gesehen, und kein Ohr gehört, und ist in „keines Menschen Herz gekommen, was Gott hat bereitet denen, „die ihn lieben."

Fünfundzwanzigstes Kap. Eschatologie oder Vollendung der Seele.

Die Israeliten und die Christen kennen auch den fünften Vers des 126. Psalms: „Die mit Thränen gesäet haben, wer=
„den mit Freuden erndten."

Nach den heiligen Traditionen der Egypter werden die Seelenwanderungen zur endlichen Glückseligkeit aller Seelen bei Gott führen. Dieser Zustand der Seelen ist der ihrer höchsten Vollkommenheit.

(Clemens von Alexandrien Strom. lib. VI, cap. 2.).

Die Griechen und Römer glaubten auch an eine end= liche Verwandlung der sichtbaren Welt (Comm. Sybill. lib. II und III, apud Er. Schmid, or. 3. de Sybill.; Ovid. metamorph. I, fab. 7.).

Nach Heraklit ist das Feuer der Anfang und das Ende von Allem; alle Substanzen sind aus diesem Element hervorgegangen, und Alle kehren wieder zurück in dasselbe Element (Plutarch. de placit. philos. lib. I, cap. 3.).

Die Stoiker glaubten auch an die Verzehrung der sicht= baren Welt durch das Feuer und an die Wiederbringung aller ursprünglichen Dinge (Plutarch. advers. stoïc. 17, Pindar. Od. II. Timaeus 42, 90 u. s. w.).

Die Schulen des Pythagoras und Plato behaupteten, daß die Seele zur endlichen ewigen Glückseligkeit im Himmel gelange, nachdem sie ihre Sünden in der irdischen Verleiblichung ab=
gebüßt. Plato macht eine reizende Beschreibung der Wohnung der Seeligen, welche vom Joch der sinnlichen Gelüste erlöst sind. Diese heiligen Seelen steigen hinauf zu den Regionen der Firsterne, und gelangen zu einem rein geistigen Leben bei Gott, nachdem sie sich die vollkommene Erkenntniß der Wahrheit angeeignet (Phaedon, 108; Timaeus, 42.).

Pindar sagt, daß die Seelen der tugendhaften Menschen im Himmel wohnen und dort Lobgesänge Gott zu Ehren erschallen lassen (Pindar, Olymp. I, 109—123; Olymp. II, 56.).

Euripides sagt (Alceste, 943; Trojanerinnen 608 und 643.), daß die glückseelige Seele in den Himmel gehe. In dieser unsichtbaren Welt ist sie von den Uebeln des irdischen Lebens erlöst; sie genießt, mitten unter den unsterblichen Göttern und den unermeßlichen Sternenhimmeln, des **Lichtes der ewigen Vernunft**, und singt Lobgesänge, auf einem goldenen Thron sitzend, und an den Nektar= und Ambrosia=Tafeln Theil nehmend, zu Ehren dessen, der sie in den Kreis der Götter versetzt hat.

Nach den **Indern** ist der Zustand der vollendetsten Geister, wie Badari und die Commentatoren der Soûtra's behaupten, **ein rein geistiges Leben**, welches von allen Schranken der Materie, selbst der subtilen, ätherischen, befreit ist; jedoch ist dieser Zustand in dem Aloka=Kâsa keineswegs ein **Raum= und Zeit=loser**, sondern ein **Zeit= und Raum=freier**, daher auch unter den neuern deutschen Philosophen der geistreiche **Franz von Baader** mit Recht sagt, daß der Geist im **vollendeten Leben, nicht Naturlos sondern Naturfrei** wird. Blos der Idealismus, nicht aber der **reale Spiritualismus** verwechselt diese beiden Begriffe.

Sechsundzwanzigstes Kapitel.

Gedanken der Geister von jenseits des Grabes.

Motto:
Strebet mit Eifer nach den geistlichen Gaben,
vor Allem aber nach der Prophezeihung.
(1. Epistel an die Korinther, Kap. XIV, 1.)

Nachdem wir den Cyclus der Ideen des Alterthums über die Beziehungen der Seele zum Jenseits geschlossen haben, so wollen wir noch einige Gedanken der Geister der Verstorbenen, welche mit dem Verfasser und seiner Schwester in Verkehr standen, dem Leser mittheilen.

I.

Die Offenbarung der Vorsehung ist allgemein. Es gibt kein auserwähltes Volk. Was Du, o Gott, Einem von Deinen Kindern gegeben, solltest Du das nicht Allen zu Theil werden lassen? —

II.

Oh schwacher und thörichter Mensch! Was du in Einer Nation verehrst, verabscheust du bei der Andern; was du in Jerusalem anbetest, verschmähest du auf Ida's Höhen.

III.

Die Engel des heiligen Thals Mamre werden zu Göttern an den Ufern des Eurotas, in der reizenden Ebene von Sparta.

IV.

Die Sonne, die die Fluthen des Jordans vergoldet, hat auch die Rose aufblühen lassen in den üppigen Wäldchen von Samos, der Heimath des großen Pythagoras.

V.

Nichts ist einfältiger, als die Weltgeschichte in zwei Hälften zu spalten, eine profane und eine religiöse, eine heidnische und eine israelitisch-christliche, eine heterodox-teuflische und eine orthodox-göttliche.

VI.

Die Intoleranz ist eine Untugend verbrannter Gehirne, die religiöse sowohl als nationale. Die Spaltung der Kinder Eines und desselben Gottes in feindselige Gesellschaften ist eine Frucht des Verfalles der Menschheit.

VII.

Ach, wahre Toleranz und aufgeklärter Kosmopolitismus herrschen nur in den höheren Regionen der Geister.

VIII.

Dämonenfurcht und Teufelsspuck haben mit eiserner Ruthe Jahrhunderte lang die Kirche und ihre Köhlergläubigen regiert.

IX.

Die blinde Dämonenfurcht, die eitle Satansgaukelei, die sogar an dämonische Heilungen glaubt, zerstört allen Verkehr mit der übersinnlichen Welt der Ursachen, rottet alle religiösen Gefühle aus und befestigt die Herrschaft des Materialismus.

X.

Nach den orthodoxen Ansichten unserer Kirchenlehrer und Pfaffen ist der Teufel Herr dieser Welt, während Gott, als ein altes, verkommenes Heiligenbild in einen Winkel unserer Erde, nach Palästina und Rom verwiesen ist.

XI.

Der Legende zufolge soll Christus dem heiligen Petrus die Schlüssel des Himmels und der Erde abgegeben haben, mit dem ausdrücklichen Befehle, seine Schafe zu weiden. Die Kirche hat wohlweislich die Schlüssel in der Tasche behalten, aber Wölfe angestellt, die Lämmer zu weiden. Intoleranz und Priester-Kastengeist haben das himmlische Feuer der Liebe in der Kirche ausgelöscht und die Brandfackel des Verfolgungsgeistes angezündet.

XII.

Wenn man die Liebe zu Gott verliert, verliert man auch die Liebe zum Guten, den Glauben an's Gute und sogar die Hoffnung eines ewigen Lebens.

XIII.

Die Liebe zu Gott ist die himmlische Flamme, welche jeden Menschen erleuchtet, der in die Welt kommt.

XIV.

Die Liebe ist ein Funken des himmlischen Feuers, welches die übersinnliche Welt reiner Geister erleuchtet und erwärmt.

XV.

Der Enthusiasmus für das Gute ist das heilige Feuer der Seele.

XVI.

Wenn die Liebe das Herz eines edlen Mannes beseelt, so verleiht sie ihm Kraft und Fähigkeit zu allem Guten.

XVII.

Zwei innig verbundene Herzen sind gleich einer Blume, die doppelte Blüthen auf demselben Stengel entfaltet hat.

XVIII.

Die Vereinigung zweier edlen Herzen ist ein Diamant, der der Krone Gottes entfallen ist.

XIX.

Es gleicht der Freundschafts-Bund dem grünenden Kleeblatt, das des Sommers befruchtender Regen erfrischt, aber die Hitze der Trübsal vertrocknet; die Liebe aber bewährt sich in der Trübsals-Hitze, denn sie gleicht dem Edelstein, den des Ofens Feuer läutert.

XX.

Das Wesen Gottes ist Liebe; wie kannst du, o kalter Mensch, es begreifen?

XXI.

Um das Geheimniß der vollkommenen Liebe zu begreifen, muß man das Herz von selbstsüchtigen Gelüsten reinigen, nach der Ansicht der himmlischen Genien.

XXII.

Wahre Wahlverwandtschaft, innige Herzensliebe, edle Freundschaft sind die Krone der Gaben der Natur und Vorsehung! Derjenige, welcher sie zuerst auf Erden gefühlt, sah den leuchtenden Glanz der Engelwelt.

XXIII.

Die Liebe ist das Einigungsband auserwählter Seelen, und bildet eine Brücke zwischen dem Diesseits und Jenseits.

XXIV.

Wahre Liebe kann nicht ohne Herzensreinheit, dem Gewande der Engel, bestehen.

XXV.

Herzensreinheit und Demuth sollten das Diadem sein, welches die Stirne einer Frau schmückt.

XXVI.

Unschuld ist ein Strahl aus der jenseitigen Welt, der des Kindes Haupt umgibt, aber der Verkehr mit dieser unreinen Welt verdunkelt ihn.

XXVII.

Demuth ist die unvergängliche Krone, die Gott Denen verleiht, deren Herzen er zu seinem Eigenthum macht.

XXVIII.

Die Demuth ist eine der vorzüglichsten Tugenden, wenn sie verbunden ist mit würdevoller Festigkeit des Charakters, im Verkehr mit der verdorbenen Welt.

XXIX.

Laß Demuth den Honig sein, der den Stachel deiner Worte versüßt.

XXX.

Das Maiblümchen verbirgt sich zwischen zwei großen Blättern, indem es die Luft mit dem feinsten Wohlgeruch erfüllt. So auch soll der Tugendhafte, obwohl voll Demuth, die Welt mit seinen guten Werken erfüllen.

XXXI.

Demuth ist die Grundlage aller wahren Größe. Sie allein vollbringt große Thaten, während der Stolz nur kleinliche Werke hervorbringt.

XXXII.

Der Schwindel des Uebermuths verwandelt die Weisheit selbst in Narrheit.

XXXIII.

Die Schmeichelei verdirbt mit ihrem Gift das Herz des Gerechtesten, der den Purpurmantel eines Fürsten trägt.

XXXIV.

Man bemüht sich, die Kronen mit falschen Juwelen zu schmücken, ohne daran zu denken, daß es nur einen einzigen Edelstein für den Monarchen gibt, der **Gerechtigkeit** heißt.

XXXV.

Der Ehrgeiz ist das Laster, welches die meisten Leiden der Seele im Jenseits verursacht, denn dort sind weder Throne, noch Fürsten oder Könige, noch Reichskanzler oder Staatsminister. Die Mächtigen und die Ohnmächtigen dieser Welt stehen Alle im Armen-Sünder-Hemde vor Gottes Richterstuhl.

XXXVI.

Das reinste Gemüth wird noch von dem Rost des Ehrgeizes und der Selbstsucht befleckt.

XXXVII.

Im Laufe der Jahrhunderte hat die Gerechtigkeit oft ihr Gewand gewechselt; jetzt wird die Dummheit und Unwissenheit auf die Throne der Völker erhoben und die Ungerechtigkeit gekrönt.

XXXVIII.

Ohnmächtiges Wehklagen, vergebliche Seufzer erschallen aus jenen finstern Sphären, wo die Seelen Derjenigen hinabgestiegen sind, welche hier auf Erden die Verfassung und die Gesetze ihres Vaterlandes aus tyrannischem Uebermuth umgestoßen haben.

XXXIX.

Geistige Leibeigenschaft und Unterdrückung einer Nation ist das Anzeichen des schmählichsten Verfalles.

XL.

Ein edles Herz und ein erhabener Geist bemüthigt sich niemals vor dem Tyrannen, der sein Vaterland unterdrückt.

XLI.

Die Interesselosigkeit ist das Siegel des wahren Seelenadels.

XLII.

Freimuth ist die Richtschnur der Gerechten, aber nur zu oft zieht sie ihm die Ungnade der Großen dieser Welt zu

XLIII.

Heuchelei und Gleißnerei ist des Ungerechten Deckmantel.

XLIV.

Treulosigkeit ist das Kennzeichen der verdorbenen Welt

XLV.

Der ungerechte Speichellecker ist immer der Gunst der Fürsten versichert.

XLVI.

Das äußere Glück verweichlicht die Kraft der Seele zum Guten.

XLVII.

Widerwärtigkeiten stählen einen edlen Charakter.

XLVIII.

Der Tod des Gerechten ist dem Leben des Elenden und Feilen vorzuziehen.

XLIX.

Der Mensch, der immer das Gute zu thun verschiebt, ist gleich einem stehenden Sumpf in der Wüste.

L.

Die Festigkeit des Charakters gleicht der spiegelklaren Meeresfläche in der Stille eines schönen Sommerabends.

LI.

Charakterschwäche ist eine Untugend der Feigen, die ihre Strafe mit sich führt.

LII.

Herzensdürre und Trockenheit ist eine der größten Untugenden, die zu großen Verbrechen führen kann.

LIII.

Der Haß schlägt nur Wurzel in engen, selbstsüchtigen Herzen und kleinliche Geister nur unterliegen dem brausenden Aufwallen des Zornes.

LIV.

Der Zorn gleicht einem Strom, der aus seinem Bett tritt und seine Ufer überschwemmt.

LV.

Das Herz des Menschen ist ein Abgrund von Widersprüchen und Inconsequenzen.

LVI.

Die größte Thorheit des menschlichen Geistes ist die Furcht, im Jenseits fortzuleben.

LVII.

Der Thörichte beschäftigt sich nur mit unnützen und nichtigen Dingen.

LVIII.

Die Habsucht ist der gordische Knoten, welcher alle Verbrechen zusammenschürzt.

LIX.

Die Zwietracht ist die traurige Frucht der Selbst- und Habsucht.

LX.

Die **Ehrlichkeit** ist die Grundlage eines tugendhaften Menschen und die Wurzel alles Guten.

LXI.

Die Sanftmuth ist die köstliche Frucht eines Herzens, das von den Genien geleitet ist.

LXII.

Die Großmuth ist eine Frucht aus dem Garten Edens.

LXIII.

O Gerechtigkeit, Wahrheit und Menschenliebe, königlicher Mantel unseres göttlichen Meisters, wie schwer seid Ihr zu finden in dieser verdorbenen Welt!

LXIV.

Wahre Aufopferung ist der kostbarste Schatz in dieser Welt.

LXV.

Die Wahrheit ist die Sprache der Engel.

LXVI.

Der Sinnennebel umhüllt so sehr die Menschen, daß sie die Wahrheit von der Heuchelei nicht zu unterscheiden vermögen.

LXVII.

Die Gerechtigkeit ist die vorzüglichste Grundlage der Weisheit.

LXVIII.

Die Erforschung der Wahrheit ist der Anfang der Weisheit.

LXIX.

Die Mäßigung ist die Regel des Weisen.

LXX.

Der Honig, den die Bienen auf dem Hymettus sammeln, ist nicht köstlicher als die Worte des Weisen.

LXXI.

Die Weisheit dieser Erde vergeht wie ein Schatten vor der Sonne der ewigen Wahrheit. Nur in einzelnen Lichtblitzen kommt der Mensch zur Wahrheit.

LXXII.

Die Ewigkeit ist die Central-Sonne, die jeden edlen Geist anzieht.

LXXIII.

Die Weisheit ist der Garten, in dem der Philosoph Blumen pflücken soll.

LXXIV.

Der Stoiker wußte die Welt zu fliehen, der Schüler des Pythagoras aber sie zu ertragen. Der Letztere hatte die Frucht der Weisheit gepflückt, der Erste aber spielte mit der Blüthe.

LXXV.

Sehet den Adler an, o Menschen, der hoch in die Luft sich schwingt und die Abgründe und Felsenklüfte hinter sich läßt; so auch muß der Mensch nach den Höhen der Weisheit streben und den Abgrund irdischer Thorheit zurücklassen. Er kann nur zu wahrer Weisheit gelangen, wenn er sein Haupt nicht schwindelnd zur Erde wendet.

LXXVI.

Der Ewige, vor dessen Augen alle Abgründe offenbar sind, und der den Aar hoch in den Lüften schwebend erhält, vermag auch die Tiefen des Menschenherzens mit Gnadengaben zu erfüllen.

LXXVII.

Die Gerechtigkeit ist der Helm des Weisen.

LXXVIII.

Gerechtigkeit und Liebe sind die Waffen Gottes.

LXXIX.

Wahre Aufopferung soll sich nur auf Gott beziehen.

LXXX.

Die Ehrfurcht vor dem Ewigen ist die Grundlage jeder großherzigen Handlung.

LXXXI.

Lebendiges Gefühl der Menschenwürde ist ein Kennzeichen des Seelenadels.

LXXXII.

Außerordentliches Zartgefühl trägt in sich die Blüthe der edelsten Handlungen.

LXXXIII.

Ein lebensfrisches, immergrünes Alter ist die Frucht eines weisen Lebens.

LXXXIV.

Die Scenen dieses irdischen Lebens entfliehen gleich dem Schatten vor den Sonnenstrahlen.

LXXXV.

Die irdischen Freuden gehen leicht in Schmerzen und Reue unter. Nur das Leben jenseits des Grabes bringt uns himmlische Freuden; denn alles rein Geistige ist auch ewig.

LXXXVI.

Wir haben das Leben in Thränen empfangen, aber wir geben es mit Freuden auf; wenn die Erde uns zum ersten Male sieht, so verursacht ihre düstere Berührung einen Schrei des Schmerzens, und wenn wir sie verlassen, im Augenblick des Todes, so verwandelt sich das Angstgeschrei in einen Freudenruf.

LXXXVII.

Die Leiden verfolgen den Menschen hier auf Erden von der Wiege bis zum Grabe.

LXXXVIII.

Nach dem Tode hören die Leiden auf, aber das Uebel moralischer und geistiger Verfinsterung macht sich für den unintelligenten, blos irdisch gesinnten Menschen um so fühlbarer.

LXXXIX.

Der Weise richtet seinen Blick auf das Jenseits; der Thor aber pflegt nur das grobe Gewand, welches Charons Barke davon trägt.

XC.

Der Seelenfriede ist der Kuß des himmlischen Engels auf die Stirne der Auserwählten.

XCI.

Ein königlich großmüthiges Herz ist das Kennzeichen eines auserlesenen Geistes.

XCII.

Ein Hoffnungsschimmer erhellt selbst die **niedersten Regionen des Jenseits**, Dank der unendlichen Liebe Gottes.

XCIII.

Barmherzigkeit ist die richterliche **Wagschaale** Gottes.

XCIV.

Die Ströme der göttlichen Gnade fließen von Ewigkeit zu Ewigkeit und trocknen doch **nie aus**.

XCV.

Gnade ist die Initiative Gottes im Werke der moralischen Vervollkommnung des Menschen; sie ist der heilige Geist oder der Ruf des ewigen Vaters an seine Kinder.

XCVI.

Der heilige Geist ist die vollkommenste Gabe Gottes, welche alle andern geistigen Gaben der Vorsehung umfaßt. Diejenigen, die diesen Ruf des ewigen Vaters vernehmen, sind seine wahrhaften Kinder.

XCVII.

Menschenliebe ist die köstlichste Gabe, die die Vorsehung den Menschen verliehen; sie ist der Abglanz der **ewigen Liebe und Barmherzigkeit**; sie überwindet den Tod und steigt in die Regionen des Jenseits.

XCVIII.

Alle Dinge sind möglich dem, der ein lebendiges Vertrauen auf Gott setzt; hat doch der Mund, der nie gelogen, gesagt: Alles, was dem Menschen **unmöglich** dünkt, wird ihm **möglich durch Gott**.

XCIX.

Das Gebet ist ein Schwert des Geistes, das bis zum Herzen Gottes dringt.

C.

Das inbrünstige Gebet allein vermag das Herz Gottes zu erweichen.

CI.

Das Gebet ist das große Triebrad, das die Genien und Schutzgeister in Bewegung setzt, um uns zu Hülfe zu eilen.

CII.

Das wirksame Gebet, oder vielmehr die Magie des Gebets, ist der Probirstein des wahrhaft geistigen Menschen.

CIII.

Gott selbst hat das Siegel seiner Gunst auf die Stirne jener Magier gedrückt, welche zuerst das Wunderkind im Stalle entdeckten.

CIV.

Die magische Astrologie, welche zuerst das Herannahen einer neuen Aera voraussagte, ist die, von der Vorsehung geheiligte Königin der Wissenschaft, im Gebiete des reinen Geistes.

CV.

Der positive Spiritualismus ist die umfassendste der Wissenschaften, weil er den gegenseitigen Verkehr aller Sphären und Wesen des Weltall's lehrt.

CVI.

Das Wesen des Spiritualismus besteht eben in der innigen Ueberzeugung, daß die übersinnliche Welt der Ursachen, zu der die Seele des Menschen gehört, in fortwährender Wechselwirkung mit der materiellen Welt der sichtbaren Erscheinungen, Dank der allgemeinen Regierung der Vorsehung, sich befindet.

CVII.

Die Materie ist nur das sichtbare Produkt einer geistigen, unsichtbaren Ursache.

CVIII.

Die Wunder stehen nicht im Widerspruch mit den Gesetzen der Natur, sondern sind im Gegentheil eine nothwendige Bedingung der Organisation des Weltall's, welches Geist und Materie zugleich umfaßt.

CIX.

Die Wunder offenbaren die Macht des Geistes über die Materie, deren träge Kräfte sie dann und wann modificiren.

CX.

Die Wunder sind keine zeitweilige Aufhebung der Naturgesetze, sondern bloß Wirkungen der Geisterwelt auf die Materie.

CXI.

Das Weltall ist ein unermeßliches Riesenbuch, welches sogar die höchsten Seraphim noch nicht ganz gelesen haben.

CXII.

Die wahrhafte Wissenschaft, dieses Namens werth, hört nie auf, die Größe Gottes in den Naturgesetzen zu bewundern.

CXIII.

Die Wissenschaft des Alterthums war eine vollendete Einheit; sie umfaßte die Ursachen sowohl als die Wirkungen; ihr vorzüglichster Gegenstand war der Verkehr der Geisterwelt mit der Materie, während unsre Akademien die Wissenschaft auf sehr enge Grenzen, d. h. auf die Materie allein beschränkt haben.

CXIV.

Die modernen Gelehrten haben aus dem Heiligthum der Wissenschaft das schönste Kleinod, das Studium der Seele und ihrer Beziehungen zu der unsichtbaren Welt der Ursachen, verwiesen.

CXV.

Das Verdienst der modernen Gelehrten besteht im Nichts-Wissen, in der Zweifelsucht an Allem — an Gott, am gegenwärtigen Glück und am zukünftigen Leben.

CXVI.

Unsre Gelehrten sehen nicht ein, daß ein wahrhaft starker Geist sich über die enge Sphäre der Materie erhebt, um in der Region der unsichtbaren Ursachen, welche keineswegs eine bloß ideale, sondern eine reale, substantielle Wirklichkeit ist, die Natur der unsichtbaren Wesen zu studiren.

CXVII.

Der Materialismus ist der absolute Herrscher unseres Zeitalters. Wir zweifeln an Allem, was nicht chemisch analysirt werden kann.

CXVIII.

Der Unglaube hat in unsern Tagen weit tiefere Wurzeln geschlagen, als sogar in der verdorbenen Aera der Römischen Cäsaren.

CXIX.

Eine kleine Anzahl orthodoxer Gelehrter beschränkt die Wunder auf die Bibel, oder gar auf die einzige Person Christi, welche im Widerspruch mit allen Naturgesetzen als ein ganz anormales Factum in der Weltgeschichte dasteht. Die beiden alten katholischen Kirchen sind allerdings etwas consequenter, insofern sie ein Fortbestehen der Wunder annehmen, jedoch da sie dem Aberglauben des Mittelalters huldigen, so haben sie keine Bedeutung mehr in den Augen der Wissenschaft.

CXX.

Es ist eine historische Thatsache, daß das **Alterthum** zum **Polytheismus** sich hinneigte, während dagegen die Neuzeit in das andere Extrem des **Atheismus** und **Materialismus** gesunken ist.

CXXI.

Seitdem die spiritualistische Weisheit die Welt verlassen, gilt alles Mysteriöse bloß für Poesie. Sogar der göttliche Plato ist in den Augen der neuern Gelehrten ein Dichter voll Illusionen.

CXXII.

Der **Magnetismus** ist die **Morgenröthe**, der **Spiritualismus** aber die **aufgehende Sonne** der wahren Wissenschaft.

CXXIII.

Der moderne Spiritualismus ist ein schwaches Echo der süßen Melodien fröhlicher Engelsgruppen, welche die Auferweckung der Menschheit aus dem Schlummer des Materialismus vorbereiten.

CXXIV.

Der Glaube an die Unsterblichkeit ist die Morgenröthe vom Jenseits, welche die Welt erleuchtet.

CXXV.

Die Hoffnung führt uns bis zur Schwelle der Ewigkeit.

CXXVI.

Die wahre Hoffnung ist die Aussicht auf ein ewiges Leben in der Sphäre der reinen Geister.

CXXVII.

Geistererscheinungen und Manifestationen zerreißen den Schleier zwischen Leben und Tod.

CXXVIII.

Der Kerker des Leibes ist eine große Bürde für einen edlen Geist, der sich nach der Unsterblichkeit sehnt.

CXXIX.

Die lebhafte Sehnsucht, den Schleier zu lüften, welcher das Jenseits verhüllt, ist die Stufenleiter, welche uns zum Himmel führt.

CXXX.

Die tiefe Ueberzeugung der Unsterblichkeit kann allein einen glorreichen Tod zu Wege bringen.

CXXXI.

Der Tod ist kein Geheimniß mehr; nichts stirbt ab, Alles lebt und verwandelt sich. Gott ist nicht ein Gott der Todten, sondern der Lebendigen.

CXXXII.

Der Tod ist das zweischneidige Schwert des Engels, der den Weg zum Baume des Lebens hütet; aber die Schärfe der Waffe ist schon durch die Liebe Gottes abgestumpft.

CXXXIII.

Der Tod ist immer der bitterste Kelch für den Menschen, aber er ist versüßt durch denjenigen, der ihn einst auf dem Kalvarienberge gekostet hat.

CXXXIV.

In der letzten Agonie verliert der Mensch nur scheinbar das Bewußtsein, aber in Wirklichkeit hat er ein doppeltes Bewußtsein, indem er zugleich das Materielle und Geistige wahrnimmt.

CXXXV.

Wenn die Schatten des Todes die Augen des Gerechten schließen mit friedlichem, sanftem Schlummer, so öffnet ihm sein Schutzengel die Thore der glückseeligen Eilande himmlischer Sphären.

CXXXVI.

Der Tod ist nur der Eintritt in ein **anderes besseres Leben**; daher oft das **leuchtende Antlitz** der Sterbenden, welche schon die Morgenröthe eines bessern Daseins wahrnehmen.

CXXXVII.

Der **Gang durch das Thal des Todes** ist oft mühsam, aber Gottes Barmherzigkeit kürzt diesen Weg ab.

CXXXVIII.

O Ewigkeit! Man kann dich nur fassen, wenn man durch deine erhabenen Thore gegangen ist!

CXXXIX.

Der Tod ist eine Verallgemeinerung; statt die Herzen **zu berengen**, erweitert er sie.

CXL.

Der **gegenseitige lebendige Wunsch ist die Eisenbahn der Geisterwelt**, welche die Verstorbenen rasch zu den Hinterbliebenen führt, durch den Gedanken; denn, **wo der Gedanke, ist der Geist selbst**.

CXLI.

Wenn Menschen Geister aufrufen, so zieht der Wunsch diese zu den Sterblichen, denn Gefälligkeit ist eine von der Vorsehung anbefohlene Pflicht. Die Nekromantik oder der Geisteraufruf, ist also **erlaubt**.

CXLII.

Die Geister bewohnen eine Welt, die nicht einen Raum in sich begrenzt, sondern **einen Zustand** enthält; daher ist bei ihnen Identität des Denkens und Sein's; Zeit und Raum werden von einer unendlichen Ewigkeit absorbirt für die Seele, welche die Materie abgestreift hat.

CXLIII.

Die Geister haben ihre Existenz in einer Welt, wo die Zeit in die Ewigkeit fließt, und der Raum in der Unendlichkeit eingeschlossen ist, wie der Thautropfen sich im Ocean verliert.

CXLIV.

Der Zustand in der Geisterwelt, hängt nicht wie auf Erden, von einem Ort ab. Durch den Gedanken kann sich der Zustand der Geister zu einer mehr oder minderen **Allgegenwärtigkeit** vervollkommnen.

CXLV.

Die Geister, die über die Schranken des Raumes erhaben sind, und folglich die Entfernung nicht mehr zu beachten brauchen, vermögen eine große Anzahl von Zuständen in den verschiedenen Welten wahrzunehmen, wie der reiche Mann den Lazarus erblickte im Schooße Abrahams, oder wie die Hellseherin hier auf Erden schon die Gabe der Fernsicht hat.

CXLVI.

Die geistigen Fähigkeiten jedes Menschen vervollkommnen sich nothwendig durch den Tod; die Seele, welche die Materie abgestreift, erhebt sich über die Schranken des Raumes und der Zeit, und wird befreit von der der Sinnlichkeit anklebenden Habsucht und Selbstsucht, der Wurzel alles Bösen; daher die Möglichkeit, ja Nothwendigkeit eines ewigen Fortschritts, und die Absurdität und Einfalt derjenigen, die an eine Ewigkeit der Höllenstrafen glauben.

CXLVII.

In diesem irdischen Leben ist kaum ein moralischer Fortschritt von einem Menschen zu hoffen, der sich durch Habsucht zu groben Verbrechen verleiten läßt. Daher die in der Weltgeschichte anerkannte Nothwendigkeit der Todesstrafe oder wenigstens einer lebenslänglichen Gefängnißstrafe, um die Gesellschaft vor der Hab- und Herrschsucht gefährlicher Individuen zu schützen.

CXLVIII.

Dank der Sympathie, dieser moralischen Anziehungskraft, kann ein fortgeschrittener Geist einen minder vollkommenen zu sich ziehen, indem er seinen Fortschritt beschleunigt, durch Belehrung und theilnehmende Aufmunterung.

CXLIX.

Der reizend glückseelige Zustand der seeligen Geister wird durch den tröstlichen Gedanken erst vollkommen, daß diejenigen, die ihnen lieb und theuer sind, einst Alle mit ihnen in den wonnevollen Wohnungen des ewigen Friedens vereinigt werden, dem Rathschluß der Vorsehung gemäß.

CL.

Wahre geistige Freiheit ist auf dieser Welt nur möglich, wenn man den ewigen Naturgesetzen gehorcht, der Anweisung der Schutzengel und Genien gemäß.

CLI.

Die Welt wird die Freiheit nur unter der Leitung der Engel zu ertragen und zu genießen verstehen.

CLII.

Alle Gedanken der Engel und Genien, die man nach den verschiedenen historischen Religionen auch Götter nennt, sind auf die moralische Vervollkommnung und Heiligung der irdischen Wesen gerichtet.

CLIII.

Die menschliche Vernunft begreift noch nicht die Tiefe der Gedanken und die Wärme der Gefühle der Engelwelt.

CLIV.

Wenn die Ewigkeit für die menschliche Seele beginnt, so hört aller Zweifel auf; der Geist, entzückt über seine Befreiung von den irdischen Ketten, mischt bewundernd und anbetend sich unter die Engelchöre.

CLV.

Das Leben vor dem Antlitz des Ewigen ist die intellectuelle Anschauung der leitenden Principien des Weltall's.

CLVI.

Der Geist geht aus dem Wesen des Ewigen hervor, die Seele aber ist schon der Anfang des Nebels dieses Erdenlebens.

CLVII.

Die Seele, ermüdet durch die Widerwärtigkeiten ihrer irdischen Reise, strebt ein **reiner Geist** zu werden, denn mit dem Körper verbunden, ist sie nur **eine Seele**, d. h. ein **verleiblichter Geist**.

CLVIII.

Die Seele trennt sich mit Freuden durch den Tod von dem Körper, den sie, dem ewigen Rathschluß der Vorsehung gemäß, beleben mußte.

CLIX.

Die ewigen **Keime** der Geister liegen in der Tiefe der Gottheit, aus deren Wesen sie hervorgehen, um eine unabhängigere Individualität zu erringen. Diese Individualität wird immer eigenthümlicher und fähiger, dem Urwesen gegenüber **selbstständig zu bestehen**. Die erste, unvollkommenste Stufe der Selbstständigkeit besteht im **seelisch-fleischlichen Erdenleben** des Geistes. Später, nach Abstreifung der Materie, schreitet sie von **einer** ätherischen Stufe zur andern fort, um zu einem rein geistigen Gedankenleben zu gelangen. Das rein geistige Gedankenleben aber ist keineswegs ein Abschluß der Vollendung, sondern ein **ewiges Fortschreiten in's Unendliche**.

CLX.

Alle Geister sind nur individualisirte Manifestationen des Urwesens aller Dinge.

CLXI.

Wie der Embryo im Mutterleibe — so lag ursprünglich der individuelle Geist im Busen des Allwesens.

CLXII.

Nur Eine Vernunft pulsirt in allen verschiedenen Einzelgeistern, weil alle dieselbe Grundlage gehabt.

CLXIII.

Die Regeln der Ur=Vernunft sind das einheitliche Band der Weltordnung.

CLXIV.

Das Urwesen ist das, die gesammte Weltordnung umfassende Allwesen, das Alpha und Omega aller Wirklichkeit.

Rückblick.

Unsere Aufgabe scheint uns gelöst zu sein. Wir haben zuvörderst die Realität der Geisterwelt auf experimentalem Wege, d. h. durch eine große Anzahl von Experimenten direkter Geisterschriften, in Gegenwart von hunderten von glaubwürdigen, wissenschaftlich gebildeten Zeugen nachgewiesen; trotzdem haben wir uns nicht mit dem Erfahrungsbeweise begnügt, obwohl eine Thatsache immer ein Factum bleibt und vollgültiger ist, als alle Theorien und blos rationale Schlußfolgerungen, sondern auch das Zeugniß von vierzig Jahrhunderten, betreffend die Manifestation der Geisterwelt, dem Leser vor die Augen geführt.

Das einstimmige Zeugniß aller Völker des Alterthums bestätigt die Wirklichkeit einer unsichtbaren Welt, aus der die religiösen Offenbarungen und moralischen Lehren herrühren. Alle positiven Religionen gehen vom Princip der Offenbarung und Theophanie aus. Das Studium der Dichter des Alterthums verdient um so mehr Berücksichtigung, als die Dichter die alten religiösen Traditionen noch besser wiedergeben, als die Philosophen. Uebrigens kann nicht geläugnet werden, daß, je mehr die Welt wieder zum Spiritualismus zurückkehren wird, auch der Ruf der chinesischen und indischen Denker zunehmen wird, vorzüglich der des Lao=tseu, des Kapyla, des Stifters der Sankhya=Philosophie, des Gotama, und des Sankara= Atscharya, sowie unter den Griechen vorzüglich Pythagoras, Plato und die Alexandrinische Philosophie an Bedeutung gewinnen müssen.

Unsere Skizze hat die ersten Grundlagen eines positiven Spiritualismus oder einer positiven Pneumatologie gelegt. Die großen Fortschritte des amerikanischen Spiritualismus, der nach Verlauf von kaum zwanzig Jahren schon mehr als vier Millionen Anhänger zählt, eine in der Geschichte unerhörte Thatsache, berechtigen uns zu der Hoffnung, daß die Niederlage des Materialismus und des Skepticismus unsrer modernen Gelehrten nicht mehr ferne sei. Die gebildete Welt muß allmählig einsehen, daß die Wissenschaft seit einem Jahrhundert in einer vollständigen Unwissenheit, hinsichtlich der Welt der Ursachen, gewesen ist. Alle Bücher, welche seit einem Jahrhundert über den wahren Geist des Alterthums, über die Orakel und über die Inspiration der großen Männer der Vorzeit geschrieben worden sind, werden vollkommen unleserlich werden, weil sie alle eine irrthümliche Basis haben, d. h. die Negation einer höheren, geistigen Sphäre der Ursachen, deren Realität die zahllosen Phänomene des amerikanischen Spiritualismus nur zu sehr bewiesen haben.

Der baldige Triumph des Spiritualismus müßte alle religiösen und edlern Naturen mit Freude erfüllen, aber leider bedauern die sogenannten orthodoxen Christen aller Kirchen und Secten, verblendet von Teufelsfurcht, die Niederlage des Materialismus, dieses heftigsten Gegners aller Religionen. In der That begreift man nicht diese entsetzliche Thorheit der orthodoxen Parthei. Hr. von Mirville, der gelehrteste Repräsentant der modernen Dämonophobie in Frankreich und der Vorfechter des Katholicismus auf diesem Felde, ruft sogar mit schwerem Herzen aus, indem er von unsern Phänomenen spricht: „Der Materialismus ist besiegt, aber Gott weiß zu welchem Preis?" — (Mirville's Pneumatologie et des influences fluidiques des Esprits. Bd. I, p. 447.).

Derselbe rechtgläubige Katholik nennt S. 444 des obgenannten Werks den amerikanischen Spiritualismus eine Geißel des Christenthums, und fürchtet die Rückkehr der heiteren Götter Griechenlands, die Schiller einst so schön und wahr besungen, behauptend, daß der Idealismus und die Poesie mit ihnen aus der Welt entflohen seien. Die Katholiken ahnen nicht, daß unser Jahrhundert sich zum Atheismus und Materialismus hinneigt, aber keine Tendenz zu einem spiritualistischen Polytheismus zeigt. Wenn heut' zu Tage irgendwo Spuren von Polytheismus zu finden sind, so trifft man sie vorzüglich in der römischen Kirche an, deren Oberhaupt, der jetzige Papst Pius IX. ja vor Kurzem Maria, die Mutter Gottes und Königin des Himmels zu einer vollständigen Göttin proclamirt hat, durch die kirchliche Anerkennung ihrer unbefleckten Empfängniß. Diese Marialatrie und der Heiligencultus, sowie die Lehre von der Trinität, dieser Tritheismus von drei angeblich gleichen Personen der Gottheit enthalten aller=

dings Elemente des Polytheismus. Aber wo findet man Spuren dieser Lehre, in den Theorien der modernen, bloß dem materiellen Naturstudium sich widmenden Gelehrten? — Wahrlich, die Orthodoxen beweisen ihre radikale Unfähigkeit, die moralischen Uebel unserer Gesellschaft zu heilen, weil sie nicht einmal wissen, wo der Sitz des Uebels in unsern Tagen ist. Was soll man von Aerzten denken, die so alles diagnostischen Blickes ermangeln! — Man weiß, daß Christus in der Bergpredigt gesagt hat, daß das Salz, welches dumm und stumpf geworden, zu nichts mehr tauglich sei, als daß es den Leuten unter die Füße geworfen werde (Matth. V, 13.). Es liegt in der Natur der Sache, daß bei so bewandten Umständen der orthodoxe Clerus aller christlichen Culte schon längst das Scepter der Wissenschaft verloren hat, und daß Skeptiker und Materialisten heut' zu Tage Christi Fahne in Fetzen reißen.

Die Priester sind, wie die alten Pharisäer, nicht im Stande die wahrhaften spiritualistischen Principien und den moralisch-ethischen Kern der Religion zu vertheidigen. Sie heben bloß leere Dogmen und unnütze Ceremonien, deren tiefere mystisch-spiritualistische Bedeutung sie selbst nicht mehr begreifen, hervor und predigen so alle vernünftigen Leute aus den Kirchen hinaus.

Wir Spiritualisten bemitleiden diese unsinnige Verblendung der Repräsentanten des Christenthums, und freuen uns mittlerweile über den allmählichen Verfall des Materialismus, welcher natürlich eine Wiedererweckung religiöser und spiritualistischer Ideen in einer neuen, allgemeinern Form zur Folge haben muß.

Rückblick.

Wir danken der Vorsehung, eine Brücke gebaut zu haben zwischen dem Diesseits und dem Jenseits, um den Menschen aus einem beschränkten Erdensohn zu einem Weltall's-Bürger zu erheben und schließen mit dem **erhabenen Hymnus** des alt-testamentlichen Jesus Sirach (XXXVI, 1, 2, 6, 7, 9, 10, 16, 17, 18, 19.).

1) „O Herr! Gott aller Dinge, habe Mitleiden mit uns „und siehe uns gnädig an!"

2) „Erhebe dein Angesicht gegen Alle, die dich nicht fürchten, „auf daß sie erkennen, daß kein anderer Gott sei als du, „und deine herrlichen Werke erzählen."

6) „**Erneuere die Wunder und vervielfältige „die Zeichen.**"

7) „Zeige deinen Ruhm und deine Wunderhand, auf daß „sie deine wunderbaren Werke verbreiten."

9) „Zerstöre den Widersacher und vernichte den Feind."

10) „Beschleunige die Zeit und gedenke deines Eides, damit „man deine Wunder erzähle!"

16) „Erfülle Zion mit dem Geiste der Weissagung und dein „Volk mit deinem Ruhm."

17) „Gib Zeugniß Denen, die dein Erbtheil sind von Anfang
„und erwecke Propheten in deinem Namen."

18) „Gieb eine Belohnung Denen, die auf dich vertrauen,
„und mache, daß man deinen Propheten glaubt."

19) „Erhöre, Herr, die Gebete deiner Diener, und führe uns
„auf den Weg der Gerechtigkeit, auf daß alle Erden=
„bewohner erkennen, daß du, o Herr, der Ewige Gott
„bist."

Eine Geister=Erscheinung im Monat März 1854.

(S. Seite 4.)

Wir haben unter dem Namen des Zeugen Hrn. Dale Owen erwähnt, daß derselbe aus dem Munde des Verfassers eine der merkwürdigsten Geister=Erscheinungen erfahren, die er in seinem Buche: «Footfalls on the boundary of another world» angeführt hat S. 387—392. Der Verfasser hatte dieselbe am 16. März 1854, und theilte sie, in Gegenwart seiner Schwester, Hrn. Dale Owen am 11. Mai 1859 mündlich folgendermaßen mit:

„Im März 1854 lebte ich allein in Paris in der Straße St. Lazare, Nr. 23. Am 16. März kam ich spät, nach Mitternacht von einem großen Balle bei Hrn. (Nicolaus) Tourgueneff zurück und legte mich sogleich zu Bette; allein, zu aufgeregt, um zu schlafen, ließ ich das Licht noch brennen und fing an zu lesen. Einige Minuten später empfand ich electrische Schläge, die sich 8 oder 10 mal wiederholten und mich glauben machten, ich sei nicht recht wohl; diese sonderbare Empfindung entfernte vollends alle Lust zum Schlafe; ich stand aus dem Bette auf, wickelte mich in einen warmen Schlafrock, und ging mit dem

Lichte in den Salon nebenan, um das Feuer, das fast erloschen, im Kamine wieder anzufachen. Kurze Zeit darauf kehrte ich in's Schlafzimmer zurück, um mein Taschentuch zu holen, und bemerkte **dort**, vor dem Kamin, in dem ich im Winter nie Feuer gemacht hatte, wie eine **graue Säule**, die ein **wenig Licht verbreitete**. Meine Aufmerksamkeit ward dadurch einen Augenblick erregt, aber glaubend daß es ein Reflex der Gaslampen des Hofes sei, hielt ich mich dabei nicht auf, und kehrte in den kleinen Salon zurück.

Das Kaminfeuer wollte nicht brennen, und ich war genöthigt in das Schlafzimmer zurückzukehren, um kleines Holz zu suchen, dasselbe anzufachen. Allein diesmal war ich zu sehr erstaunt über die Erscheinung vor dem Kamin des Schlafzimmers, um sogleich zurückzukehren. Die vorerwähnte Säule war sehr vergrößert und reichte bis zum Plafond des Zimmers von ungefähr 12 Fuß Höhe. Die Farbe der Säule war nicht mehr grau, sondern hatte jene bläuliche Farbe, die uns der angezündete Weingeist zeigt, und das Licht umher war lebhafter als früher. Indem ich diese wunderliche Säule mit Erstaunen beobachtete, in einer Entfernung von 13 bis 14 Fuß, vermehrte sich das Licht, ward fast blendend und aus der Säule traten endlich die Umrisse eines Mannes hervor, zuerst unbestimmt, doch **dunkler** als die Säule. Ich nahm Alles damals für Hallucination, fuhr aber fort, die Erscheinung mit der größtmöglichsten Aufmerksamkeit zu beobachten. Die Umrisse wurden immer bestimmter unter meinem beobachtenden Auge, die Züge des Gesichts bildeten sich allmählig aus, und nahmen die Fleisch=

farbe an, und die Kleider welche die Gestalt umgaben in flüchtigen Contouren, nahmen bestimmte Farben an. Endlich trat aus der Säule ein Greis von hoher Gestalt, mit frischer Gesichtsfarbe, blauen Augen, und schneeweißem Haar und Backenbart; Kinn- und Schnurrbart fehlten, der Anzug war sorgfältig, mit weißer Weste und Kravatte, wie die alten Herrn in Frankreich ihn jetzt noch lieben, der Hemdekragen sehr steif und hoch an den Wangen; der schwarze Frack war sehr lang, und auf den Schultern fast zu sehr zurückgeworfen, wie es wohl alte, corpulente Personen zu thun pflegen, wenn sie zu warm haben; in der Hand trug er einen großen weißen Stock, auf den er sich zu stützen schien. Diese wunderliche Gestalt trat, wie gesagt, aus der sie umgebenden Säule, und kam mir bis fast auf drei Schritte nahe; dort stand sie stille, erhob die Hand wie zum Gruße und verbeugte sich leicht. Meine erste Bewegung war nach der Klingelschnur zu greifen. Die Gestalt war so vollendet, so natürlich ausgebildet, so materiell in allen Umrissen, daß es unmöglich war, des Gedankens Meister zu werden, daß ein F r e m d e r im Zimmer sei, denn Züge und Gestalt waren mir gänzlich unbekannt; aber das ehrwürdige Alter und das freundschaftliche Auftreten dieses Greises entfernten alles Mißtrauen. Von dieser oder jener Welt herstammend, war nichts feindliches oder schreckenerregendes in dieser Erscheinung.

Die Gestalt bewegte sich nach verschiedenen Richtungen hin, ging zum Bette, zu den verschiedenen Thüren des Zimmers, kehrte zum Kamin zurück, kurz machte alle Bewegungen einer Person, die in ihrem eignen Zimmer ungenirt herum wandelt, und dies acht- bis zehnmal. Ich hörte kein Geräusch von Schritten bei diesen verschiedenen Bewegungen, keine Stimme, keinen Laut. Das letzte Mal blieb die Gestalt mir gegenüber stehen, die Umrisse wurden schwächer je nachdem die Säule oder Wolke sie wieder mehr und mehr umgab, nur daß die letzte viel leuchtender war als zuvor; der Glanz war so groß, das Licht so stark, daß ich aus einer kleinen Bibel mit feinstem englischem Perl-Druck, drei Sprüche deutlich lesen konnte. Die Säule glich zuletzt der Flamme einer auslöschenden Lampe, die bald aufleuchtet, bald verlischt und endlich sank Alles in Dunkel zurück.

Die Erscheinung hatte volle zehn Minuten gedauert, so daß ich Zeit genug gehabt sie vollkommen ruhig zu beobachten. Ich hatte schon früher, doch nur bekannte Personen gesehen, und glaubte bis dahin wohl an subjective Eindrücke der andern Welt, aber nicht an eine objective Realität der Geister-Erscheinungen. Ueber diese geheimnißvolle Erscheinung nachdenkend, ging ich zu Bette und entschlief bald ruhig und tief. Aber im Traume kam dieselbe ehrwürdige Gestalt zu mir, in denselben Kleidern wie zuvor, setzte sich an mein Bette und sagte zu mir: „Bis jetzt hast du nicht an „die Realität der Geister-Erscheinungen geglaubt, „die du nur als subjective Eindrücke des Gedächtnisses „und der Einbildungskraft angesehen hast. Jetzt aber hast du „einen Fremden gesehen, den du im Leben nicht gekannt, „und kannst folglich keine Rückerinnerung mehr vorschützen, „um die Realität einer andern Welt zu läugnen." — Ich fand diese Gründe richtig und billigte sie im Traume; allein der Geist gab mir weder Auskunft über seinen Namen noch über sein Leben hienieden.

Am andern Morgen kam die Frau des Hausmeisters wie gewöhnlich, mein Zimmer in Ordnung zu bringen. Ich fragte sie, wer vor mir diese Wohnung bewohnt hätte, denn ich hätte Gründe es zu wissen, wegen einer sonderbaren Erscheinung, die ich vorige Nacht gehabt. Die Frau fürchtete zuerst, daß ich die Absicht hätte deshalb meine Wohnung zu verlassen, und wollte durchaus mit der Sprache nicht heraus; allein als ich sie darüber beruhigt, daß dies für keinen gebildeten Menschen ein Grund sei, meiner Meinung nach, seine Wohnung zu ändern, so gestand sie zu, daß der Vater der Eigenthümerin hier vor zwei Jahren an einem Schlagfluß gestorben sei, der ihn plötzlich in dem kleinen Gang zwischen der Küche und dem Schlafzimmer betroffen hätte. Man hatte ihn fast leblos aufgehoben und er war in seinem Bette gestorben, das denselben Platz einnahm, als das meinige. Er hieß Caron und war früher Maire in einem Ort der Champagne gewesen und bei seinem Tode einige sechszig Jahre alt. Die Beschreibung, die die Frau von seiner äußern Gestalt und Kleidung gab, traf genau mit dem Anblick der Geister-Erscheinung zusammen; weiße Weste und Kravatte, langer schwarzer Frack, blaue Augen, freundlicher Ausdruck, und hohe Statur. Endlich ward die Frau so treuherzig, daß sie zugestand, daß ich nicht der Einzige gewesen sei, der diese Erscheinung gehabt. Eine Dienerin hatte ihn auf der Treppe begegnet. Ihr selbst war er öfters erschienen, bald im

Salon, bald im Schlafzimmer und in dem Corridor zwischen der Küche und dem letztgenannten Zimmer, wo der Schlagfluß ihn betroffen. Sie machte mich auch aufmerksam, daß sie **nicht aus Unaufmerksamkeit, sondern aus Furcht**, die Zeit wähle zum Zimmermachen, wenn ich **daheim** sei, anstatt wie es sich schicke, diese Geschäfte vorzunehmen, wenn ich ausgegangen.

Ich selbst mußte einige Monate darauf nach Deutschland reisen und deshalb diese interessante Wohnung verlassen. Die Eigenthümerin aber hatte, wie man mir gesagt, nach katholischem Aberglauben, Messen für den Verstorbenen lesen lassen, auf daß er, wie sie meinte, **Ruhe hätte**!

----→»✕«----

Erklärungen
der Facsimile der directen Geisterschriften.

Nr. 1.

Erste französische Schrift, unterzeichnet mit den Initialen des Verstorbenen, welchen der Verfasser während seiner irdischen Laufbahn genau gekannt hat. Die Worte: „Ich bekenne Jesu Menschwerdung" sind eine Erwiederung, betreffend die Frage des Grafen d'Ourches gemäß dem Criterium der ersten Epistel Johannis, ob er ein guter Geist sei? — wie der Verfasser es bereits im siebenten Kapitel dieses Buches erzählt hat. Dieses merkwürdige Phänomen ereignete sich in Gegenwart des obgenannten Grafen d'Ourches am 17. August 1856, (dem Jahrestage des Todes des Verstorbenen) in der Wohnung des Verfassers zu Paris, 74, rue du chemin de Versailles, in den Champs Élysées.

Nr. 2.

Lateinische Lapidar-Schrift bei der großen Statue des Kaisers Augustus, im römischen Kaisersaal des Louvre-Museums, am

26. August, in Gegenwart vieler von den Zeugen, die in der Einleitung genannt worden sind.

Nr. 3.

Magische Figur beim Sarkophage der hl. Genoveva, der Schutzpatronin von Paris, in der Kirche St. Etienne du Mont, in Gegenwart mehrerer Zeugen, am 20. August 1856. Die Initialen L. B. deuteten nach des bekannten Literaten Delaage Ansicht, den vier Monate darauf erfolgten Mord des Erzbischofs von Paris, Sibour, durch den Priester Louis Berger an, den 3. Januar 1857, in derselben Kirche, während des Hochamtes am Feste der heiligen Genoveva. Die Figur scheint eine umgekehrte Mithra zu bedeuten. Am Abend des 20. August verkündete die Seherin des Verfassers das schreckliche Ereigniß voraus, welches ganz Paris erschütterte.

Nr. 4.

Alt-griechische Lapidar-Schrift am 4. October 1856, in Gegenwart von Zeugen erhalten, unter andern des Professors Georgii in London, Schülers des berühmten Schweden Ling, des Grafen d'Ourches, sowie des Baron Voigt-Rhetz, in der Wohnung des Verfassers, 74, rue du chemin de Versailles. Diese Schrift erinnert an den 55. Vers des 15. Kapitels der ersten Epistel an die Korinther, um Allen zu beweisen, daß der Tod nunmehr besiegt ist. Diese Worte: „Tod, wo ist dein Stachel, Hölle, wo ist dein Sieg?" wurden später am 10. April 1857 auf's Neue direct geschrieben, auf einem Perga-

Erklärungen der Facsimile der directen Geisterschriften. 303

ment für einen, am Nervenfieber gefährlich darniederliegenden Kranken, den das heftige Fieber alsbald verließ, nach der Berührung der Schrift.

Nr. 5.

Erste englische Schrift mit einem verschlungenen M. und S. (Maria Stuart?) am 9. September 1856, bei der Säule Franz des Zweiten, in der Kathedrale von St. Denis, in Gegenwart von Graf d'Ourches. Diese Säule ward bekanntlich von der jungen Königswittwe Maria Stuart, ihrem ersten Gemahl zum Andenken errichtet. Unter den Kreuzen sind die Worte: „Ich bin das Leben" in englischer Sprache, und Maria Stuart pflegte im Leben ein verschlungenes M und S zur Unterzeichnung ihrer Schriften aufzudrücken, nach damaliger Sitte, wie der Verfasser viele Jahre später sich im brittischen Museum in London davon überzeugte.

Nr. 6.

Erste Schrift in esthnischer Sprache, am 12. September 1856, aus deren Zügen der Verfasser die Hand eines theuren verstorbenen Verwandten erkannte, der einst als Mitglied der gelehrten esthnischen Gesellschaft zu Dorpat in Liefland, mehrere religiöse Schriften aus dem Deutschen in diese Volkssprache übersetzt hatte. Die Worte lauten: „Gehet, Kinder, nach der Stadt Jerusalem und vertrauet auf Gott."

Nr. 7.

Freundschaftliches Briefchen des Geistes einer jungen deutschen Dame an den Verfasser. Die Identität der Hand- und Unterschrift ist von ihr im Leben befreundeten Personen erkannt worden. Dieses Phänomen fand statt am 30. Januar 1857 in der Wohnung des Verfassers in Paris, in Gegenwart von mehreren Zeugen.

Nr. 8.

Direct geschriebener Auftrag eines sympathischen Geistes in französischer Sprache an den Verfasser, seine Schwester und den General von Brewern, nach der Kathedrale von St. Denis sich zu begeben, um dort direkte Experimente zu machen. Die Resultate waren erstaunenswerth. Auf einigen Gräbern wurden die Papiere, statt beschrieben zu werden, wie von brandigen Fingern zerrissen, namentlich in der ältesten Merovinger-Gruft; Andere wurden beschrieben mit Namenszügen verschiedener alter französischer Könige, von Dagobert bis Ludwig den Achtzehnten, dessen Katafalk noch seines Nachfolgers harrend, oben in der Kathedrale weilte. Es war der für Frankreich so verhängnißvolle 21. Januar (der Todestag Ludwig des Sechszehnten.) Mehr als zehn, durch Gelehrsamkeit und Bildung ausgezeichnete Zeugen wohnten den Experimenten bei. Der sympathische Geist, der den Rath ertheilt hatte, an diesem wichtigen Tage in der Königsgruft zu St. Denis zu experimentiren, ist der einer jungen französischen Dame, aus deren Papieren anonym ein ebenso interessanter, als ernster und lehrreicher Roman veröffentlicht worden ist. Noch jetzt nach dreizehn Jahren ist dieser Geist des Verfassers und seiner Schwester vorzüglichster Schutzgeist. (Spiritus familiaris.)

Nr. 9.

Deutsche Schrift vom 28. Dezember 1856, in Gegenwart mehrerer Freunde des Verstorbenen erhalten, die, trotz der Nichtunterzeichnung die Schriftzüge erkannten, welche langsam sich vor ihren Augen bildeten.

Nr. 10.

Ist die Unterzeichnung König Heinrich des Vierten von Frankreich und ward in der Dianen-Gallerie von Fontainebleau am 20. September 1858, in Gegenwart mehrerer Zeugen erhalten, von denen Graf d'Ourches sogleich als gelehrter Bibliophile das übliche H. der Unterzeichnung des großen Königs erkannte.

Nr. 11.

Ward auf den Stufen des Hauptaltar's der Kirche St. Médard erhalten, am 1. November 1865, in Gegenwart vieler Zeugen, während des Hochamts am Allerheiligen Tage. Das bekannte Geister-Klopfen ging während der Messe der schriftlichen Manifestation voraus.

Nr. 12.

Lateinische Lapidar-Schrift im Louvre-Museum erhalten, bei der Büste des Marcus Tullius Cicero, am 30. Mai 1864, in

Gegenwart mehrerer deutschen Zeugen, von denen einige im siebenten Kapitel dieses Buches genannt sind. Die Worte lauten: „**Weiche nicht dem Uebel, sondern kämpfe um so kühner dagegen an.**"

Nr. 13.

Griechische Schrift in jonischem Dialekt, erhalten auf einem Papiere, welches Herr Robert Dale Owen die Idee hatte, siebenmal nacheinander in den halboffenen Rachen eines antiken, im Louvre-Museum befindlichen Löwen zu stecken, welchen man in den Ruinen von Platäa entdeckt hat, wo bekanntlich die Griechen, unter der umsichtigen Leitung des berühmten spartanischen Generals Pausanias den glänzenden Befreiungssieg über den Medo-Persischen Despotismus erfochten, und zum Andenken an diese glorreiche That noch bis in das Zeitalter des Plutarch, jährliche Freiheitsfeste feierten. Der bekannte schwedische Bildhauer Molin, gleichfalls Zeuge dieses Phänomens, war eben im Begriff, den Löwen als Modell abzuzeichnen. Merkwürdig ist, daß, statt des **dorischen**, der **jonische** Dialekt gewählt ist für die Worte: „**Berühmt unter den Griechen. Pausanias.**"

Vielleicht sollen sie an die Ausdrücke Herodot's erinnern, betreffend den großen Spartaner, der im Leben schon ebenso bewandert in der Nekromantik und Magie war, als in der Krieg- und Staatskunst. Das Phänomen fand statt am 25. Mai 1859.

Nr. 14.

Kleine Zeichnung eines Pythischen Dreifußes, bei der Miniatur-Statue des Euripides im Louvre-Museum, in Gegenwart des Grafen d'Ourches am 4. November 1856.

Nr. 15.

Die Worte: Glaube, Hoffnung, Liebe, in russischer Sprache, mit der Unterzeichnung des Dichters Puschkin, am 20. November 1856, in Gegenwart mehrerer Russen.

Nr. 16.

Griechische Lapidar-Schrift, am 10. December 1864, auf dem bekannten Mnsensarkophage des Louvre-Museums erhalten. Die Worte lauten: „Die Tugend ist besser als Reichthum, und vorzüglicher als eine vornehme Geburt." Viele Zeugen wohnten diesem Phänomen bei.

Nr. 17.

Italienische Schrift am 16. Februar 1857, in Gegenwart des Generals von Brewern: „Siehe, dort erscheint Jerusalem."

Nr. 18.

Identische Handschrift der bekannten La Vallière, später barmherzige Schwester Louise in der Kirche Val-de-Grâce am 29. December 1856 in Gegenwart von Zeugen.

Nr. 19.

Französischer Brief von jenseits des Grabes, mit der identischen Handschrift eines verstorbenen Freundes des Verfassers, am 1. Februar 1857, ungefähr zwei Jahre nach seinem Tode. Die Worte lauten: „Mein sehr theurer Freund! Welch' ein Genuß für mich, Ihnen versichern zu können durch meine Handschrift von jenseit des Grabes, daß Sie Recht haben in dem, was für den Menschen das Tröstlichste ist! — Ja, wir existiren, wir handeln, wir nehmen Theil an den Leiden und den Momenten...." Hier hört die Schrift plötzlich auf, weil einer der Zeugen das Papier berührt, und der menschliche Magnetismus wie gewöhnlich den Geister-Einfluß lähmt.

Nr. 20.

Lateinische Lapidar-Schrift bei der Urne des Saturninus im Louvre-Museum, vom 6. März 1857.

Nr. 21.

Magische Figur und griechische Current-Schrift, welche in unser Gedächtniß den vierten Vers des 21. Kapitels der Offenbarung Johannis zurückruft: „Gott wird abwischen von ihren Augen alle Thränen und der Tod wird nicht mehr sein, noch das Leid, noch das Wehegeschrei, noch das Uebel, denn das Erste ist vorüber." Diese Schrift fand statt in Gegenwart des Hrn. Ravené Senior aus Berlin, sowie des Grafen d'Ourches, den 28. October 1856, in der da-

Erklärungen der Facsimile der directen Geisterschriften. 309

maligen Wohnung des Verfassers in Paris. Zugleich sah die anwesende Seherin den Geist eines jungen, auf der Universität zu Heidelberg verstorbenen Bruders des Verfassers, den sie beschrieb, und der zu mehrerer Constatirung seiner Identität auf dasselbe Papier, einige nur dem Verfasser bekannte Uebernamen aus seiner Kindheit hinzufügte, und ihn erinnerte, daß dieser Spruch auf seinem Monument zu Heidelberg, auf Befehl des Vaters, deutsch eingegraben wäre.

Nr. 22.

Egyptische Hieroglyphe, erhalten in Gegenwart vieler Zeugen, im Egyptischen Saale des Louvre-Museums, am 30. August 1856. Dieser Antiken-Saal war sehr günstig den Resultaten der Experimente des Verfassers, und wurde von ihm mehrere Monate hindurch fast täglich mit Zeugen besucht. Er hat viele Experimente bei der sogenannten Kapellle der Cleopatra gemacht und obiges Todtenschiffchen bei dem großen Sarkophage des dritten Ramses erhalten, und unter den vielen Originalen für diese Ausgabe ausgewählt.

Nr. 23.

Freundschaftlicher Brief einer theuren Verwandten des Verfassers, vom 20. Februar 1857. Das Original ist außerordentlich zierlich von ihrer schönen Handschrift, wie mit blauer Tinte gestochen, wovon das Fac-Simile nur ein schwaches Abbild ist. Die Verwandten und noch lebenden Bekannten haben diese Schrift sogleich erkannt an der selten schönen und zierlichen Handschrift der Verstorbenen.

Nr. 24.

Zuruf vom Jenseits am 14. Januar 1857, von einem verstorbenen Onkel des Verfassers, der zugleich sein Taufpathe war. Die Handschrift im Original war so identisch, daß die Glieder der Behörde, deren Präsident er einst war, noch viele Jahre später, bei einem Besuche des Verfassers in seinem Vaterlande, nicht umhin konnten, ihr höchstes Erstaunen über dieses wunderbare Phänomen auszudrücken.

Nr. 25.

„Glaubet nicht an das Glück meines Lebens, es „war ebenso unglücklich in Trianon als sonst irgend„wo." Diese Worte nebst der Unterzeichnung mit ihrer Chiffre und ihrem Namen, bildeten sich vor den Augen des Verfassers, seiner Schwester, die die Gestalt der unglücklichen Königin sah und genau beschrieb, und einiger Zeugen, in dem englischen Park des kleinen Schlosses von Trianon, am 1. September 1865. In der französischen Ausgabe dieses Buches vom Jahre 1857, kommen schon directe Schriftzüge dieser unglücklichen Königin vor, erhalten theils im kleinen Trianon bei der sogenannten Milchkammer von weißem Marmor, sowie in der Gallerie der Gobelins in Paris, deren Direktor Lacordaire, Bruder des berühmten Dominicaner-Mönchs und Redners, als glaubwürdiger Augenzeuge denselben, nebst allen damaligen Mitgliedern der Redaction des Univers beiwohnte, und die frappante Aehnlichkeit der Hand- und Unterschrift Marie Antoinettens dem Verfasser, der sie nicht kannte,

Erklärungen der Facsimile der directen Geisterschriften. 311

durch noch in der Bibliothek der Gobelins-Gallerie vorhandene Original-Briefe dieser Fürstin bewiesen, deren Handschrift sehr selten im Original noch vorhanden ist, außer in einzelnen Unterzeichnungen oder Befehlen für Ausführung schöner Gobelins-Tapeten.

Hier kann der Verfasser nicht umhin, noch einer merkwürdigen Erfahrung zu erwähnen: im französischen Park des kleinen Trianon, eine Art von Miniatur-Garten, den Louis der Fünfzehnte für die junge Prinzessin Marie-Antoinette anlegen ließ, als dieselbe Trianon als Dauphine bewohnte. Den 5. September 1865 gingen der Verfasser und seine Schwester auf's Neue nebst ein paar Freunden in diesem Garten spaziren, als plötzlich die Erscheinung eines Geistes der Schwester sich zeigte, die den Umstehenden das genaue Portrait des großen Wieland gab, und zugleich bildeten sich auf einem weißen Papier, welches einer der Anwesenden auf die Marmorbank nebenan gelegt hatte, folgende Worte: 5. September 1865, Ch. M. Wieland, mit der identischen, später constatirten Handschrift des großen Schriftsteller's, dessen Geburtstag (der 5. September) keinem der Anwesenden bekannt war, aber vor einigen Monaten vom Verfasser constatirt worden ist aus Gruber's Biographie von Wieland, der zugleich einen Brief der Jugendfreundin Wielands, Sophie La Roche, veröffentlicht hat, datirt von Osmannstädt, dem Landgute Wieland's, seinem Osmantium, wie er es zu nennen liebte. In diesem Briefe ist der Garten von Osmannstädt, wie Wieland ihn angelegt hatte, sehr ähnlich beschrieben mit dem Miniatur=Garten Ludwig des Fünfzehnten in Trianon. Auch hier gerade Lindenalleen vom sogenannten kleinen Theater bis zu dem Schlößchen, sehr viele Rosenbouquette rechts und links, und in der Mitte ein kleines Wasser=Bassin mit ein paar Amoren, wie es Sophie La Roche beschreibt vom Jahre 1799. Diese Erscheinung bestätigt uns abermals die Wahrheit der Er=fahrung, daß die Geister vorzüglich **die Orte** nach dem Tode zur Manifestation aufsuchen, die Aehnlichkeit haben mit denen, wo sie angenehme Stunden während ihres irdischen Lebens ver=bracht haben, die **geistige Sympathie** des Verfassers nicht ungerechnet, für die elegante Schreibart und die **vorzügliche Achtung**, die er unter Wieland's Schriften stets dem „**Agatho=dämon**" gezollt.

Viele andere große deutsche und französische Schriftsteller, wie z. B. Molière, d'Alembert, **Schiller am Schillerfest** (zu Paris gefeiert den 10. November 1859), dessen Original an Graf G. Solms=Braunfels übersandt ward auf sein Ver=langen, Voltaire, Diderot u. s. w., deren identische Handschrift stets constatirt worden ist, namentlich durch den bekannten Pa=riser Autographen=Sammler Feuillet de Conches, hat der Verfasser in seiner **Originaliensammlung** directer Schriften in Paris aufbewahrt. Das Original von Voltaire's Schrift ward auf Verlangen im Saale der Londoner Gesellschaft pro=gressiver Spiritualisten aufgestellt. Herr des Mousseaux in seiner „**Magie**" führt eine Anzahl von Experimenten des Verfassers, in Gegenwart sehr glaubwürdiger gelehrter Zeugen S. 125 an. Dasselbe gilt von Hrn. Professor Perty in seiner

"Realität magischer Kräfte" S. 46 bis 49. Hr. Professor Perty erzählt namentlich das interessante Phänomen in der Comédie française zu Paris, am Jahrestage der Geburt Molière's 1858, wo der Geist dieses liebenswürdigen, ewig heitern Dichters die neckischen Worte schrieb:

«Vous ne voulez plus de Molière,
«Qui est toujours dans la Volière»,

um zu zeigen, daß er immer noch, in Ermangelung genialer Nachfolger, der einzige große Held der Comédie française ist, wie ein Canarienvogel stets das Geplärr gewöhnlicher Vögel übertönt.

Nr. 26.

Das Wort Apollonius, griechisch geschrieben, erhalten in München in der Glyptothek am Sockel der Büste des berühmten griechischen Thaumaturgen Apollonius von Tyana am 3. September 1868.

Nr. 27.

Das Wort Hannibal im Griechischen bei der Büste des großen Karthager's, ebenfalls am 3. September 1868 in der Glyptothek zu München.

Nr. 28.

Livia, ebendaselbst, unter der Büste der Kaiserin Livia, sowie

Nr. 29.

Pertinax, bei der Büste dieses Kaisers. Bei den Statuen und Büsten des Louvre-Antiken-Museums hat der Verfasser früher schon ähnliche Unterzeichnungen dieser Geister antiker Kaiser und Kaiserinnen erhalten, in Gegenwart vieler Zeugen zu Paris, und hat sie nur der auffallenden Gleichheit der frühern Namenszüge wegen hier angeführt.

Nr. 30.

Das Wort Germanicus ward in Wien erhalten, in dem Antiken-Cabinette der Ambraser-Sammlung des Belvedere, am 2. November 1868, bei der jugendlich-schönen Büste dieses liebenswürdigen Prinzen, den der moderne Attila, Napoleon I. für einen so mittelmäßigen Einfaltspinsel ausgibt, in seinem von Schönbrunn datirten Briefe vom 3. Oktober 1809, an die Pariser Akademie, wo es lautet: „Germanicus konnte die Römer durch sein unglück„liches Schicksal interessiren, aber er hat doch nur „sehr erbärmlich mittelmäßige Erinnerungen von „seinem Leben der Nachwelt hinterlassen."

Dieses geistreiche Urtheil war in der That eines Mannes würdig, der nur die Verletzer der Gesetze des Vaterlandes, die Staats-Streich's-Künstler, oder wie die antike Welt sie bezeichnete, die Muttermörder (matricidae) groß zur Nachahmung fand, wie Julius Cäsar, dessen Leben sein würdiger Neffe als Beispiel für alle Fürsten, Kriegs- und Staatsmänner verherrlicht hat.

In Mödling und Laxenburg bei Wien hat der Verfasser im September 1868 gleichfalls experimentirt, in Gegenwart des Hrn. von Schikh und des Hrn. Stratil. Der Letztere hat dem Verfasser sehr interessante Medien-Dictate mitgetheilt, die oft moralisch eben so die Identität verstorbener Personen bewiesen, als das directe, materielle Phänomen es kann.

Hr. von Schikh hat in seinem kleinen magnetischen Katechismus zuerst dem deutschen Publikum die in Amerika jetzt schon oft constatirten Phänomene der Geister-Photographien bekannt gemacht, von denen auch Hr. Perty in seiner „Realität magischer Kräfte" Seite 50 u. s. w. spricht.